濵﨑潤之輔 著

中学英語から
やり直す
TOEIC®L&Rテスト
超入門

別冊解答解説付き📖

スマホ&PCで
音声ダウンロード
FREE

無料ダウンロード音声について

本書の音声はスマートフォンやパソコンで聞くことができます。
「文法 Chapter」の例文や単語、「TOEIC 練習問題」、「Quarter 模試」の
音声を提供しています。

スマートフォン

AI 英語教材アプリ abceed に対応しています。
Free プランで本書の音声を聞くことができます。

https://www.abceed.com/

※本アプリのダウンロード方法・使用方法は上記のサイトでご確認ください。
再生速度も自由に変えることができます。「低速再生」や「高速再生」を目的やレベルに合わせて使
いわけてください。

パソコン

下記のサイトにアクセスしてください。「音声ダウンロード」という項目で
利用方法をご案内しております。お好きな方法をお選びください。

https://www.ask-books.com/978-4-86639-553-1/

はじめに

　このたびは、数あるTOEIC L&Rテスト対策用の参考書や問題集の中から本書を手に取っていただき、本当にありがとうございます。心から感謝いたします。

　TOEIC L&Rテストを受けることになった理由やきっかけは、人それぞれだと思います。昇進・昇格・転職のためにスコアが必要な社会人の方、入学・進級・卒業するためにスコアが必要な学生の方、趣味・自己啓発・自身のレベルチェックのために受験しようと考えている方など、いろいろな方がいらっしゃるのではと思います。

　TOEIC L&Rテストを受験する方の動機・状況は十人十色、千差万別、人それぞれ。ただ一つ言えること、それは、「ゴールは一つ」であるということ。誰にとってもご自身の「目標スコア取得」がゴールであるということです。

　本書は、以下に該当する方々を想定読者としています。
- **はじめてTOEIC L&Rテスト対策の勉強に取り組もうとしている方**
- **TOEIC L&Rテストの勉強を始めたいが、中学レベルの英語に対して不安のある方**
- **目標スコアとして、まずは500点以上を目指してみようと考えている方**

　中学1年生で学ぶ基礎から学習を開始し、中学3年間で学ぶ文法事項を一通り網羅した学習を終えると、TOEIC L&Rテストに出題されるほとんどの文法事項をカバーすることが可能です。

　また、本書で使用している単語やフレーズは、すべて本番のTOEIC L&Rテストで頻出のものばかりで構成しました。無駄な語句は一つも掲載していませんので、すべてを吸収するつもりで安心して取り組んでいただければと思います。そのすべてがあなたの力になります。

　そして、本書はTOEIC L&Rテストに出題される問題に対する正しい解答手順や、ていねいかつシンプルな問題解説を掲載するよう努め、読者が「何をどうすればよいのか」を、しっかりと理解していただけるようなつくりにしてあります。

　後は、あなたが学習を始めるだけです。ご自身の力を、可能性を信じて、ぜひ本書をパートナーにしてがんばってみてください。

　本気でやろう、できるから。

　自分はできる、やれると信じて、決して自分に負けず、やると決めたことを最後までやり抜いてみてください。「あなただけの目標」を達成するために、本書は必ずやあなたの力になれるはずです。
　応援しています、頑張っていきましょう。

濵﨑 潤之輔

目次

［別冊］　● 文法練習問題 解答解説

　　　　　● TOEIC 練習問題 解答解説

　　　　　● Quarter 模試 解答解説

本書の使い方

英語の基本をチェックしよう！

p. 008〜021では英語の基本的な仕組みを説明しています。本編に入る前にチェックしましょう。文法事項やTOEICについて学ぶ中で、わからない用語があったら、何度でも「英語の基本」に戻って確認しましょう。

中学英文法をマスターしよう！

Chapter 1〜19では、英語を学ぶ上で、そしてTOEICを受験するために特に大事な文法事項を扱っています。左のページが「**文法解説**」、右のページが「**練習問題**」となっています。

❶ 左ページの**解説、例文、例文音声、イラスト**を活用して文法事項を学習しましょう。

❷ 右ページの練習問題に取り組み、文法事項を定着させましょう。必要に応じて**ヒント**を参照してください。

❸ **別冊の解答解説**を見ながら、答え合わせをしましょう。練習問題の解答を収録した**復習用音声**を使って復習すると、さらに効果的です。

❹ 単語を覚えましょう。右ページの下には、練習問題で登場した単熟語をまとめています。これらはTOEICでも頻出ですから、音声も活用してしっかり覚えましょう。

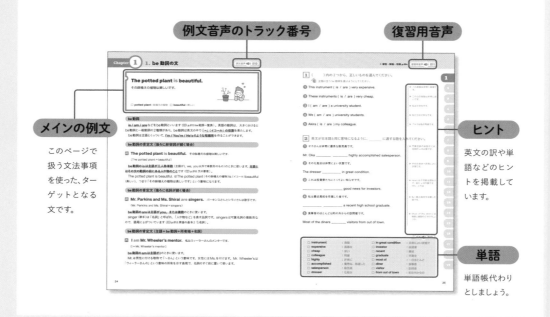

例文音声のトラック番号

復習用音声

メインの例文

このページで扱う文法事項を使った、ターゲットとなる文です。

ヒント

英文の訳や単語などのヒントを掲載しています。

単語

単語帳代わりとしましょう。

TOEIC®L&R テストを知ろう！

　ここでは、実際のTOEIC L&Rテストでどのような問題が出題されるかを知りましょう。TOEICで高得点を目指すには、問題の特徴や解くコツを知ることが肝要です。

❶ 各パートの概要を見て、問題の種類や数、時間などを把握しましょう。

❷ 「例題」を確認します。リスニングパートでは音声も聞いてみましょう。

❸ 「問題タイプ」で、どのようなことが問われるかを確認しましょう。

❹ 「攻略するためのコツ」では、効率よく正解を選ぶためのテクニックを学びましょう。

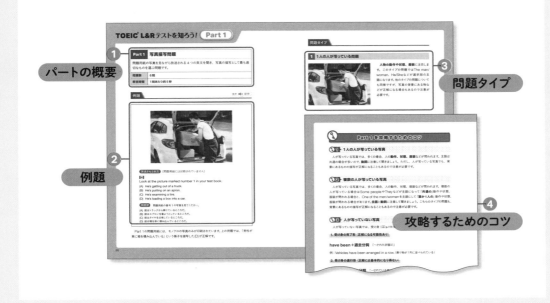

練習問題でTOEICに慣れよう！

　TOEICの各パートの特徴がわかったら、実際に問題を解いてみましょう。巻末にマークシートを用意しています。別冊の解答解説を読み、わからない文法事項があれば、各Chapterの文法解説を参照してください。

Quarter模試で総仕上げ！

　p. 147からはQuarter模試です。実際の試験の1/4のボリュームである50問で構成されています。時間を測り、p. 160のマークシートを使い、本番のつもりで取り組みましょう。

英文を作る４つの要素（文型）

文の要素

英語は「**主語＋動詞＋目的語 or 補語**」によって成り立っていて、主語、動詞、目的語、補語を「文の要素」といいます。**文の要素**とは、**英文を組み立てるパーツ**となるものだと考えてください。

1. 主語（S ＝ Subject）

例 **Our store ships items every day.** 私たちの店は、毎日商品を発送しています。

[□ ship：〜を発送する　□ item：商品]

日本語にしたときに「**〜は**」「**〜が**」**にあたる語（語句）が主語**です。この例文では Our store（私たちの店は）がそれにあたります。

2. 動詞（V ＝ Verb）

例 **Mr. White runs a bakery.** ホワイトさんはパン屋を経営しています。

[□ run：〜を経営する　□ bakery：パン屋]

例 **Mr. Ishimori is our supervisor.** イシモリさんは私たちの上司です。

[□ supervisor：上司]

日本語にしたときに「**どうする**」、「**＝（イコール）**」**にあたる語（語句）が動詞**です。上記の例文では、runs「〜を経営する」とis「＝」がそれにあたります。

3. 目的語（O ＝ Object）

例 **Fred plays the piano.** フレッドはピアノを弾きます。

例 **We will clean the windowpanes this afternoon.**

私たちは今日の午後、窓ガラスを掃除する予定です。

[□ windowpane：窓ガラス]

日本語にしたときに「**〜を**」「**〜に**」**にあたる語（語句）が目的語**です。上記の1つ目の例文では the piano（ピアノを）、2つ目の例文では the windowpanes（窓ガラスを）がそれにあたります。

4. 補語（C ＝ Complement）

例 **The scenery is beautiful.** 景色は美しいです。

[□ scenery：景色]

動詞を挟んで主語とイコールになるものが補語です。isは「＝」という意味を持つ動詞なので、The scenery is beautiful.はThe scenery ＝ beautifulという意味の英文になります。主語のThe scenery（景色は）とイコールになっているのは、beautiful（美しい）です。よって、このbeautifulがこの文の中では補語になります。

基本文型

文型とは、語句を配置する順番のルールのことです。基本文型である以下の5つの文型を押さえましょう。

第1文型	**主語＋動詞＋α（ＳＶ）**

例 <u>Mr. Takagi</u> <u>runs</u> in the morning. タカギさんは朝走ります。
　　　S　　　　　　V

第2文型	**主語＋動詞＋補語（ＳＶＣ）**

例 <u>This bag</u> <u>looks</u> <u>very expensive.</u> このカバンはとても高価に見えます。
　　　S　　　　V　　　　C　　　　　　　[□look：〜に見える　□expensive：高価な]

第3文型	**主語＋動詞＋目的語（ＳＶＯ）**

例 <u>Mr. Anderson</u> <u>bought</u> <u>a nice T-shirt.</u> アンダーソンさんはすてきなTシャツを買いました。
　　　S　　　　　　V　　　　O

第4文型	**主語＋動詞＋目的語（Ａ）＋目的語（Ｂ）（ＳＶＯＯ）**

例 <u>My colleague</u> <u>gave</u> <u>me</u> <u>some pens.</u> 私の同僚は私に数本のペンをくれました。
　　　S　　　　　　V　　O　　O　　　　[□colleague：同僚]

第4文型の動詞は「授与」を表すものが多く、その後に「人＋物」が続いて「人に物を〜する」という形になるものが多いです。

第5文型	**主語＋動詞＋目的語＋補語（ＳＶＯＣ）**

例 <u>Hiroshi</u> <u>found</u> <u>the question</u> <u>very difficult.</u> ヒロシはその問題が
　　　S　　　V　　　　O　　　　　C　　　　　　とても難しいと分かった。

第5文型では**目的語＝補語の関係**が成立します。第5文型で使う主な動詞は、make Ａ Ｂ「ＡをＢにする」、find Ａ Ｂ「ＡがＢだとわかる」、call Ａ Ｂ「ＡをＢと呼ぶ」、name Ａ Ｂ「ＡをＢと名付ける」、keep Ａ Ｂ「ＡをＢのままにしておく」、leave Ａ Ｂ「ＡをＢのままにしておく」などがあります。

単語のさまざまな役割（品詞）

音声 003

文の要素と品詞

例 **Fred** **plays** **the piano.**
　主語　　動詞　　　目的語

この例文では、**主語が Fred、動詞が plays、目的語が the piano** になります。

それぞれの文の要素には、対応する品詞というものがあります。

例 **Fred** **plays** **the piano.**
　名詞　　動詞　　冠詞＋名詞

Fred は文の要素では「主語」になりますが、単語の品詞は「**名詞**」になります。plays は文の要素でも品詞でも「**動詞**」、the piano は文の要素では「目的語」ですが、品詞の観点から見ると「**冠詞＋名詞**」になります。

☞ **文の要素と品詞**

❶文の要素→主語・動詞・目的語・補語がある。
❷品詞→名詞・動詞・形容詞・副詞・助動詞・代名詞・前置詞・接続詞・冠詞・疑問詞などがある。

品詞

文の要素を構成する単語には、それぞれに「**品詞**」があり、役割があります。ここでは英文に登場する主な品詞を見ていきましょう。

1. 名詞

名詞は**人名や地名、人や物を表し、主語や補語など**になります。Mr. Naito（ナイトウさん：人名）、wheelbarrow（手押し車）、Fukuoka（福岡：地名）などが名詞です。

例 **Lighting** is hanging from the **ceiling.**

照明が天井からぶら下がっている。

[□ **lighting**：照明　□ **hang from**：〜からぶら下がる　□ **ceiling**：天井]

名詞には「**可算名詞**」（1つ、2つと数えることができる名詞で、単数形と複数形がある）と「**不可算名詞**」（1つ、2つと数えることができない名詞で、単数形や複数形がない）があります。可算名詞の単数形には「**冠詞**」の**a**がつき、不可算名詞には付きません。aは「1つの」と訳さない場合がほとんどです。

> ☞ **名詞の複数形の作り方**
>
> ❶ 複数形の作り方の基本は、語尾に -s をつけます。
>
> ❷ 語尾が -s、-sh、-ch、-x、子音＋o で終わる語を複数形にするには、語尾に -es を付けます。
>
> ❸ 子音＋y で終わる語は、y を i に変えて -es を付けます。
>
> ❹ 語尾が -f や -fe で終わる語は、その部分を -ves に変えます。

これら以外にも、単数形と複数形が不規則に変化する man「男性」と men「男性たち」、child「子ども」と children「子どもたち」、単数形と複数形が同じ形をしている means「手段」や sheep「羊」、常に複数形で使う scissors「はさみ」や glasses「眼鏡」などがあります。

以下は、代表的な不可算名詞の例です。

☐ water	：水	☐ wood	：木材	☐ juice	：ジュース	☐ time	：時間
☐ furniture	：家具	☐ food	：食べ物	☐ money	：お金	☐ news	：ニュース

2. 動詞

動詞には**一般動詞とbe動詞**があります。一般動詞は**主語の動作や状態**を表し、be動詞は「**イコール**」を表します。動詞は**主語の後ろ**に置きます。

一般動詞には conduct（〜を行う）、inspect（〜を検査する）、increase（増える、〜を増やす）などがあり、be動詞には is、am、are などがあります。

例 Our company imports food products from nations overseas.

私たちの会社は海外の国々から食品を輸入している。

[☐ import：〜を輸入する ☐ food product：食品 ☐ nation：国 ☐ overseas：海外の]

■ be動詞の一覧表

主語になる単語	人称と数	単語の意味	セットで使うbe動詞
I	一人称単数	私は	am
we	一人称複数	私たちは	are
you	二人称単数 二人称複数	あなたは・ あなたたちは	are
I, we, you 以外	三人称単数 三人称複数	〜は	単数：is 複数：are

＊ 単数や複数とあるのは「主語が表している数」で、例えばIは単数、weは複数になります。

3. 形容詞

　形容詞は**名詞の状態や性質**を表し、**名詞の前に置いてその名詞を修飾したり、主語や目的語の補語になったり**します。interesting（興味深い）、amazing（素晴らしい）、different（違っている）などが形容詞です。

例 Mr. Harwood's speech was very engaging.

　ハーウッドさんのスピーチはとても魅力的だった。

[　□ engaging：魅力的な　]

4. 副詞

　副詞は主に**名詞以外の品詞や語句を修飾**し、英文の中ではさまざまな位置に置かれます。usually（普通、大抵）、quickly（速く）、frequently（頻繁に）などが副詞です。

例 The annual company picnic is tentatively set for February 16.

　毎年恒例の会社のピクニックは、暫定的に2月16日に予定されています。

[　□ annual：年に一度の　□ tentatively：暫定的に　]

5. 代名詞

　代名詞は**一度英文に登場した名詞の代わり**に使われます。

　人やものを指し示す代名詞を**指示代名詞**といいます。指示代名詞とは、単数を表すthis「これ」とthat「あれ」、複数を表すthese「これら」とthose「あれら」、such「そのようなもの・人」、same「それと同じもの」などのことです。

　人や物の代わりに使われる代名詞を**人称代名詞**といいます。

例 They appear to be skeptical about our estimates.

　彼らは私たちの見積もりについて懐疑的なようです。

[　□ appear to *be*：～なようだ　□ skeptical：懐疑的な　□ estimate：見積もり　]

■ 人称代名詞の一覧表

人称	数	主格 (〜は)	所有格 (〜の)	目的格 (〜を・に)	所有代名詞 (〜のもの)	再帰代名詞 (〜自身)
一人称	単数	I	my	me	mine	myself
	複数	we	our	us	ours	ourselves
二人称	単数	you	your	you	yours	yourself
	複数					yourselves
三人称	単数	he	his	him	his	himself
		she	her	her	hers	herself
		it	its	it	なし	itself
	複数	they	their	them	theirs	themselves

6. 助動詞

　助動詞は**動詞の前**に置いて、**話し手が感じたこと、考えたこと**などを付け加えます。will（〜するつもりだ、するだろう）、can（〜することができる）、must（〜しなければならない）、may（〜してもよい、するだろう）などが助動詞です。

例 **The inspectors will arrive at the construction site on November 6th.**

検査員たちは 11 月 6 日に建設現場に到着する予定です。

[□ inspector：検査員　□ arrive at：〜に到着する　□ construction site：建設現場]

7. 前置詞

　前置詞は**名詞の前**に置き、前置詞＋名詞の部分が「**時**」や「**場所**」、「**方法**」などを表します。

■ 1. 時を表す前置詞

□ at 10 A.M. ：午前 10 時に	□ on Tuesday ：火曜日に	□ in summer ：夏に

■ 2. 場所・方向を表す前置詞

□ at the park ：公園で	□ in the garden ：庭で	□ on the wall ：壁の上に
□ for Hiroshima ：広島へ	□ to the shopping mall ：ショッピングモールへ	

■ 3.その他の前置詞

□ by bus	：バスで	□ in Spanish	：スペイン語で
□ with my brother	：私の兄弟と一緒に	□ until 9:00 P.M.	：午後9時まで（ずっと）
□ by Monday	：月曜日までに	□ since 2020	：2020年から
□ during autumn	：秋の間		

例 The location of the venue cannot be changed.

会場の場所は変更することはできません。

[□ location：場所　□ venue：会場、開催地]

8.接続詞

接続詞は「**単語と単語**」、「**語句と語句**」、「**節と節**」をつなぎます。

□ and ：〜と…	□ but ：〜だが…	□ or ：〜か…

例 I'm from Hong Kong, but she is from Sydney.

私は香港出身ですが、彼女はシドニー出身です。

□ when ：〜するとき	□ because ：〜なので	□ if ：もし〜ならば
□ that ：〜ということ	□ though ：〜だけれども	□ unless ：〜しない限り

例 When I got to the station, my friend was waiting for me.

私が駅に着いたとき、友人が私を待っていました。

例 Before you submit an application, please familiarize yourself with the job criteria.

申込書を提出する前に、採用基準をよく読んでおいてください。

[□ submit：〜を提出する　□ application：申込書　□ familiarize *oneself* with：〜をよく理解する
　□ job criteria：採用基準]

14

9. 冠詞

a / an（1つの〜）, the（その〜）が冠詞です。冠詞は名詞の前に置かれます。

例 **New employees are assigned to a suitable department.**

新入社員は適切な部署に配属されます。

[□new employee：新入社員　□*be* assigned to：〜に配属される　□suitable：適切な　□department：部署]

例 **This achievement would be impossible without the concentrated efforts of you all.**

この業績は、あなたたち全員の集中的な努力がなければ不可能だっただろう。

[□achievement：業績　□impossible：不可能な　□without：〜なしで　□concentrated：集中的な
□effort：努力]

10. 疑問詞

疑問詞は主に**疑問文の文頭に置いて**使われます。what（何）、when（いつ）、how（どのように）などが疑問詞です。

例 **Where's the contract for the new client?**

新しい顧客の契約書はどこにありますか。

[□contract：契約書　□client：顧客]

例 **Which company will sponsor our event next month?**

どの会社が来月の私たちのイベントのスポンサーになりますか。

[□sponsor：〜のスポンサーになる]

英語の基本 3　さまざまな文

音声 🔊 **007**

命令文

　命令文は、**動詞の原形 / Don't＋動詞の原形**を使って、「**〜しなさい**」や「**〜するな**」という意味を表します。

　命令文はLook at the picture.「その写真を見なさい」のように、**主語を入れずに動詞の原形から始めます**。be動詞を使う場合にはBe careful.「気を付けてください」のようにbe動詞の原形を文頭に置いて文を作ります。ほかにも**Let's＋動詞の原形**で「**〜しましょう**」のように人を勧誘する命令文もあります。

1. 一般動詞を使った命令文

例　**Open the door.**　ドアを開けなさい。

例　**Don't open the door.**　ドアを開けないでください。

2. be動詞を使った命令文

例　**Be calm.**　落ち着きなさい。

　Please be calm.やBe calm, please.のように、文頭や文末に**please**をつけると、「**〜してください**」という、ややていねいな命令文になります。

3. Let's を使った命令文

例　**Let's go to the museum. —Yes, let's. / No, let's not.**
　博物館に行きましょう。 —はい、そうしましょう。／いいえ、やめましょう。

間接疑問文

　間接疑問文は、**疑問詞＋主語＋動詞のカタマリ**が文の一部になっている英文です。

例　**I don't know where Akira is from.**
　私はアキラがどこ出身なのかを知りません。

　「アキラはどこ出身ですか?」はWhere is Akira from? となりますが、文の途中から疑問文が始まる間接疑問文では「**疑問詞＋主語＋動詞＋α**」の語順になります。

例 **Do you know when she will leave for Osaka?**

あなたはいつ彼女が大阪に向けて出発するのかを知っていますか?

付加疑問文

付加疑問文は、文末に疑問の形を加えて**相手に念を押したり同意を求めたりする**疑問文です。

例 **Ms. Motoi speaks Spanish, doesn't she?**

モトイさんはスペイン語を話しますよね?

最初が肯定文のときは、文末には「**否定＋主語**」を、最初が否定文のときは、文末には「**肯定＋主語**」をつけます。

例 **Mr. Kanemaru doesn't speak Spanish, does he?**

カネマルさんはスペイン語を話しませんよね?

否定疑問文

否定疑問文は **Don't you...?** や **Aren't you...?** のように「否定表現」で始まる疑問文で「**～しないのですか?**」「**～ではないのですか?**」という意味を表します。

例 **Don't you know his name? —Yes, I do. / No, I don't.**

あなたは彼の名前を知らないのですか?—いいえ、知っています。／はい、知りません。

否定疑問文で注意するべきは、応答の仕方です。英語では常に「**肯定の内容であればYes**」、「**否定の内容であればNo**」を使って応答します。つまり「彼女の名前を知っている」のであればYes, I do.で応答し、「彼女の名前を知らない」のであればNo, I don't.で応答するということです。日本語では「知らないのですか?」という問いかけに対しては「はい、知りません」、もしくは「いいえ、知っています」と応答しますが、この「はい」と「いいえ」に惑わされることなく、「知っている」ならYesで、「知らない」のであればNoで答える、と覚えておいてください。

例 **Isn't she our colleague? —Yes, she is. / No, she isn't.**

彼女は私たちの同僚ではないのですか?
—いいえ、彼女は私たちの同僚です。／はい、彼女は私たちの同僚ではありません。

感嘆文

感嘆文は **How ＋形容詞・副詞＋主語＋動詞!** か、**What a ＋形容詞＋名詞＋主語＋動詞!** を使って表し、「**なんて～でしょう!**」という意味を表します。

例 **How beautiful** this work is! この作品はなんて美しいのでしょう！

例 **What a beautiful work** this is! これはなんて美しい作品なのでしょう！

---

that や what などで始まる節

接続詞の that は「**〜ということ**」という意味で、**that ＋主語＋動詞＋αのカタマリ** が文の一部になります。

1. 主語＋be動詞＋形容詞＋that で始まる節

例 **I'm sure** that you'll pass the exam.
きっとあなたは試験に合格するでしょう。

例 **I was glad** that I could meet her at the party.
私は、彼女とパーティーで会うことができて嬉しかったです。

sure（確信して）、glad（喜んで）、happy（喜んで）、sad（悲しんで）、angry（怒って）、surprised（驚いて）、excited（わくわくして）、sorry（残念に思って）などの「感情・心理」を表す形容詞のあとに that で始める節を続けて **感情の理由** を表します。このタイプの文では、that は省略することもできます。

2. 主語＋動詞＋目的語＋that や what などで始まる節

例 **Mr. Goto always tells me** that I should study every day.
ゴトウさんはいつも、私に毎日勉強するべきだと言います。

この文は「**AにBを〜する**」という意味を表す、**主語＋動詞＋目的語（A）＋目的語（B）** の第4文型の文で、**目的語（B）は、that で始まる節の内容**（＝私が毎日勉強するべきだということ）になります。このタイプの文ではふつう that は省略しません。また、what などで始まる節を使って表すこともできます。what 以外にも when・where・who・how などが使われます。

例 **Please teach me** what I should do now.
今何をするべきか私に教えてください。

形容詞・副詞の比較変化と不規則動詞の活用

英語の基本 **4**

形容詞・副詞の比較変化形一覧

■ ①-er、-estをつけるもの

意味	原級	比較級	最上級
速い	fast	faster	fastest
高い	high	higher	highest
長い	long	longer	longest
新しい	new	newer	newest
古い	old	older	oldest
短い	short	shorter	shortest

■ ②-r、-stをつけるもの

意味	原級	比較級	最上級
大きい	large	larger	largest
すてきな	nice	nicer	nicest

■ ③yをiに変えて-er、-estをつけるもの

意味	原級	比較級	最上級
忙しい	busy	busier	busiest
早い	early	earlier	earliest

■ ④子音字を重ねて-er、-estをつけるもの

意味	原級	比較級	最上級
大きい	big	bigger	biggest
暑い	hot	hotter	hottest

■ ⑤more、mostをつけるもの

意味	原級	比較級	最上級
美しい	beautiful	more beautiful	most beautiful
難しい	difficult	more difficult	most difficult
有名な	famous	more famous	most famous
大切な	important	more important	most important

■ ⑥不規則に変化するもの

意味	原級	比較級	最上級
悪い	bad	worse	worst
よい／上手に	good / well	better	best
少ない	little	less	least
多い	many / much	more	most

不規則動詞の活用形一覧

■ ①A-B-B型（過去形と過去分詞が同じパターンの不規則動詞）

原形	過去形	過去分詞	意味
bring	brought	brought	〜を持ってくる
build	built	built	〜を建てる
buy	bought	bought	〜を買う
catch	caught	caught	〜を捕まえる
feel	felt	felt	〜を感じる
find	found	found	〜を見つける
get	got	got / gotten	〜を得る
have	had	had	〜を持っている
hear	heard	heard	〜を聞く
hold	held	held	〜をつかむ
keep	kept	kept	〜を保つ
lay	laid	laid	〜を横たえる
leave	left	left	〜を出発する
lend	lent	lent	〜を貸す
lose	lost	lost	〜を失う
make	made	made	〜を作る
mean	meant	meant	〜を意味する
meet	met	met	〜に会う
say	said	said	〜を言う
seek	sought	sought	〜を探す
sell	sold	sold	〜を売る
send	sent	sent	〜を送る
sit	sat	sat	座る
sleep	slept	slept	眠る
spend	spent	spent	〜を費やす
stand	stood	stood	立つ
teach	taught	taught	〜を教える
tell	told	told	話す
think	thought	thought	（〜を）考える
understand	understood	understood	〜を理解する

■ ②A-B-A型（原形と過去分詞が同じパターンの不規則動詞）

原形	過去形	過去分詞	意味
become	became	become	〜になる
come	came	come	来る
run	ran	run	走る

■ ③A-B-C型（原形・過去形・過去分詞とも、すべてが違うパターンの不規則動詞）

原形	過去形	過去分詞	意味
be（are）	were	been	be動詞
be（is / am）	was	been	be動詞
begin	began	begun	～を始める
break	broke	broken	～を壊す
do	did	done	～をする
draw	drew	drawn	～を描く
drink	drank	drunk	～を飲む
drive	drove	driven	～を運転する
eat	ate	eaten	～を食べる
fall	fell	fallen	落ちる
fly	flew	flown	飛ぶ
forget	forgot	forgotten / forgot	～を忘れる
give	gave	given	～を与える
go	went	gone	行く
grow	grew	grown	成長する
know	knew	known	～を知っている
lie	lay	lain	横たわる
ride	rode	ridden	（～に）乗る
rise	rose	risen	上がる
see	saw	seen	～を見る
show	showed	shown	～を見せる
sing	sang	sung	～を歌う
speak	spoke	spoken	～を話す
swim	swam	swum	泳ぐ
take	took	taken	～を取る
throw	threw	thrown	～を投げる
write	wrote	written	～を書く

■ ④A-A-A型（原形・過去形・過去分詞とも、すべてが同じパターンの不規則動詞）

原形	過去形	過去分詞	意味
cut	cut	cut	～を切る
hit	hit	hit	～を打つ
put	put	put	～を置く
read	read [red]	read [red]	～を読む

TOEIC® L&Rテストを知ろう！

　TOEICとはTest of English for International Communicationの略で、英語による
コミュニケーション能力を測定する世界共通のテストです。このテストは、アメリカにある非営
利のテスト開発機関であるETS（Educational Testing Service)によって制作されています。
　受験者の能力は合格・不合格ではなく、10～990点の5点刻みのスコアで評価されるの
が特長です（リスニングセクション、リーディングセクションとも、各495点満点です)。解答方法
は、正解だと思う選択肢を塗りつぶすマークシート方式です。解答を記述する問題は一切あり
ません。

1　TOEIC L&Rテストの構成

　TOEIC L&Rテストは、以下のようにリスニングとリーディングの2つのセクションで構成さ
れています。約2時間で200問に解答し、途中休憩はありません（リスニングの実施時間は
45～47分の場合がほとんどです)。

リスニング セクション 約45分 100問	Part 1 写真描写問題…6問	リーディング セクション 75分 100問	Part 5 短文穴埋め問題…30問
	Part 2 応答問題…25問		Part 6 長文穴埋め問題…16問
	Part 3 会話問題…39問		Part 7 1つの文書…29問 　　　　複数の文書…25問
	Part 4 説明文問題…30問		

2　実施スケジュールと受験申込

　実施回数は、受験地ごとに異なります。お申し込みの際はTOEIC公式ホームページに掲載
されている「TOEIC L&R公開テスト受験地別テスト日程」をご確認ください。
　公開テストは公式ホームページから申し込みをすることができます。申込方法によって申込
期間が異なるので注意してください。スマートフォンからでも申し込みをすることが可能です。

3　問い合わせ先

一般財団法人 国際ビジネスコミュニケーション協会
〒100-0014　東京都千代田区永田町2-14-2　山王グランドビル
電話：03-5521-6033（土・日・祝日・年末年始を除く10：00～17：00）
TOEIC公式ホームページ：https://www.iibc-global.org/toeic.html

4　受験料

7,810円（消費税込・2023年4月現在）
　受験料は、クレジットカードやコンビニエンスストアの店頭などで支払い可能です。詳細や
変更はTOEIC公式ホームページでご確認ください。

文法 Chapter 1 ～ Chapter 19

TOEIC®L&Rテストを知ろう！

TOEIC練習問題

さあ、いよいよ本編です。
英語学習は継続が大事。
少しずつでも大丈夫。
1日に取り組む量を決めて計画的に学習しましょう。

The potted plant is beautiful.

その鉢植えの植物は美しいです。

☐ potted plant：鉢植えの植物　☐ beautiful：美しい

be動詞

is / am / are などをbe動詞といいます（📖 p.011 be動詞の一覧表）。英語の動詞は、大きく分けるとbe動詞と一般動詞の2種類があります。be動詞は英文の中で「＝」（イコール）の役割を果たします。

be動詞は主語とくっついて、**I'm / You're / He's のような短縮形**を作ることができます。

be動詞の肯定文（後ろに形容詞が続く場合）

例 The potted plant is beautiful.　その鉢植えの植物は美しいです。

（The potted plant＝beautiful）

be動詞のisは主語が三人称単数（主語がI, we, you以外で単数形のもの）のときに使います。**主語とはその文の動詞の前にある人や物のこと**です（📖 p.008 文の要素）。

The potted plant is beautiful. はThe potted plant（その鉢植えの植物）is（イコール）beautiful（美しい）、つまり「その鉢植えの植物は美しいです」という意味になります。

be動詞の肯定文（後ろに名詞が続く場合）

例 Mr. Parkins and Ms. Shirai are singers.　パーキンスさんとシライさんは歌手です。

（Mr. Parkins and Ms. Shirai＝singers）

be動詞のareは主語がyou、または複数のときに使います。

singer（歌手）は「名詞」と呼ばれ、「人や物など」を表す品詞です。singersは可算名詞の複数形なので、語尾にsがついています（📖 p.010 英語の基本2 1.名詞）。

be動詞の肯定文（主語＋be動詞＋所有格＋名詞）

例 I am Mr. Wheeler's mentor.　私はウィーラーさんのメンターです。

（I＝Mr. Wheeler's mentor）

be動詞のamは主語がIのときに使います。

Mr. は男性に付ける敬称で「～さん」という意味です。女性にはMs.を付けます。Mr. Wheeler's は「ウィーラーさんの」という意味の所有を示す表現で、名詞のすぐ前に置いて使います。

1　(　　　) 内の 2 つから、正しいものを選んでください。

POINT 主語に合う be 動詞を選ぶようにしてください。

❶ This instrument (is / are) very expensive.
▶ この楽器は非常に高価です。

❷ These instruments (is / are) very cheap.
▶ これらの楽器は非常に安いです。

❸ I (am / are) a university student.
▶ 私は大学生です。

❹ We (am / are) university students.
▶ 私たちは大学生です。

❺ Akira (is / are) my colleague.
▶ アキラは私の同僚です。

2　英文が日本語と同じ意味になるように、＿＿＿＿＿ に適する語を入れてください。

❶ オカさんは非常に優秀な販売員です。
▶ 可算名詞の単数形には、冠詞の a が必要です。

Mr. Oka ＿＿＿＿＿ ＿＿＿＿＿ highly accomplished salesperson.

❷ その化粧台は非常によい状態です。
▶ その化粧台＝非常によい状態です。

The dresser ＿＿＿＿＿ in great condition.

❸ これは投資家たちにとってよい知らせです。
▶ news は不可算名詞なので、前に a は不要です。this：これは

＿＿＿＿＿ ＿＿＿＿＿ good news for investors.

❹ 私は最近高校を卒業した者です。
▶ 私＝最近高校を卒業した者です。

＿＿＿＿＿ ＿＿＿＿＿ a recent high school graduate.

❺ 食事客のほとんどは町の外からの訪問客です。
▶ Most of the diners は単数と複数のどちらでしょうか。

Most of the diners ＿＿＿＿＿ visitors from out of town.

音声 🔊 012

☐ instrument	：楽器	☐ in great condition	：非常によい状態で
☐ expensive	：高価な	☐ investor	：投資家
☐ cheap	：安い	☐ recent	：最近の
☐ colleague	：同僚	☐ graduate	：卒業生
☐ highly	：非常に	☐ most of	：〜のほとんど
☐ accomplished	：優秀な、熟達した	☐ diner	：食事客
☐ salesperson	：販売員	☐ visitor	：訪問者
☐ dresser	：化粧台	☐ from out of town	：町の外からの

> # Ryusuke is not a lawyer.
> リュウスケは弁護士ではありません。
>
> □ lawyer：弁護士

be動詞の否定文

　否定文はis / am / areの後ろにnotを付けて作ります。**is not**（短縮形は**isn't**）、**am not**（短縮形はありません）、**are not**（短縮形は**aren't**）を使うと、その前後が「**≠**」**（イコールではないこと）**を表すことができます。

be動詞の否定文（主語＋be動詞＋not＋形容詞）

例 **They are not tired.** 彼らは疲れていません。

　（They ≠ tired）

　be動詞のareの後ろにnotを付けて**are not**とすると「**≠**」を表すことができます。例文は「彼ら≠疲れている」なので、「彼らは疲れていません」という意味になります。

be動詞の否定文（主語＋be動詞＋not＋冠詞＋名詞）

例 **Ryusuke is not a lawyer.** リュウスケは弁護士ではありません。

　（Ryusuke ≠ lawyer）

　be動詞のisも**not**を付けて**is not**とすると「**≠**」を表すことができます。be動詞の後ろが冠詞＋名詞の場合でも、notを置く位置はbe動詞の後ろです。例文は「リュウスケ≠弁護士」なので、「リュウスケは弁護士ではありません」という意味になります。

be動詞の否定文（主語＋be動詞＋not＋所有格＋名詞）

例 **Kenny is not my brother.** ケニーは私の兄弟ではありません。

　（Kenny ≠ my brother）

　この例文では短縮形を使っていませんが、Kenny isn't my brother. と表すこともできます。Kenny's not my brother. としてもよいのですが、固有名詞（人名・地名・国名・書名・建造物名など）が主語の場合は、主語＋be動詞の短縮形は使わない方が無難です。Kenny'sは「ケニーの～」という所有の意味を表すこともできるからです。

1 （　　　）内の 2 つから、正しいものを選んでください。

POINT 主語に合う be 動詞を選ぶようにしてください。

❶ A parking voucher (isn't / aren't) required here.

▶ 駐車券はここでは必要ありません。

❷ These (isn't / aren't) introductory courses.

▶ これらは入門編のコースではありません。

❸ I (am not / aren't) a graduate student.

▶ 私は大学院生ではありません。

❹ We (am not / aren't) graduate students.

▶ 私たちは大学院生ではありません。

❺ Zack (isn't / aren't) my coworker.

▶ ザックは私の同僚ではありません。

2 英文が日本語と同じ意味になるように、＿＿＿＿に適する語を入れてください。

❶ ジェイはオーストラリア出身ではありません。

▶ be from：〜出身である

Jay ＿＿＿＿＿＿ ＿＿＿＿＿＿ from Australia.

❷ 私はその本に興味はありません。

▶ be interested in：〜に興味がある

I ＿＿＿＿＿＿ ＿＿＿＿＿＿ interested in the book.

❸ これは私たちの上司にとってよい知らせではありません。

This ＿＿＿＿＿＿ ＿＿＿＿＿＿ good news for our supervisor.

❹ 彼女は最近大学を卒業した者ではありません。

▶ 短縮形を使って解答してください。

＿＿＿＿＿＿ ＿＿＿＿＿＿ a recent university graduate.

❺ 見学は一般公開されていません。

▶ 主語の数に注意してください。
be open to：〜に公開されている

The tours ＿＿＿＿＿＿ ＿＿＿＿＿＿ open to the public.

音声 🔊 015

☐ parking voucher	：駐車券	☐ interested	：興味のある
☐ *be required*	：必要だ	☐ supervisor	：上司
☐ here	：ここで	☐ recent	：最近の
☐ introductory	：入門の	☐ graduate	：卒業生、学士
☐ graduate student	：大学院生	☐ tour	：見学
☐ coworker	：同僚	☐ public	：一般（の人々）

> # Is Mr. Sanada a tour guide?
> # —Yes, he is.
>
> サナダさんはツアーガイドですか。 —はい、そうです。
>
> □ tour guide：ツアーガイド

be動詞の疑問文

　主語とbe動詞の順序を入れ替えて疑問文を作ります。He is … の文であればIs he …?、You are … の文であればAre you …? のように主語とbe動詞の順序を入れ替え、**文末には「? （クエスチョンマーク）」**を付けます。

be動詞の疑問文（be動詞＋主語＋形容詞）

例 **Are you busy? —Yes, I am. / No, I'm not.**

　　あなたは忙しいですか。 —はい、忙しいです。／いいえ、忙しくありません。

　You are busy. は「あなたは忙しいです」という意味の文で、肯定文と呼ばれる形です。この文を「あなたは忙しいですか」という相手への問いかけを表す文にする場合は、**主語のYouとbe動詞のareの順序を入れ替え、文末に「?」**をつけます。この形の文を疑問文と呼びます。

　この場合、応答文の主語は「私」になるので、**Yes / Noの後ろに続く主語はI「私は」**になります。

be動詞の疑問文（be動詞＋主語＋冠詞＋名詞）

例 **Is Mr. Sanada a tour guide? —Yes, he is. / No, he isn't.**

　　サナダさんはツアーガイドですか。 —はい、そうです。／いいえ、違います。

　このようにYes / Noで答えられる疑問文を、本書ではYes / No疑問文と呼ぶことにします。「**はい**」であれば**Yes,（カンマ）＋主語＋be動詞.（最後にピリオド）**で応答し、「**いいえ**」であれば**No,＋主語＋be動詞＋not.** で応答します。

be動詞の疑問文（be動詞＋主語＋所有格＋名詞）

例 **Is Momoka your relative? —Yes, she is. / No, she isn't.**

　　モモカはあなたの親戚ですか?—はい、そうです。／いいえ、違います。

　疑問文の主語であるMomokaは、応答文の中では**代名詞のshe（彼女は）**に変わっています。代名詞は、一度登場した人や物が再登場するときに使われます（ p.013 人称代名詞一覧）。

1 （　　　　）内の2つから、正しいものを選んでください。

POINT 🎯 主語に合う be 動詞を選ぶようにしてください。

① (Is / Are) an admission card required here?

　—No, it (isn't / aren't).

　▶ ここで入館証は必要ありますか。—いいえ、必要ありません。

② (Is / Are) these advanced courses? —Yes, they (is / are).

　▶ これらは上級のコースですか。—はい、そうです。

③ (Am / Are) you a dentist? —Yes, I (am / are).

　▶ あなたは歯医者ですか。—はい、そうです。

④ (Am / Are) you dance instructors?

　—No, we (am not / aren't).

　▶ あなたたちはダンスのインストラクターですか。—いいえ、違います。

2 英文が日本語と同じ意味になるように、＿＿＿＿ に適する語を入れてください。

① オスプレイさんはオーストラリア出身ですか。—いいえ、違います。

　▶ 応答文では Mr. Ospreay を正しい代名詞に変えてください。
　be from：〜出身である

＿＿＿＿＿＿ Mr. Ospreay from Australia?

—No, ＿＿＿＿＿＿ ＿＿＿＿＿＿.

② あなたはその本に興味はありますか。—はい、あります。

　▶ *be* interested in：〜に興味がある

＿＿＿＿＿＿ ＿＿＿＿＿＿ interested in the book?

—Yes, ＿＿＿＿＿＿ ＿＿＿＿＿＿.

③ モトイさんは気象予報士ですか。—はい、そうです。

　▶ 応答文では Ms. Motoi を正しい代名詞に変えてください。

＿＿＿＿＿＿ Ms. Motoi a certified weather forecaster?

—Yes, ＿＿＿＿＿＿ ＿＿＿＿＿＿.

④ その施設は一般公開されていますか。—いいえ、されていません。

　▶ 応答文では the facility を正しい代名詞にしてください。
　be open to：〜に公開されている

＿＿＿＿＿＿ the facility open to the public?

—No, ＿＿＿＿＿＿ ＿＿＿＿＿＿.

音声 🔊 **018**

☐ admission card	：入館証	☐ interested	：関心のある
☐ *be* required	：必要だ	☐ certified weather forecaster	
☐ these	：これら		：気象予報士
☐ advanced	：上級の	☐ facility	：施設
☐ dentist	：歯医者	☐ *be* open to	：〜に公開されている
☐ instructor	：インストラクター	☐ public	：一般（の人々）

Part 1	写真描写問題
問題用紙の写真を見ながら放送される4つの英文を聞き、写真の描写として最も適切なものを選ぶ問題です。	
問題数	6問
解答時間	1問あたり約5秒

例題

音声 🔊 019

1.

放送される英文 （問題用紙には印刷されていません）

🇨🇦
Look at the picture marked number 1 in your test book.

(A) He's getting out of a truck.
(B) He's putting on an apron.
(C) He's examining a tire.
(D) He's loading a box into a car.

例題訳 問題用紙の番号1の写真を見てください。

(A) 彼はトラックから降りているところだ。
(B) 彼はエプロンを着ようとしているところだ。
(C) 彼はタイヤを点検しているところだ。
(D) 彼は箱を車に積み込んでいるところだ。

　Part 1の問題用紙には、モノクロの写真のみが印刷されています。上の例題では、「男性が車に箱を積み込んでいる」という様子を描写した(D)が正解です。

1 1人の人が写っている問題

　　人物の動作や状態、服装に注目します。このタイプの問題ではThe man/woman、He/Sheなどが選択肢の主語になります。他のタイプの問題についても同様ですが、写真の背景にある物などの描写が正解になる場合もあるので注意が必要です。

2 複数の人が写っている問題

　　複数の**人物に共通する動作や状態、服装**に注目します。このタイプの問題ではThe men/women、People、Theyなどが選択肢の主語になります。また、写っている人のうちの1人が描写される問題も頻出で、その場合はOne of the men/womenが選択肢の主語になります。

3 人が写っていない問題

　　このタイプの問題では、写真に写っているさまざまなものが主語になる場合が多いですが、特に**目立っているもの**に注目するようにします。受動態、受動態の完了形〈have been＋過去分詞〉「～された状態だ」や受動態の進行形〈be being＋過去分詞〉「～されている最中だ」が頻出です。

Part 1 を攻略するためのコツ

1 ▶ 1人の人が写っている写真

　人が写っている写真では、多くの場合や人の**動作、状態、服装**などが問われます。主語は共通の場合が多いので、**動詞**に注意して音声を聞きましょう。ただし、人が写っている写真でも、背景にあるものの描写が正解になることもあるので注意が必要です。

2 ▶ 複数の人が写っている写真

　人が写っている写真では、多くの場合、人の動作や状態、服装などが問われます。複数の人が写っている場合はSome peopleやThey などが主語になって「**共通の**」動作や状態、服装が問われる場合と、One of the men/womenを主語にして「**誰か1人の**」動作や状態、服装が問われる場合があります。**主語**と**動詞**に注意して聞きましょう。こちらのタイプの問題も、背景にあるものの描写が正解になることもあるので注意が必要です。

3 ▶ 人が写っていない写真

　人が写っていない写真では、受け身（□ p.118 受動態）が使われる確率が高いです。

1. 受け身の完了形（正解になる可能性あり）

have been ＋過去分詞　「～された状態だ」

例：Vehicles have been arranged in a row.（乗り物が1列に並べられている）

2. 受け身の進行形（正解には基本的になり得ない）

be being ＋過去分詞　「～されている最中だ」

例：A camera is being set on a table.（カメラがテーブルの上に置かれているところだ）

　受け身の進行形は「人によって～されている」という動作を表すので、人が写っていない写真では基本的に正解になりません。
　ただし、*be* being displayed「展示されている最中だ」、*be* being exhibited「展示されている最中だ」、*be* being reflected「（反射して）映っている最中だ」などは、「状態」を表すので人が写っていなくても正解になり得る場合があります。
　また、このタイプの問題では選択肢ごとに主語が変わる可能性があります。モノの位置関係や状態に注目しましょう。写真全体に隈なく目をやっておく必要があります。

それでは実際に Part 1 の問題を解いてみましょう。

以下の写真について、それぞれ4つの説明文を聞きます。

写真の内容を最も適切に描写しているものを(A)〜(D)から選んでマークしてください。

1.

2.

▶ 解答・解説…別冊 p.026

Four employees report to Mr. Davis.

4人の従業員がデイビスさんに直属しています。

□ **employee**：従業員　□ **report to**：〜に直属している

一般動詞

英語の動詞は、大きく分けるとbe動詞と一般動詞の2種類があります。ここでは一般動詞をさらに分類し、**一般動詞の自動詞と他動詞**について説明します。

一般動詞の肯定文（他動詞）

例 **I play the piano.**　私はピアノを弾きます。（I は / play する / the piano を）

主語の動作や状態を表す文を作るときは、**主語＋動詞**の順序で単語を並べます。日本語では「私は＋ピアノを＋弾きます」の順序ですが、英語では「私は＋弾きます＋ピアノを」の順序になるのです。これを英語に置き換えて表すとI play the piano. となります。

playという動詞の後ろにthe pianoという「何を」に当たる語がありますが、ここにくる「**〜を・〜に」を表すものを「目的語」**と呼びます。このplayのように**直後に目的語が続く動詞を「他動詞」**と呼びます。

一般動詞の肯定文（自動詞）

例 **Four employees report to Mr. Davis.**　4人の従業員がデイビスさんに直属しています。

ここではreport「報告する」という一般動詞のすぐ後に前置詞のtoがあり、その後に目的語のMr. Davisがあります。このように目的語を動詞の後に直接置かず、**前置詞を必要とする動詞を「自動詞」**と呼びます。

前置詞は「名詞の前に置く」単語で、その名詞が文中の他の語とどのような関係なのかを示します。前置詞のtoは「方向・到達」を表すので、to Mr. Davisは「デイビスさんに到達する・繋がる」ことを意味します。

一般動詞の肯定文（不完全自動詞）

例 **You look sleepy.**　あなたは眠たそうに見えます。

（You＝sleepy）

一般動詞のlookには「〜に見える」という意味があります。後ろにあるsleepyは「眠い」という意味の形容詞です。一般動詞にはbe動詞と同様に、**動詞の前後を＝「イコール」の関係にするもの**があります。このような動詞は**「不完全自動詞」**と呼ばれます。

1 （　　　）内の 2 つから、正しいものを選んでください。

POINT 🗨 動詞が自動詞・他動詞のどちらなのかを意識してください。

❶ I always (go / visit) to the gym.

▶ 私はいつもそのジムに行きます。

❷ The tickets usually (sell / buy) out within five minutes.

▶ そのチケットはたいてい 5 分以内に売り切れます。
sell out：売り切れる

❸ These cakes (taste / eat) very good.

▶ これらのケーキはとてもおいしいです。
taste：〜の味がする

❹ Our departments (look / look into) problems every day.

▶ 私たちの部署は毎日問題を調査します。
look into：〜を調べる

2 英文が日本語と同じ意味になるように、＿＿＿＿ に適する語を入れてください。

❶ あなたは 30％の割引を受けることができます。

▶ get：〜を受け取る

You can ＿＿＿＿＿＿ a 30 percent discount.

❷ 私たちは毎月黒いシャツを 10 着注文します。

▶ order：〜を注文する

We ＿＿＿＿＿＿ ten black shirts every month.

❸ 私は毎朝これらのファイルをあなたの机の上に置きます。

▶ leave：〜を置く

I ＿＿＿＿＿＿ these files on your desk every morning.

❹ これらの道は会議場に繋がっています。

▶ lead to：〜に繋がる

These roads ＿＿＿＿＿＿ ＿＿＿＿＿＿ the conference center.

❺ あなたは毎週プレスリリースを当社のウェブサイトに掲載します。

▶ post：〜を掲載する

You ＿＿＿＿＿＿ press releases on our website every week.

□ always	：いつも	□ can	：〜できる
□ usually	：たいてい	□ discount	：割引
□ within	：〜以内に	□ road	：道
□ these	：これらの	□ conference center	：会議場
□ department	：部署	□ press release	：プレスリリース
□ problem	：問題	□ website	：ウェブサイト

I don't need a résumé this time.

今回私は履歴書が必要ありません。

- □ need：〜を必要とする □ résumé：履歴書

一般動詞の否定文

一般動詞の否定文「〜しません」は、**動詞の前にdo not、もしくはdon't（do notの短縮形）**を置いて作ります。

一般動詞の否定文（他動詞）

例 **I don't play the piano.** 私はピアノを弾きません。（I は / play しない / the piano を）

肯定文は、I play the piano.「私はピアノを弾きます」でした。動詞playの前にdo not / don'tを置くと「〜しません」という否定文になります。

例 **I don't need a résumé this time.** 今回私は履歴書が必要ありません。

（I は / need しない / a résumé を）

一般動詞の否定文（自動詞）

例 **I don't run every morning.** 私は毎朝走るわけではありません。

（私は / run しない / 毎朝）

一般動詞の否定文（不完全自動詞）

例 **You don't look busy.** あなたは忙しそうに見えません。（You は / 見えない / busy に）

一般動詞の肯定文と否定文を対比して、以下の表にまとめました。自動詞は一緒に使う前置詞とセットで掲載しています（否定では短縮形のdon'tを使って表しています）。

一般動詞・肯定	語句の意味		一般動詞・否定	語句の意味
go to	〜へ行く		don't go to	〜へ行かない
come to	〜に来る		don't come to	〜に来ない
want	〜が欲しい	↔	don't want	〜は欲しくない
teach	〜を教える		don't teach	〜を教えない
meet	〜に会う		don't meet	〜に会わない
look at	〜を見る		don't look at	〜を見ない

1 (　　　) 内にある語を、正しい順番に並び替えてください。

POINT 一般動詞の否定文は、主語＋do not / don't＋動詞＋α.の語順になります。

❶ We (visit / the museum / don't) frequently.

▶ 私たちは頻繁にその博物館を訪れているわけではありません。

❷ Your (beautiful / works / don't / look).

▶ あなたの作品は美しくは見えません。

❸ Our shops (any T-shirts / carry / don't).

▶ 私たちの店舗ではTシャツは一切扱っていません。

❹ (leave / don't / flights) when there is inclement weather.

▶ 悪天候の場合には、飛行機は飛び立ちません。

❺ We (such problems / address / don't).

▶ 私たちはそのような問題には対処しません。

2 英文が日本語と同じ意味になるように、＿＿＿＿ に適する語を入れてください。

❶ 私たちは、払い戻しはいたしません。

We ＿＿＿＿＿＿ ＿＿＿＿＿＿ refunds.

▶ issue：〜を出す

❷ 私は当社の経理部を担当していません（運営していません）。

I ＿＿＿＿＿＿ ＿＿＿＿＿＿ our accounting department.

▶ run：〜を経営する・運営する

❸ あなたはこれらすべてを1人で管理しているわけではありません。

You ＿＿＿＿＿＿ ＿＿＿＿＿＿ all of this by yourself.

▶ manage：〜を管理する

❹ 私たちは毎日窓ガラスを拭いているわけではありません。

We ＿＿＿＿＿＿ ＿＿＿＿＿＿ windowpanes every day.

▶ wipe：〜を拭く

❺ あなたは車の整備はしません。

You ＿＿＿＿＿＿ ＿＿＿＿＿＿ on car repairs.

▶ work on：(調整・修理など) に取り組む

音声 🔊 027

□ museum	：博物館	□ address	：〜に対処する
□ frequently	：頻繁に	□ refund	：払戻金
□ work	：作品	□ accounting department	：経理部
□ carry	：(商品)を店に置いている	□ all of this	：これらすべて
□ flight	：航空便	□ by oneself	：1人で
□ leave	：出発する	□ windowpane	：窓ガラス
□ inclement weather	：悪天候	□ repair	：修理
□ such	：そのような		

> # Do you attend the meeting every day?
> # —No, I don't.
>
> あなたはその会議に毎日出席しますか。 —いいえ、出席しません。
>
> □ attend：〜に出席する

一般動詞の疑問文

一般動詞の疑問文「〜しますか」は、**主語の前にDoを、文末に「?」**を置いて作ります。

一般動詞の疑問文（他動詞）

例 Do you attend the meeting every day? —Yes, I do. / No, I don't.

あなたはその会議に毎日出席しますか。 —はい、します。／いいえ、しません。

Do you...? で質問された場合、Yes / Noで応答します。「**はい**」**であれば Yes, I do.** と応答し、「**い いえ**」**であれば No, I don't.** と応答します。

一般動詞の疑問文（自動詞）

例 Do you often go to the park? —Yes, I do. / No, I don't.

あなたはしばしばその公園に行きますか。 —はい、行きます。／いいえ、行きません。

一般動詞の疑問文（不完全自動詞）

例 Do I look busy? —Yes, you do. / No, you don't.

私は忙しそうに見えますか。 —はい、見えます。／いいえ、見えません。

次の表は肯定文（〜します）と疑問文の対比です。

肯定文（主語＋動詞＋α）		疑問文（Do＋主語＋動詞＋α?）
You attend school.		Do you attend school?
You come here every week.		Do you come here every week?
You want a pen.		Do you want a pen?
You teach English.		Do you teach English?
You meet my cousin every week.	↔	Do you meet my cousin every week?
You watch movies.		Do you watch movies?

1 （　　　　）内にある語を、<u>正しい順番</u>に<u>並び替え</u>てください。

POINT 肯定文を Do と「?」で挟むと一般動詞の疑問文になります。

❶ (play / you / do) a musical instrument? —Yes, I do.

❷ Do (use / a microscope / you) every time? —No, we don't.

❸ (I / need / do) to wear safety goggles? —No, you don't.

❹ (talk about / do / you) your clients? —Yes, I do.

❺ Do (inflatable rings / these boats / have) ? —Yes, they do.

▶ あなたは楽器を演奏しますか。—はい、演奏します。
▶ あなたたちは毎回顕微鏡を使いますか。—いいえ、使いません。
▶ 私は安全ゴーグルを着用する必要がありますか。—いいえ、ありません。
▶ あなたは顧客について話しますか。—はい、話します。
▶ これらのボートには浮き輪はありますか。—はい、あります。

2 英文が日本語と同じ意味になるように、_____ に適する語を入れてください。

❶ あなたは毎日植物に水をやりますか。—はい、やります。

Do you _____ your _____ every day? —Yes, I do.

❷ あなたは毎日仕事に行きますか。—いいえ、行きません。

Do you _____ to work every day? —No, _____ don't.

❸ お店は停電のせいで今週は閉まりますか。—いいえ、閉まりません。

Do the shops _____ this week due to the electrical outage?

—No, _____ don't.

❹ 彼らはその賞を従業員に与えますか。—はい、与えます。

Do they _____ awards to their employees?

—Yes, _____ do.

▶ plant は可算名詞です。water：〜に水をやる　plant：植物
▶ go to：〜に行く
▶ 応答文の代名詞に注意してください。close：閉まる
▶ give：〜を与える

音声 🔊 030

□ musical instrument	: 楽器	□ inflatable ring	: 浮き輪
□ microscope	: 顕微鏡	□ work	: 仕事
□ wear	: 〜を着用している	□ due to	: 〜のせいで
□ safety goggles	: 安全ゴーグル	□ electrical outage	: 停電
□ talk about	: 〜について話す	□ award	: 賞
□ client	: 顧客	□ employee	: 従業員

Part 2	応答問題
1つの問いかけと、それに対する3つの応答を聞き、最もふさわしい応答を選ぶ問題です。	
問題数	25問
解答時間	1問あたり約5秒

例題　　　　　　　　　　　　　　　　　　　　　　　音声 🔊 031

7. Mark your answer on your answer sheet.

8. Mark your answer on your answer sheet.

9. Mark your answer on your answer sheet.

（……中略……）

31. Mark your answer on your answer sheet.

（解答用紙に解答をマークしなさい）

放送される英文（問題用紙には印刷されていません）

No. 7

🏴 W：What time does the department meeting start?

🏴 M：(A) A little time.
　　　(B) After lunch.
　　　(C) I've met him.

例題訳　部門会議は何時に始まりますか。

(A) 少しの時間です。
(B) 昼食後です。
(C) 私は彼に会いました。

Part 2では、問いかけも3つの応答も印刷されていません。上の例題では、「部門会議は何時に始まりますか」という問いかけに対し、「昼食後です」と答えている(B)が正解です。

1 Yes/Noで応答できる問題

Did Mr. Takeda go to the conference center yesterday?
―No, he didn't.

「Takeda さんは昨日、会議場に行きましたか。―いいえ、行きませんでした。」

　問いかけに対してYes「はい」、No「いいえ」で応答できるタイプの問題です。比較的易しめの問題が多いです。Aren't you 〜? などで始まる「否定疑問文」の問題や、文末に ..., aren't you?／..., are you? などがつく「付加疑問文 (p.017)」の問題も、このタイプに含まれます。否定疑問文は通常の疑問文に置き換えて（Aren't you 〜? であれば Are you 〜? に置き換えて）考えるとよいでしょう。付加疑問文は文末の付加疑問の部分は無視して解答するようにしてください。

2 WH疑問詞を使った問題

When are you planning to retire? ―Next month.

「あなたはいつ退職するつもりですか。―来月です。」

　疑問詞を使った疑問文への応答を選ぶ問題です。疑問詞にはWhen「いつ」、Where「どこで」、Who「誰が」、What「何を」、Why「なぜ」、How「どのように」、Which「どちら」、Whose「誰の」、How much「いくら／どのくらい」、How many「いくつ／何人」、How long「どのくらいの間」などがあります。これらの疑問詞が登場する問いかけの冒頭を特に注意して音声を聞くようにします。

3 依頼・提案・申し出の問題

Why don't we discuss the issue this afternoon?
―OK. See you later.

「その問題について、今日の午後に話し合いませんか。―いいですよ。では後ほど。」

　Could you 〜?「〜していただけませんか（依頼）」、Why don't we 〜?「〜しませんか（提案）」、Shall I 〜?「〜しましょうか（申し出）」などを使った問いかけに適切に応答しているものを選ぶ問題です。定型表現をできる限りたくさん覚えることがポイントとなります。

4 間接的な応答問題

How did your meeting go yesterday? ―Oh, I forgot to attend it.
「昨日の会議はどうでしたか。―ああ、参加することを忘れました。」

　問いかけに対して素直（直接的）に応答するのではない、距離感のある応答が正解になるパターンです。応答の内容をピンポイントでは予測しにくいので、難易度が高めの問題です。消去法を駆使して解答することが一番の対策となります。

5 問いかけが平叙文の問題

I'd like you to fill in this questionnaire.
―OK. When do you need it by?
「あなたにこのアンケートを書いていただきたいのです。
―いいですよ。いつまでにそれが必要ですか。」

　問いかけが疑問文ではないタイプの問題です。こちらも「4 間接的な応答問題」と同様、応答の内容を予測しにくいので難易度が高めの問題となります。応答パターンには主に「確認」「意見表明」「提案」などがあります。

Part 2 を攻略するためのコツ

1 ▶ 問いかけを聞いた後、瞬時に
「字幕」（問いかけの英文を簡単な日本語にまとめたもの）を作る

What time does the department meeting start?
→「何時に会議始まる?」

　まずは、スクリプトの訳を見てその日本語を要約する練習を行ってください。そうすることで、本番でも問いかけの趣旨を瞬時に判断できるようになります。また、Part 3、4、7の設問や選択肢を瞬時に理解できるようにもなります。

2 ▶ ペン先を使った消去法

　問いかけを「字幕」にしたものを(A)～(C)の応答文と一つひとつ突き合わせつつ、最新の正解候補を追いかけ続けるようにします。「消去できないもの」はキープしてください。

1. 「○と?」と「×」の2つのカテゴリーに仕分けをします。

2. **?**（正解かどうか判断できない選択肢）**は正解候補としてキープ**し、確実に正解だと思えるものが現れたらそちらに移動、現れなければそれを正解としてマークします。

　1で作った「字幕」を(A)～(C)の応答文と一つひとつ突き合わせ、ペン先を以下のような感じでマーク上を移動させていきます。

| 「何時に会議始まる?」 | ➡ | (A) A little time.「少しの時間」 |

＊「×」（正解ではない）と判断、ペン先を(B)のマーク上に移動

| 「何時に会議始まる?」 | ➡ | (B) After lunch.「昼食後」 |

＊「○か?」（正解またはキープ）と判断、(B)のマークの上にペン先を置いたままにする

| 「何時に会議始まる?」 | ➡ | (C) I've met him.「私は彼に会った」 |

＊「×」（正解ではない）と判断、ペン先が置かれている(B)のマークを塗りつぶして本問は終了

🔑3 「細かいゴール」を設定

　Part 2は全部で25問も出題されます。集中力を保ち続けるために、No.7～10、No.11～20、No.21～30、そしてラストのNo.31というように25問を分割して「細かいゴール」を設定し、各ゴールにたどり着くたびに一呼吸・ワンクッションおくようにします。
　数問ごとに仕切り直しをすることによって、集中力を切らさずに解答を続けることができるようになります。

練習問題2  音声 032～034

それでは実際にPart 2の問題を解いてみましょう。
1つの問いかけや発言と、それに対する3つの応答を聞きます。
問いかけや発言に対して最も適切な応答を(A)～(C)から選んでマークしてください。

---

3. Mark your answer on your answer sheet.

4. Mark your answer on your answer sheet.

5. Mark your answer on your answer sheet.

▶ 解答・解説…別冊 p.027

Saya **goes** to the gym twice a week.

サヤは週に2回ジムに行きます。

☐ gym：ジム　☐ twice：2回

三単現（三人称単数現在形）とは

三人称は「Iでもweでもyouでもない人や物」、単数は「1人・1つ」、現在形は「現在を中心として、過去、現在、そして未来においても成り立つ動作や状態」のことです。主語が三人称単数（heやshe、Hiroyuki、Ms. Iwataniなど）で、文の時制（現在・過去・未来のうちのいつのことを言っているのかを表す）が現在のときに使う動詞の形が**三単現（三人称単数現在形）**です。

動詞を三人称単数現在形にするときは、plays / uses / knowsのように、**一般動詞の語尾に-sや-es**を付けます。

👉 三単現の作り方のルール

❶多くの動詞は語尾に-sを付けます。　❷-s,-o,-sh,-ch,-xで終わる動詞は、語尾に-esを付けます。
❸子音字＋yで終わる動詞は、yをiに変えて-esを付けます。　❹haveはhasになります。

原形	三単現形	意味
❶play	play**s**	〜をする・演奏する
❶use	use**s**	〜を使う
❶like	like**s**	〜を好む

原形	三単現形	意味
❷watch	watch**es**	〜を見る
❸study	stud**ies**	〜を勉強する
❹have	**has**	〜を持っている

一般動詞（三単現）の肯定文（他動詞）

例 **Mr. Nakashima plays baseball regularly.**　ナカシマさんは定期的に野球をします。

主語のMr. Nakashimaが三人称単数で、現在のことを表している文なので、**動詞に-s**を付けます。

一般動詞（三単現）の肯定文（自動詞・不完全自動詞）

例 **Saya goes to the gym twice a week.**　サヤは週に2回ジムに行きます。

例 **She looks busy.**　彼女は忙しそうに見えます。

goesのesは[z]（ズ）、looksのsは[s]（ス）と発音されます。三単現の動詞の語尾にある-sや-esは**[z]（ズ）、[s]（ス）、[iz]（イズ）のいずれかの発音**になります。

1 （　　　）内の2つから、正しいものを選んでください。

POINT 主語の人称と数に注意して正解を選んでください。

① The automaker (ask / asks) us to provide more information every time.

② The journalist Will Finley (travel / travels) to the U.S. annually.

③ Our supervisor (alleviate / alleviates) employee concerns.

④ The critics (acclaim / acclaims) Jonah's work every time.

▶ その自動車メーカーは、いつも私たちにより多くの情報を提供するよう求めています。
ask：～に求める
▶ ジャーナリストであるウィル・フィンレーは、毎年アメリカに赴いています。
travel to：～に赴く
▶ 私たちの上司は、従業員の懸念を軽減してくれます。
alleviate：～を軽減する
▶ その評論家たちは、ジョナの作品を毎回高く評価します。
acclaim：～を称賛する

2 英文が日本語と同じ意味になるように、＿＿＿＿＿に適する語を入れてください。

① 彼女はよりよい作品を作るためにいつも努力しています。

She always ＿＿＿＿＿＿ to make her work better.

▶ strive to do：～するために努力する

② アレックスは毎月展示会に参加しています。

Alex ＿＿＿＿＿＿ in trade shows every month.

▶ participate in：～に参加する

③ そのツアーガイドは、たいてい人気のある山を選びます。

The tour guide usually ＿＿＿＿＿＿ popular mountains.

▶ pick：～を選ぶ

④ ヘレンはテレビで2つのチャンネルを同時に見ます。

Helen ＿＿＿＿＿＿ two TV channels at the same time.

▶ watch：～を見る

⑤ このマンションには駐車場があります。

This apartment building ＿＿＿＿＿＿ a space for parking cars.

▶ have：～を持っている

音声 🔊 037

☐ automaker	：自動車メーカー	☐ work	：作品
☐ provide	：～を提供する	☐ always	：いつも
☐ more	：より多くの	☐ better	：よりよい
☐ annually	：毎年	☐ trade show	：展示会
☐ supervisor	：上司	☐ usually	：たいてい
☐ employee	：従業員	☐ at the same time	：同時に
☐ concern	：懸念	☐ apartment building	：マンション
☐ critic	：評論家		

> # Mr. Watanabe doesn't have any appointments today.
>
> 今日、ワタナベさんはアポイントメントが1つもありません。
>
> □ appointment：アポイントメント、（面会などの）約束

一般動詞（三人称単数現在形）の否定文

例 **Mr. Watanabe doesn't have any appointments today.**

今日、ワタナベさんはアポイントメントが1つもありません。

　三単現の否定文は、**動詞の前にdoes not、もしくは短縮形のdoesn't**を置いて作ります。三単現の肯定文では動詞の語尾に-sや-esが付きました。これを否定文にする場合、**動詞は原形**にします。

　原形とは、**語尾や語形が変化していない、動詞の元々の形**のことです。その単語の「辞書に載っている元の形」だと考えてください。例えば、辞書で「食べる」を探すとeatが太字で載っているはずです。

　三単現の肯定の形と否定の形を比較してみましょう。

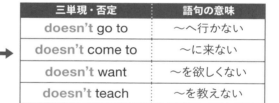

三単現・肯定	語句の意味		三単現・否定	語句の意味
goes to	〜へ行く		doesn't go to	〜へ行かない
comes to	〜に来る	⬅➡	doesn't come to	〜に来ない
wants	〜を欲しい		doesn't want	〜を欲しくない
teaches	〜を教える		doesn't teach	〜を教えない

一般動詞（三人称単数現在形）の疑問文

例 **Does Mr. Watanabe have any appointments today?**
　　—Yes, he does. / No, he doesn't.

今日、ワタナベさんはアポイントメントがありますか。
—はい、あります。／いいえ、ありません。

　三単現（一般動詞）の疑問文は**文をDoesと「?」で挟み、動詞を原形にして**作ります。この疑問文に対しては、**「はい」であればYes, ＋主語＋does.** と、**「いいえ」であればNo, ＋主語＋doesn't.** と応答します。

　下の表は肯定文（〜します）と疑問文（〜しますか）の対比です。

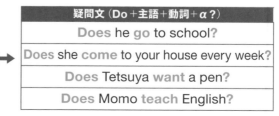

肯定文（主語＋動詞＋α）		疑問文（Do＋主語＋動詞＋α?）
He goes to school.		Does he go to school?
She comes to your house every week.	⬅➡	Does she come to your house every week?
Tetsuya wants a pen.		Does Tetsuya want a pen?
Momo teaches English.		Does Momo teach English?

1　（　　　）内の2つから、正しいものを選んでください。

POINT 主語の人称と数に注意して正解を選んでください。

❶ He (don't / doesn't) put up the sign in front of the venue this month.

❷ Ms. Abe doesn't (attend / attends) meetings this week.

❸ (Do / Does) this TV commercial (affect / affects) our sales? —Yes, it does.

❹ Does your salary (make / makes) you happy? —Yes, it does.

▶ 彼は今月、会場の正面に看板を掲示していません。

▶ アベさんは今週、会議に出席しません。
attend：〜に出席する

▶ このテレビコマーシャルは私たちの売上に影響しますか。
—はい、影響します。
affect：〜に影響する

▶ あなたは現在の給料に満足していますか。
—はい、しています。

2　英文が日本語と同じ意味になるように、＿＿＿＿＿に適する語を入れてください。

❶ その会社は今年、その仕事への申込期間を延長しません。

The company ＿＿＿＿＿＿ ＿＿＿＿＿＿ the application period for the job this year.

▶ extend：〜を延長する

❷ 私たちの部署は顧客からの苦情には対処しません。

Our department ＿＿＿＿＿＿ ＿＿＿＿＿＿ with complaints from customers.

▶ deal with：〜に対処する

❸ このバスは、パディントンに停まりますか。—はい、停まります。

Does this bus ＿＿＿＿＿＿ at Paddington?

—Yes, it ＿＿＿＿＿＿ .

▶ stop at：〜に停まる

❹ スギバヤシさんはこの件について聞く必要がありますか。
　—いいえ、ありません。

＿＿＿＿＿＿ Mr. Sugibayashi ＿＿＿＿＿＿ to hear about this matter?
—No, he doesn't.

▶ need to do：〜する必要がある

音声 🔊 040

☐ put up	：〜を掲示する	☐ period	：期間
☐ sign	：看板	☐ department	：部署
☐ in front of	：〜の前に	☐ complaint	：苦情
☐ venue	：会場	☐ customer	：顧客
☐ sales	：売上	☐ hear about	：〜について聞く
☐ salary	：給料	☐ matter	：件
☐ application	：申し込み		

> # What is that? —It is my bike.
>
> あれは何ですか。 —それは私の自転車です。
>
> □ bike：自転車

疑問詞

疑問詞は「具体的な情報」を相手から得るために使われます。

□ who ：誰	□ what ：何	□ which ：どれ	□ when ：いつ
□ where ：どこ	□ why ：なぜ	□ whose ：誰の	□ how ：どのように

疑問詞のある be 動詞の疑問文

例 **What is that? —It is my bike.**　あれは何ですか。 —それは私の自転車です。

be 動詞の疑問文は、**疑問詞＋be動詞＋主語＋α？** の順序で作ります。

例文の応答は It is my bike. となっています。疑問文の中にある主語の that「あれは」が、応答文の中では**代名詞の It**「それは」に言い換えられています。

ここでは色々な疑問詞を使った be 動詞の文と、その応答文を見てみましょう。

疑問詞のある be 動詞の疑問文	応答文の例
Who is that man? あの男性は誰ですか。	He is Mr. Okada. 彼はオカダさんです。
What is your name? あなたの名前は何ですか。	My name is Kota. 私の名前はコウタです。
When is your birthday? あなたの誕生日はいつですか。	It's January 4th. 1月4日です。
Where is the bank? 銀行はどこですか。	It is across the street. 通りの向こう側です。
Why are you free? なぜあなたは暇なのですか。	Because today is Sunday. 今日は日曜日だからです。

be 動詞の疑問文（繰り返しを避けて省略するパターン）

例 **Who is your English teacher? —Mr. Uemura is.**

誰があなたの英語の先生ですか。—ウエムラ先生です。

Mr. Uemura is の後ろには my English teacher が省略されていると考えてください。

1 （　　　）内の 2 つから、正しいものを選んでください。

POINT 応答文の意味を参考に正解を選んでください。

❶ (Where / When) is Mr. Takahashi's birthday?

—It's December 4th.

❷ (Why / What) are you so busy?

—Because the report is due tomorrow.

❸ (What / Who) is that man next to Hazuki? —He is Mr. Vigier.

❹ (How / Which) is the candidate? —She has exceeded my expectations.

▶ タカハシさんの誕生日はいつですか。— （それは）12 月 4 日です。

▶ なぜあなたはそんなに忙しいのです。— なぜなら、報告書の期限が明日だからです。

▶ ハズキの隣にいるあの男性は誰ですか。— 彼はヴィジェさんです。

▶ その候補者はいかがですか。— 彼女は私の期待を越えました。

2 英文が日本語と同じ意味になるように、＿＿＿＿＿ に適する語を入れてください。

❶ あなたのここでの責務は何ですか。—（それは）ほとんどが荷物の発送です。

＿＿＿＿＿＿ is your responsibility here?

— ＿＿＿＿＿＿ is mostly shipping packages.

▶ 応答文では your responsibility を代名詞で置き換えます。

❷ あなたのオフィスはどこにありますか。—その通りを少し行ったところにあります。

＿＿＿＿＿＿ is your office? —Just down the street.

❸ ここから駅までどのくらいの距離がありますか。—約 3 キロです。

＿＿＿＿＿＿ ＿＿＿＿＿＿ is it from here to the station?

— ＿＿＿＿＿＿ about three kilometers.

▶ how far：～の距離はどれくらいか

❹ どの机があなたの(机)ですか。—右にあるの(が私の机)です。

＿＿＿＿＿＿ desk is yours? —The one on the right.

▶ which+ 名詞で「どの～」という意味になります。

音声 🔊 043

☐ busy	：忙しい	☐ responsibility	：責務
☐ due	：期限で	☐ mostly	：ほとんどは、主に
☐ tomorrow	：明日	☐ shipping	：～を発送すること
☐ next to	：～の隣に	☐ package	：荷物
☐ candidate	：候補者	☐ down the street	：この通りの先に
☐ exceed	：～を越える	☐ from A to B	：A から B まで
☐ expectation	：期待	☐ right	：右側

> ## What do you have in your hand?
> ## —I have a map.
>
> あなたは手に何を持っていますか。
> — 私は地図を持っています。
>
> □ **map**：地図

一般動詞の疑問文（疑問詞が目的語になるパターン）

例 **What do you have in your hand? — I have a map.**

あなたは手に何を持っていますか? —私は地図を持っています。

　一般動詞の疑問文は、**疑問詞＋do / does＋主語＋動詞（の原形）＋α?** の順序で作ります。「あなたは地図を持っていますか」はDo you have a map? と表しますが、「あなたは何を持っていますか」を英語で表現する場合には、上記の順序に当てはめるとWhat do you have? になります。この場合、**疑問詞のwhatはhaveの目的語**になっています。

　What do you have? のhaveの部分を変えると、いろいろな「あなたは何を～しますか」という文を作ることができます。

例 **What instrument does he play? —He plays the violin.**

彼は何の楽器を演奏しますか。—彼はヴァイオリンを演奏します。

　主語が三人称単数のheなので、**疑問詞＋does＋主語＋動詞の原形?**の形になっています。「楽器を演奏する」と表現したい場合にはplay the＋楽器のように表します。「スポーツをする」と表現したい場合には、play baseballやplay soccerのようにplay＋スポーツの名称を使って表します。

例 **What do you use to write notes? —I use a pencil.**

あなたはメモをとるのに何を使いますか。—私は鉛筆を使います。

　pencilは可算名詞なので、前に冠詞のaが付いています。

一般動詞の疑問文（疑問詞が主語になるパターン）

例 **Who is meeting you today? —My supervisor is meeting me today.**

誰が今日あなたに会いますか。—私の上司が今日、私に会います。

　疑問詞が主語になる場合には、**疑問詞＋動詞＋α?** の順序になります。do / doesは使いません。また、主語として使われる疑問詞は、**三人称単数扱い**です。文の時制が現在で動詞が一般動詞の場合、動詞には三単現の -sや-esがつきます。

1 （　　　）内の２つから、正しいものを選んでください。

POINT 応答文の意味を参考に正解を選んでください。

❶ (When / Where) do you usually get some coffee?

　—In front of our office.

❷ (Whom / What) does Mr. Naito meet every Sunday?

　—He meets his daughter every Sunday.

❸ (How much / How far) money do you have now?

　—Approximately 1,000 yen.

❹ (Which / How) color do you prefer? —The blue one.

▶ あなたはふだんどこで
コーヒーを購入していま
すか。
　—私たちのオフィスの前
で（購入しています）。

▶ ナイトウさんは毎週日曜
日に誰と会っていますか。
　—彼は毎週日曜日に彼の
娘と会います。

▶ あなたは今いくら持って
いますか。
　—約 1,000 円です。
how much：いくら
how far：〜の距離はど
のくらいか

▶ あなたはどちらの色が好
みですか。
　—青（の方が好み）です。

2 英文が日本語と同じ意味になるように、＿＿＿＿＿ に適する語を入れてください。

❶ あなたは何冊の本をカバンに入れていますか。—3 冊です。

＿＿＿＿＿＿ ＿＿＿＿＿＿ books do you have in your bag?—Three.

▶ how many：いくつの

❷ クシダさんは今日の会議で何について話すつもりですか。—私にはわかりません。

＿＿＿＿＿＿ ＿＿＿＿＿＿ Mr. Kushida plan to talk about at the

meeting today? —I have no idea.

▶ 主語は Mr. Kushida です。

❸ あなたはオーストラリアで誰の家に滞在したいですか。—デイビスさんの家です。

＿＿＿＿＿＿ ＿＿＿＿＿＿ do you want to stay at in Australia?

—At Mr. Davis's house.

▶ whose＋名詞で「誰の〜」
という意味になります。

❹ あなたはなぜ今日の展示会に行く必要があるのですか。

　—私は毎年、イベントでスピーチをしているからです。

＿＿＿＿＿＿ ＿＿＿＿＿＿ you need to go to today's trade show?

—Because I give a speech at the event every year.

▶ why：なぜ

音声 🔊 **046**

☐ get	：〜を購入する	☐ prefer	：（〜よりも）〜を好む
☐ in front of	：〜の前に	☐ talk about	：〜について話す
☐ meet	：〜に会う	☐ stay at	：〜に滞在する
☐ daughter	：娘	☐ trade show	：展示会
☐ approximately	：約	☐ give a speech	：スピーチをする
☐ color	：色		

Part 3　会話問題

2人または3人による会話を聞き、その内容についての設問に答える問題です。設問と選択肢は問題用紙に印刷されています。

問題数	39問（3問×13セット）
解答時間	1問あたり約8秒（図表問題は12秒）

例題

音声 🔊 047

---

32. What does the woman want to do?

(A) Walk to an event venue
(B) Purchase theater tickets
(C) Attend a conference
(D) Find her vehicle

33. What does the man offer the woman?

(A) A food sample
(B) A street map
(C) A discount coupon
(D) A telephone number

34. What does the man recommend?

(A) Visiting a Web site
(B) Reading a review
(C) Using a bicycle path
(D) Making a reservation

放送される英文 （問題用紙には印刷されていません）

Questions 32 through 34 refer to the following conversation.

🇨🇦 M：Welcome to the Lyonville Visitor Information Center. Can I help you with something?

🇺🇸 W：Hi. Um... I'm trying to get to Carter Music Hall to see a concert. Can I get there on foot?

M：Yes. You can take this map if you like. It'll take you about 10 minutes to get there from here if you're walking. Is that OK?

W：That's fine. I have plenty of time.

M：OK. Well, I think you should walk along the bicycle path. You'll see it if you go to Garret Park. It's at the end of this street.

　Part 3では、1つの会話に対して3つの設問とそれぞれの設問に4つの選択肢が印刷されています。最後の2〜3セットには、図表が印刷されています。

問題 32-34 は次の会話に関するものです。

男性：Lyonville 情報案内所へようこそ。何かお手伝いしましょうか?

女性：こんにちは。えっと、Carter 音楽ホールにコンサートを観に行こうとしているのですが、そこまで徒歩で行くことはできますか?

男性：はい。よろしければこちらの地図をお持ちください。徒歩だと、ここからホールまで 10 分ほどかかります。それで大丈夫ですか?

女性：大丈夫です。時間はたっぷりあります。

男性：わかりました。自転車道に沿って歩くといいと思います。Garret 公園まで行けばわかります。公園はこの通りの先にあります。

32. 女性がしたいことは何ですか。

(A) イベント会場に歩いて行く
(B) 劇場のチケットを買う
(C) 会議に出席する
(D) 彼女の車を見つける

33. 男性は女性に何を提供していますか。

(A) 食品サンプル
(B) 街の地図
(C) 割引クーポン
(D) 電話番号

34. 男性は何を勧めていますか。

(A) ウェブサイトを見ること
(B) レビューを読むこと
(C) 自転車道を使うこと
(D) 予約をすること

1 WH疑問詞で始まる問題

p.052の例題はすべてこのタイプの問題です。会話のテーマや話者の職業などの会話全体に関することから、話者が抱える問題、話者の次の行動、催しものの日付・場所などの細かい内容まで、さまざまな内容が問われます。

全体を問う設問

解答のヒントが会話全体に散らばっているので、比較的易しめの問題が多いです。「話し手たちは何について話しているか」という主題を問う設問、「話し手たちはどこにいるか」という場所を問う設問、「男性の職業は何だと思われるか」という職業を問う設問などが頻出です。

部分を問う設問

上記の「全体を問う設問」とは異なり、解答のヒントがピンポイントで登場します。「女性は男性に何を提案して／申し出ているか」という話者の提案を問う設問、「男性は女性に何をお願いしているか」という依頼を問う設問、「女性は次に何をすると考えられるか」という話し手の未来の行動を問う設問などがあります。

2 図表問題（グラフィック問題）

Member Discounts	
Diamond	30% off
Gold	20% off
Silver	10% off
Bronze	5% off

Look at the graphic. What discount is the woman eligible for?
(A) 30 percent
(B) 20 percent
(C) 10 percent
(D) 5 percent

図表（グラフィック）を見ながら答える問題です。図表には主に「リスト型」「グラフ型」「見取り図型」などがあります（上の例はリスト型）。選択肢にある情報は重要ではありません。選択肢と図表を見比べて、選択肢と対になっている図表上の情報（上の例ではBronze、Silverなど）に注意して音声を聞くようにします。

3 意図問題

Part 4（📖 p.068）で説明します。

Part 3 & Part 4 を攻略するためのコツ

　Part 3とPart 4では、最初のセットが始まる前のディレクションが放送されている時間（約30秒）、そして会話（Part 3）・トーク（Part 4）の音声が終わり、次のセットの音声が流れ始めるまでの時間（35〜45秒前後）を使って、次の設問と選択肢を読むようにします（これを設問と選択肢の「**先読み**」と呼びます）。先読みをすることで、解答に必要なヒントを効率よく拾うことができます。

　以下の1と2を、30秒以内に終えることを目標にしましょう。

1 設問×３つを読み、簡単な日本語に要約して記憶する（目標制限時間：10秒）

　例題の1問目 "What does the woman want to do?" であれば「女性は何をしたいか。」という簡単な日本語に変換して記憶します。これを3問分行います。特に疑問詞や名詞に注目して覚えましょう。なお、most likely「おそらく」やprobably「多分」などが設問にある場合は、会話やトークに登場する「正解を選ぶための根拠」となる表現が、選択肢では別の表現に言い換えられていたり、状況証拠（登場するキーワード）から推測して正解を選ばなければならない場合があるので注意が必要です。

　また、日本語を介さずに英語のまま設問を記憶できる場合には、その方が効率的です。やりやすい方法で練習してください。

2 設問と選択肢を全て読む（目標制限時間：20秒）

　選択肢は内容を理解するのに必要な部分だけを読み、なおかつ英語のまま理解するようにしてください。冠詞のa/anやthe、形容詞のsome、さらに各選択肢に共通する部分などは読む必要はありません。もちろん時間に余裕がある人は、選択肢をすべてそのまま読んで理解する方がいいでしょう。

3 会話が流れてくるまでは、設問だけを何回も繰り返し唱える

　1と2が終わって、音声が流れてくるまでに時間が余ったら、設問のみを繰り返し唱えましょう。これにより、聞くべきポイントがより濃く記憶に刷り込まれるため、会話を聞き取って理解しようとしている間は音声と選択肢の内容のみに集中することが可能です。頭の中で以下のように唱えましょう。

　例：すべての設問を会話が流れてくるまでに3回ずつ唱えることができる場合。

　「女性は何をしたいか」→「男性は女性に何をあげるか」→「男性は何を勧めているか」
　「女性は何をしたいか」→「男性は女性に何をあげるか」→「男性は何を勧めているか」
　「女性は何をしたいか」→「男性は女性に何をあげるか」→「男性は何を勧めているか」

🔑④ 会話を聞きながら解答する

　会話が流れ始めると同時に、視線を1問目の選択肢(A)〜(D)に向けます。解答の根拠となる箇所の音声が流れると同時にその内容と選択肢を照合し、正解の記号をマークします。1問目を解答し終えたらすぐに2問目の選択肢に視線を向け、解答の根拠となる箇所の音声が流れると同時に選択肢と照合して正解の記号をマークし、3問目も同様に解答します。

　正解を選べた手ごたえがあると、思わずうれしくなってしまい「隙」が生まれます。ですが、流れ続ける音声への集中力が途切れてしまってはいけません。1問目を解答したらすぐに2問目に備え、2問目を解答したらすぐに3問目に備えるという意識を持つことが肝要です。

　マークする際は、余裕がある人は1問ごとにきちんとマークをしてもよいですが、塗りつぶすべき楕円に軽くペン先で印を付け、そのセットのすべてを解答し終えた時点で3問まとめてしっかりと塗ることをお勧めします。会話やトークが流れている間はマークをせずに「正解だと判断した記号の左側を左手の指先で押さえる」という方法もあります。このやり方だとマークする作業に意識を持っていかれずに済むので、音声の内容により集中することができます。自分のやりやすい方法を見つけてください。

それでは実際にPart 3の問題を解いてみましょう。

会話を聞き、3つの設問に答えます。それぞれの設問について最も適切な答えを(A)～(D)から選んでマークしてください。

---

6. What does the man say he wants to do?

(A) Visit a relative

(B) Arrange a party

(C) Find a new apartment

(D) Take part in a tour

7. What is the woman worried about?

(A) The traffic

(B) The size

(C) The cost

(D) The location

8. How does the man usually get to work?

(A) By taking a train

(B) By taking a bus

(C) By driving his car

(D) By riding a bicycle

9. What are the speakers discussing?

(A) A health inspection

(B) An air conditioning problem

(C) A restaurant menu

(D) A television broadcast

10. Who is the man going to call?

(A) A government employee

(B) The supervisor

(C) An advertising expert

(D) The landlord

11. What will the woman most likely do next?

(A) Make a reservation

(B) Read some instructions

(C) Order a meal

(D) Reschedule some appointments

▶ 解答・解説…別冊 p.028～

> # They are shaking hands.
>
> 彼らは握手をしています。
>
>
>
> ☐ **shake hands** : 握手をする

現在進行形

現在進行形「(**今まさに**)～**している**」ことを表すときには、**be動詞＋*doing***（動詞のing形）を使います。be動詞は現在形を使うため、is / am / areのいずれかを主語に合わせて使います。

 **動詞のing形の作り方のルール**

❶多くの動詞は語尾に-ingを付けます。　❷-eで終わる単語はeをとって-ingを付けます。

❸-ieで終わる単語は-ieを-yに変えて-ingを付けます。（例：lie→lying）

❹短母音*1＋子音*2で終わる単語は最後の文字を重ねてから-ingを付けます。（例：run→running）

*1 短母音（たんぼいん）はhot「ホット」の「(オ) ッ」のように「短い音」になる母音です。
*2 子音（しいん）は母音（ア・イ・ウ・エ・オ）以外の音のことです。

現在進行形の肯定文

例 **They are shaking hands.** 彼らは握手をしています。

現在形ではThey shake hands.「彼らは握手をする」となりますが、現在進行形にするときは動詞の部分をbe動詞＋*doing*にします。

現在形の肯定文		現在進行形の肯定文
You go to work.	↔	You **are going** to work.
He uses the pencil.		He **is using** the pencil.
Mr. Kanemaru teaches English.		Mr. Kanemaru **is teaching** English.

現在進行形の文を現在形の文に直す方法

例 **You are using my laptop.** あなたは私のノートパソコンを使っています。

この現在進行形の文を「あなたは私のノートパソコンを使います」という現在形の文にするときは、**be動詞を外してing形の単語を現在形の動詞**にします。

You <u>are using</u> my laptop. → You <u>use</u> my laptop.

She is using my laptop.を現在形にする場合には、is usingを三単現のusesにします。

1 日本語に合うように、（　　　）内の 2 つから正しいものを選んでください。

POINT 進行形は be 動詞+ *do*ing で表します。

1 男性が床を掃除しているところです。

A man (cleans / is cleaning) the floor.

▶ clean：〜を掃除する

2 彼女はクローゼットの中に手を伸ばしているところです。

She (reaches / is reaching) into the closet.

▶ reach into：〜の中に手を伸ばす

3 彼はフォルダーをつかんでいるところです。

He (holds / is holding) a folder.

▶ hold：〜をつかむ

4 女性はエプロンを着用している状態です。

A woman (is putting on / is wearing) an apron.

▶ put on ：〜を着用する
wear ：〜を着用している

5 その男性は植物に水をあげているところです。

The man (waters / is watering) some plants.

▶ water：〜に水をあげる

2 英文が日本語と同じ意味になるように、_____ に適する語を入れてください。

1 その女性は丸椅子に座っているところです。

The woman _____ _____ on a stool.

▶ sit on：〜（の上）に座る

2 彼女はほうきを使って掃き掃除をしているところです。

She _____ _____ with the broom.

▶ sweep：掃き掃除をする

3 男性の 1 人は芝を刈っているところです。

One of the men _____ _____ the lawn.

▶ mow：〜を刈る

4 女性の 1 人は手押し車を押しているところです。

One of the women _____ _____ a wheelbarrow.

▶ push：〜を押す

音声 🔊 **052**

☐ floor	：床	☐ broom	：ほうき
☐ closet	：クローゼット	☐ one of	：〜の中の 1 つ／1 人
☐ folder	：フォルダー	☐ men	：man「男性」の複数形
☐ apron	：エプロン	☐ lawn	：芝
☐ plant	：植物	☐ women	：woman「女性」の複数形
☐ stool	：丸椅子	☐ wheelbarrow	：手押し車

> **Are they shaking hands?**
> **—No, they aren't.**
>
> 彼らは握手をしているところですか。— いいえ、していません。
>
> □ shake hands：握手をする

現在進行形の否定文

例 **They are not shaking hands.** 　彼らは握手をしているところではありません。

　現在進行形の否定文は**be動詞＋not＋doing＋α**を使って表し、「**今この瞬間にはその動作をしていない**」ということを意味します。上の例文はThey're not shaking hands.のように短縮形を使って表すこともできます。

　ここでは現在進行形の肯定文と否定文を対比して、以下の表にまとめました。それぞれの英文を読み、意味の違いを確認してみましょう。

現在進行形の肯定文（〜しているところだ）		否定文（〜しているところではない）
You **are going** to work.	↔	You **aren't going** to work.
He **is using** the pencil.		He **isn't using** the pencil.
Mr. Kanemaru **is teaching** English.		Mr. Kanemaru **isn't teaching** English.

現在進行形の疑問文

例 **Are they shaking hands? —Yes, they are. / No, they aren't.**

　彼らは握手をしているところですか。—はい、そうです。／いいえ、していません。

　現在進行形の疑問文は**be動詞＋主語＋doing＋α？** を使って表し、「**（今この瞬間に）〜をしている最中ですか？**」ということを相手に尋ねる文です。

　現在進行形は必ずbe動詞を使うので、疑問文の作り方や応答の仕方はbe動詞の疑問文と同じです。

　ここでは現在進行形の肯定文と疑問文を対比して以下の表にまとめました。それぞれの英文を読み、意味を確認してみましょう。

現在進行形の肯定文（〜しているところだ）		疑問文（〜しているところですか）
You **are going** to work.	↔	**Are** you **going** to work?
He **is using** the pencil.		**Is** he **using** the pencil?
Mr. Kanemaru **is teaching** English.		**Is** Mr. Kanemaru **teaching** English?

1 （　　）内の２つから、正しいものを選んでください。

POINT 進行形は be 動詞 + *do*ing で表します。

❶ He (doesn't / isn't) exiting through the door.
▶ 彼は扉から退出しているところではありません。

❷ The pedestrians (don't / aren't) crossing the intersection.
▶ その歩行者たちは交差点を横切っているところではありません。

❸ I (don't / am not) walking across a crosswalk.
▶ 私は横断歩道を歩いて渡っているところではありません。

❹ (Does / Is) the woman examining a copy machine?
　—Yes, she (does / is).
▶ その女性はコピー機を調べているところですか。— はい、そうです。

2 英文が日本語と同じ意味になるように、＿＿＿＿に適する語を入れてください。

❶ 女性の１人は上着を着用しようとしているところではありません。
▶ put on：〜を着用する

One of the women isn't ＿＿＿＿＿＿ ＿＿＿＿＿＿ a jacket.

❷ 男性たちは横に並んで歩いているところではありません。
▶ walk：歩く

The men ＿＿＿＿＿＿ ＿＿＿＿＿＿ side by side.

❸ 男性たちはお互いに向き合っているところですか。 —はい、そうです。
▶ face：〜に顔を向ける

＿＿＿＿＿＿ the men ＿＿＿＿＿＿ each other?

—Yes, ＿＿＿＿＿＿ are.

❹ 乗客たちはどこでバスに乗ろうとしているところですか。
　—52 番街にあるバス停で(乗ろうとしています)。
▶ board：(乗り物に) 乗る

Where ＿＿＿＿＿＿ the passengers ＿＿＿＿＿＿ the bus?
—At the bus stop on 52nd Street.

音声 🔊 055

□ exit	：〜から立ち去る	□ examine	：〜を調べる
□ through	：〜を通って	□ copy machine	：コピー機
□ pedestrian	：歩行者	□ jacket	：上着
□ cross	：〜を横切る	□ side by side	：横に並んで
□ intersection	：交差点	□ each other	：お互い
□ walk across	：〜を歩いて渡る	□ passenger	：乗客
□ crosswalk	：横断歩道	□ bus stop	：バス停

例文音声 ◀)） 056

Mr. Khan went to the head office yesterday.

カーンさんは昨日、本社に行きました。

□ **head office**：本社

一般動詞の過去形

played / used / knew などを一般動詞の過去形といいます。一般動詞の過去形は「〜した」や「〜だった」という、**過去に行われた動作や存在した状態**を表します。

played「〜をした・演奏した」やused「〜を使った」のように、**語尾に-edを付ける規則動詞**と、went「行った（goの過去形）」のように変化する**不規則動詞**の2種類があります（□ **p.020** 不規則動詞の活用形一覧）。

> ☞ **規則動詞の過去形の作り方のルール**
>
> ❶ 多くの動詞は**語尾に-ed**を付けます。　❷ **-eで終わる動詞**は、**語尾に-d**を付けます。
> ❸ **子音字**（a, i, u, e, o以外）**＋y**で終わる動詞は、**yをiに変えて-ed**を付けます。（例：study→studied）

いくつかの一般動詞の原形と過去形を比較してみましょう。

一般動詞の原形	単語の意味
play	〜をする・演奏する
use	〜を使う
go	行く
know	〜を知っている
have	〜を持っている

↔

一般動詞の過去形	単語の意味
played	〜をした・演奏した
used	〜を使った
went	行った
knew	〜を知っていた
had	〜を持っていた

一般動詞の過去形を使った肯定文

例 **I played the piano yesterday.**　私は昨日ピアノを弾きました。

規則動詞の過去形は、**動詞の語尾に-ed**を付けて作ります。また、この例文にはyesterday「昨日」が文末にあります。過去形の文には**「過去のある時点」を示す表現が伴う**場合があります。

例 **Mr. Khan went to the head office yesterday.**

カーンさんは昨日、本社に行きました。

go「行く」は**不規則動詞**で、**過去形はwent**です。

1 （　　　）内の2つから、正しいものを選んでください。

POINT 過去を表す語句や主語に注意して解答しましょう。

① LIJ Co. (hires / hired) over 100 job seekers last year.

② She (reaches / reached) the fund-raising goal yesterday.

③ The repair work (interrupts / interrupted) a lot of commuters this morning.

④ This robot (simplify / simplified) complex tasks.

▶ LIJ 社は、昨年100人を超える求職者を採用しました。
hire：～を雇う
▶ 彼女は昨日、資金集めの目標を達成しました。
reach：～に到達する
▶ 補修工事は、今日の朝多くの通勤者の妨げとなりました。
interrupt：～を妨げる
▶ このロボットは複雑な仕事を単純化してくれました。
simplify：～を単純化する

2 英文が日本語と同じ意味になるように、＿＿＿＿＿ に適する語を入れてください。

① 私はパソコンのパスワードを秘密にしていました。

I ＿＿＿＿＿＿ my computer password confidential.

② オオバリさんは顧客からのすべての苦情に対処しました。

Mr. Ohbari ＿＿＿＿＿＿ with all the complaints from customers.

③ 建設計画は予定よりも遅れていました。

The construction project ＿＿＿＿＿＿ behind schedule.

④ 管理人は先月、物置を整理整頓しました。

The janitor ＿＿＿＿＿＿ the storeroom last month.

⑤ 私は技術的な問題に出くわしたので、担当者に連絡をしました。

I ＿＿＿＿＿＿ a technical problem, so I contacted a representative.

▶ keep A B：A を B の状態にしておく
（keep の過去形は kept）

▶ deal with：～に対処する
（deal の過去形は dealt）

▶ fall behind schedule：予定より遅れる
（fall の過去形は fell）

▶ reorganize：～を再編成する

▶ encounter：～に出くわす

音声 🔊 **058**

□ job seeker	：求職者	□ construction project	：建設計画
□ fund-raising	：資金集めの	□ janitor	：管理人
□ repair work	：補修工事	□ storeroom	：物置
□ commuter	：通勤者・通学者	□ technical	：技術的な
□ complex	：複雑な	□ contact	：～に連絡をする
□ confidential	：機密の	□ representative	：担当者
□ complaint	：苦情		

> # Mr. Jackson didn't meet the client yesterday.
>
> ジャクソンさんは、昨日は顧客に会いませんでした。
>
> □ **meet**：〜に会う　□ **client**：顧客

一般動詞の過去形を使った否定文

例 **Mr. Jackson didn't meet the client yesterday.**

ジャクソンさんは、昨日は顧客に会いませんでした。

一般動詞の過去形の否定文は、**動詞の原形の前にdid not、もしくは短縮形のdidn't**を置いて作ります。do / does / didを使っている文の中では、**動詞はすべて原形**にします。

ここでは一般動詞の過去形の肯定文（〜した）と否定文（〜しなかった）を対比して、以下の表にその一例を示しました。

過去形の肯定	語句の意味		過去形の否定	語句の意味
went to	〜へ行った	⟷	didn't go to	〜へ行かなかった
came to	〜に来た		didn't come to	〜に来なかった
wanted	〜を欲しかった		didn't want	〜を欲しくなかった

過去形の文には以下のような「過去のある時点」を示す表現が伴う場合があります。

□ yesterday	：昨日	□ last week	：先週	□ last month	：先月
□ then	：そのとき	□ at that time	：そのとき	□ three days ago	：3日前

一般動詞の過去形を使った疑問文

例 **Did you play the piano yesterday? —Yes, I did. / No, I didn't.**

あなたは昨日ピアノを弾きましたか。　—はい、弾きました。／いいえ、弾きませんでした。

一般動詞の過去形の疑問文「〜しましたか」は、**文をDidと「?」で挟んで**作ります。また、Did you ...?と質問された場合、Yes / Noで応答します。**「はい」であればYes, I did.**と、**「いいえ」であればNo, I didn't / did not.**と応答します。

肯定文（主語＋動詞＋α）		疑問文（Did＋主語＋動詞＋α？）
You went to school last week.	⟷	Did you go to school last week?
You came to my house yesterday.		Did you come to my house yesterday?
You wanted a pen at that time.		Did you want a pen at that time?

1 （　　　）内の2つから、正しいものを選んでください。

POINT 🍘 did を含む文では、動詞は原形になります。

❶ We didn't (get / got) the device at the shop in front of our office.

▶ 私たちはオフィスの正面にある店で、その機器を購入しませんでした。

❷ She didn't (call / called) back within the agreed time.

▶ 彼女は約束した時間内に電話をかけ直しませんでした。

❸ Mr. Dickinson didn't (help / helped) me with the paperwork yesterday.

▶ ディッキンソンさんは昨日、事務作業を手伝ってはくれませんでした。
help *somebody* with：人の〜を手伝う

❹ Did he (want / wants) the report by last Thursday?
　—Yes, he (does / did).

▶ 彼は先週の木曜日までに報告書を欲しがっていましたか。
— はい、そうです。

❺ When (does / did) her e-bike battery stop working?
　—Three days ago.

▶ 彼女の電動自転車のバッテリーが動かなくなったのはいつでしたか。
— 3日前です。

2 英文が日本語と同じ意味になるように、＿＿＿＿ に適する語を入れてください。

❶ 私はまだ顧客にこのオファーを送っていませんでした。

I ＿＿＿＿＿＿ ＿＿＿＿＿＿ this offer to our client.

▶ send A to B：AをBに送る

❷ 私たちの会社は、前四半期は利益を得ませんでした。

Our company ＿＿＿＿＿＿ ＿＿＿＿＿＿ a profit last quarter.

▶ make a profit：利益を得る

❸ UE 社は、今年は新製品を発売しましたか。—いいえ、していません。

＿＿＿＿＿＿ UE Co. ＿＿＿＿＿＿ a new product this year?

—No, they ＿＿＿＿＿＿.

▶ launch：〜を発売する

❹ ウタミはどこでこの広告を書きましたか。—彼女のオフィスです。

Where ＿＿＿＿＿＿ Utami ＿＿＿＿＿＿ this advertisement?
—At her office.

▶ write：〜を書く

音声 🔊 061

☐ device	：機器	☐ by	：〜までに
☐ in front of	：〜の前に	☐ e-bike	：電動自転車
☐ within	：〜以内に	☐ client	：顧客
☐ agreed time	：約束した時間	☐ quarter	：四半期
☐ paperwork	：事務作業	☐ product	：製品
☐ report	：報告書	☐ advertisement	：広告

Part 4	**説明文問題**

1人の人物によるトークを聞き、設問に答えます。設問と選択肢は問題用紙に印刷されています。

問題数	30問（3問×10セット）
解答時間	1問あたり約8秒（図表問題は12秒）
トークのタイプ	留守電メッセージ、公共アナウンス、会議の一部、スピーチ、広告、指示・説明など

例題 音声 062

---

71. Why does the speaker say, "I've been photographing a wedding in South Winston all morning"?

(A) To request some additional time

(B) To provide an example of the work he does

(C) To explain why he was unavailable

(D) To recommend a function venue

72. According to the speaker, what is available from the Web site?

(A) A messaging app

(B) A price calculator

(C) Client reviews

(D) Product samples

73. What does the speaker say he will do next?

(A) Send an e-mail

(B) Meet with a client

(C) Schedule an appointment

(D) Take a trip

放送される英文 （問題用紙には印刷されていません）

Questions 71 through 73 refer to the following recorded message.

🇨🇦 M

Hi. This is Ron Hill from Samson Imageworks. I'm sorry I couldn't take your call. I've been photographing a wedding in South Winston all morning. I understand that you'd like a price estimate for us to take some photographs of your new product line. We now have a handy price calculator on our Web site. You can use that as long as you're within the Greater Winston Area. Otherwise, there are additional travel charges to consider. I'm just about to have a meeting with a client, so I'll give you another call at around 3:00 P.M. Thanks, talk to you soon.

Part 4では、1つのトークに対して3つの設問とそれぞれの設問に4つの選択肢が印刷されています。最後の2〜3セットには、図表が印刷されています。

例題訳

問題 71-73 は次の留守電メッセージに関するものです。

こんにちは。Samson Imageworks の Ron Hill です。あなたからの電話に出られず、すみません。午前中はずっと South Winston で結婚式の撮影をしていたのです。御社の新製品を撮影するための価格の見積もりをお望みだと理解しています。今、弊社のウェブサイトには便利な価格計算機があります。Greater Winston 地域内であれば、それを利用することができます。そうでない場合は、別途出張料が必要です。ちょうどこれから顧客と打ち合わせをするところなので、午後3時ごろにまた電話します。では、近いうちにお話ししましょう。

71. 話し手はなぜ "I've been photographing a wedding in South Winston all morning" と言っていますか?

(A) 追加の時間を要求するため
(B) 彼が行った仕事の例を提示するため
(C) 彼が話せなかった理由を説明するため
(D) 式典の場所を勧めるため

72. 話し手によると、ウェブサイトで利用可能なものは何ですか。

(A) メッセージアプリ
(B) 価格計算機
(C) 顧客レビュー
(D) 製品見本

73. 話し手は次に何をすると言っていますか。

(A) E メールを送る
(B) 顧客と会う
(C) 人に会う約束を取り付ける
(D) 旅行をする

---

1 WH疑問詞で始まる問題 　 2 図表問題

Part 3を参照

---

3 意図問題

　Part 3（会話）・Part 4（トーク）において設問の中に引用符があり、その中に会話やトークの発言の一部が入っている問題を「意図問題（話し手の意図を問う問題）」と呼びます。音声が流れてくるまでに、問われているのが誰の発言かということと、大まかな選択肢の内容（長めのものが多いです）を理解しておきます。発言の前後の内容から、発言の背景や状況に一致するものを選びましょう。

　難問が多いので、初級者〜中級者は、意図問題は「捨て問」とし、適当にマークしても構いません。その場合は同じセットの他の2問を確実に正解するために、2問の設問と選択肢を何度も読み返して、頭に叩き込んだ上で音声に臨むようにしてください。

Why does the speaker say, "I've been photographing a wedding in South Winston all morning"?
(A) To request some additional time
(B) To provide an example of the work he does
(C) To explain why he was unavailable
(D) To recommend a function venue

※I'm sorry I couldn't take your call.「あなたからの電話に出られなくてすみません。」と述べた後に「午前中はずっとSouth Winstonで結婚式の撮影をしていた」と説明していることから、これは「彼が電話に出られなかった（＝話せなかった）理由」だと解釈できます。よって(C)が正解です。

Part 3 & Part 4 を攻略するためのコツ

📖 p.055 を参照

それでは実際にPart 4の問題を解いてみましょう。

トークを聞き、3つの設問に答えます。それぞれの設問について最も適切な答えを
(A)〜(D)から選んでマークしてください。

---

12. What is the purpose of the talk?

   (A) To congratulate a staff member for winning an award

   (B) To thank employees for their hard work

   (C) To explain a new company procedure

   (D) To introduce a new employee

13. According to the speaker, what will happen next year?

   (A) A new product will be launched.

   (B) A new office will open.

   (C) A department will be closed.

   (D) A building will be extended.

14. What does the speaker say the company is looking for?

   (A) Qualified people

   (B) Product improvements

   (C) Stationery supplies

   (D) Advertising ideas

15. Where does the speaker work?

   (A) At an appliance store

   (B) At a café

   (C) At a fitness center

   (D) At a pharmacy

16. What does the speaker want Mr. Wilson to know?

   (A) He has won a competition.

   (B) His membership card is ready.

   (C) His application was successful.

   (D) He must update his contact details.

17. What should Mr. Wilson do on his next visit?

   (A) Attend an orientation session

   (B) Fill out a form

   (C) Return some documents

   (D) Pay a fee

▶ 解答・解説…別冊 p.032〜

> # Mr. Akiyoshi and Mr. Takayama were busy yesterday.
> アキヨシさんとタカヤマさんは、昨日は忙しかったです。
>
> □ **busy**：忙しい

be動詞の過去形

be動詞の過去形は **was / were** を使い、**過去のある時点で何かと何かが「＝」の状態であったこと**を表します。過去形では現在形のbe動詞の **is / am が was** に、**are が were** になります。

be動詞の過去形を使った肯定文（後ろに形容詞が続く場合）

例 **I was busy then.** 私はそのとき忙しかったです。

（I＝busy）

be動詞の **was は主語がIのとき、または三人称単数のとき**に使います。この例文には then「そのとき」という過去を示す表現があります。このように過去形の文には**「過去のある時点」を示す表現が伴う**場合があります。

例 **Mr. Akiyoshi and Mr. Takayama were busy yesterday.**

（Mr. Akiyoshi and Mr. Takayama＝busy） アキヨシさんとタカヤマさんは、昨日は忙しかったです。

この例文の主語 Mr. Akiyoshi and Mr. Takayama は複数です。be動詞の **were は主語が you のとき、または複数のとき**に使います。

be動詞の過去形を使った肯定文（後ろに名詞が続く場合）

例 **She was a guitarist.** 彼女はギタリストでした。

（She＝a guitarist）

主語の She は**三人称単数なので be動詞は was** を使います。

1 （　　　）内の 2 つから、正しいものを選んでください。

POINT 過去を表す語句を確認してから解答しましょう。

❶ The deadline for the report (is / was) last week.

❷ The headphones (are / were) on your desk last night.

❸ I (am / was) a keynote speaker at the conference yesterday.

❹ Last summer, we (are / were) really short-staffed.

❺ I (am / was) exhausted yesterday, so I left the office early.

▶ そのレポートの締め切りは先週でした。

▶ ヘッドフォンは昨晩、あなたの机の上にありました。

▶ 私は昨日の会議の基調講演者でした。

▶ 昨年の夏、私たちは本当に人手不足でした。

▶ 私は昨日疲れ切っていたので、会社を早退しました。

2 英文が日本語と同じ意味になるように、＿＿＿ に適する語を入れてください。

❶ コブさんのスピーチは非常に印象的でした。

Mr. Cobb's speech ＿＿＿＿ very impressive.

❷ その法律事務所は銀行の道向かいにありました。

The law firm ＿＿＿＿ across the street from the bank.

❸ イヅチさんは昨日 2 つのレストランに行きました。そしてそれらはすばらしかったです。

Mr. Izuchi went to two restaurants yesterday and they

＿＿＿＿ excellent.

▶ and が文と文をつないでいます。

❹ そのタワーの最上部からの眺めは、息をのむような美しさでした。

The view from the top of the tower ＿＿＿＿ breathtaking.

▶ 主語は The view です。

❺ その新しいソフトウェアは本当にわかりにくいので、私はそれを使いませんでした。

The new software ＿＿＿＿ really confusing, so I didn't use it.

音声 🔊 067

☐ deadline	：締め切り	☐ early	：早く
☐ keynote speaker	：基調講演者	☐ impressive	：印象的な
☐ conference	：会議	☐ law firm	：法律事務所
☐ really	：本当に	☐ across the street from	：〜の道向かいに
☐ short-staffed	：人手不足の	☐ excellent	：すばらしい
☐ exhausted	：疲れ切った	☐ view	：眺め
☐ left	：leave「〜を後にする」の過去形	☐ breathtaking	：息をのむような
		☐ confusing	：わかりにくい

71

The conference room wasn't available.

会議室は空いていませんでした。

☐ conference room：会議室　☐ available：空いている

be動詞の過去形を使った否定文

例 The conference room **wasn't** available.　会議室は空いていませんでした。

(The conference room ≠ available)

be動詞の過去形の否定文は **was / were**の後ろに**not**を付けて作り、**過去のある時点で何かと何かが「≠」の状態であった（イコールではなかった）**ことを表すことができます。

主語が単数のときは **was not**（短縮形は **wasn't**）、主語が複数、もしくは you のときは **were not**（短縮形は **weren't**）を使います。

be動詞の過去形を使った疑問文

例 **Were you** sad then? —Yes, I was. / No, I wasn't.

あなたはそのとき悲しかったですか。 —はい、悲しかったです。／いいえ、悲しくなかったです。

You were sad. は「あなたは悲しかったです」という意味の肯定文です。この文を「あなたは悲しかったですか」という疑問文にする場合は、**主語のYouとbe動詞のwereの順序を入れ替え、文末に「?」をつけます。**現在形の疑問文の作り方と同じです。

Yes / No疑問文に対して答える場合には、現在形のときと同じように「**はい**」であれば**Yes,** ＋主語＋be動詞**.** で応答し、「**いいえ**」であれば**No,** ＋主語＋be動詞＋**not.** で応答します。

例 **Where were you** at that time? —**I was** at the Nippon Budokan.

そのときあなたはどこにいましたか。—私は日本武道館にいました。

疑問詞を使った疑問文の語順も、現在形のときと同じで、**疑問詞＋be動詞＋主語＋α？**です。

1 （　　　）内の２つから、正しいものを選んでください。

POINT 主語の数を確認し、それに対応する be 動詞を選んでください。

❶ Mr. Kojima (wasn't / weren't) in the lobby at that time.

▶ コジマさんはそのときロビーにはいませんでした。

❷ The reports by Mr. Takayama (wasn't / weren't) thorough.

▶ タカヤマさんの報告書は、綿密なものではありませんでした。

❸ (Was / Were) Mr. Goto really talented?
　—Yes, he (was / were).

▶ ゴトウさんは本当に才能がありましたか。
　— はい、ありました。

❹ Where (was / were) the tables and chairs?
　—They (was / were) in the ballroom.

▶ テーブルとイスはどこにありましたか。
　— それらはダンスホールにありました。

2 英文が日本語と同じ意味になるように、＿＿＿＿に適する語を入れてください。

❶ あの機器は安くはありませんでした。

That device ＿＿＿＿＿＿ inexpensive.

❷ カツヨリは人事部のメンバーではありませんでした。

Katsuyori ＿＿＿＿＿＿ a member of the Human Resources

Department.

❸ あの都市にある鉄道路線は複雑でしたか。
　—いいえ、複雑ではありませんでした。

▶ 主語の数に注意してください。

＿＿＿＿＿＿ the railway lines in that city complex?

—No, they ＿＿＿＿＿＿ .

❹ マーケットはいつ開いていましたか。
　—9月の毎週土曜日に開かれていました。

When ＿＿＿＿＿＿ the market open?
—Every Saturday in September.

音声 🔊 070

☐ lobby	: ロビー	☐ device	: 機器
☐ at that time	: そのとき	☐ inexpensive	: （価格が）安い
☐ report	: 報告書	☐ human resources	: 人事
☐ thorough	: 綿密な	☐ department	: 部署
☐ talented	: 才能のある	☐ railway line	: 鉄道路線
☐ ballroom	: ダンスホール	☐ complex	: 複雑な

> # They were shaking hands.
>
> 彼らは握手をしていました。
>
> ☐ **shake hands**：握手をする

過去進行形の肯定文

過去進行形「**（過去のある時点で）〜していた**」ことを表すときには、**be動詞（was / were）＋** *do*ing を使います。be動詞は過去形を使うため、was / were のいずれかを主語に合わせて使います。

例 **They were shaking hands.**　彼らは握手をしていました。

　主語が複数なので **were+***do*ing を使います。

　過去形を使った They shook hands. は「彼らは握手をしました」という意味で、これは「過去に握手をした」という事実を表しています。一方、過去進行形を使った They were shaking hands. は、「過去のある一時点で、その瞬間に握手をしていた」ということを表します。

例 **Mr. Connors was looking at the sign.**　コナーズさんは看板を見ていました。

　主語が三人称単数なので、**was+***do*ing を使います。

過去形の肯定文		過去進行形の肯定文
You went to work.		You were going to work.
He used the pencil.	⟷	He was using the pencil.
Mr. Kanemaru taught English.		Mr. Kanemaru was teaching English.

過去進行形の文を過去形の文に直す方法

例 **You were using my laptop.**　あなたは私のノートパソコンを使っていました。

　この過去進行形の文を「あなたは私のノートパソコンを使いました」という過去の文にするときは、**be動詞を外して** *do*ing を過去形にします。

You <u>were using</u> my laptop.　　**You <u>used</u> my laptop.**

1　(　　　) 内の 2 つから、正しいものを選んでください。

POINT 主語の数を確認し、それに対応する動詞を選んでください。

❶ The woman (was / were) reaching into her bag.

❷ The man (was / were) standing on the platform.

❸ Customers (was / were) selecting some produce.

❹ Kenta (was / were) scrubbing the stove.

❺ She (was / were) wearing a pair of gloves.

▶ その女性はカバンの中に手を伸ばしていました。

▶ その男性は (駅の) ホームに立っていました。

▶ 客は農作物を選んでいるところでした。

▶ ケンタはコンロをゴシゴシと磨いているところでした。

▶ 彼女は手袋を着用している状態でした。

2　英文が日本語と同じ意味になるように、_____ に適する語を入れてください。

❶ 男性の 1 人は低木を手入れしているところでした。

One of the men _____ _____ the shrubs.

▶ ing 形の作り方に注意しましょう。
trim：～を手入れする

❷ 彼女はその機器を持ち上げているところでした。

She _____ _____ up a piece of equipment.

▶ hold up：～を持ち上げる

❸ 彼は雑誌をちらっと見ているところでした。

He _____ _____ at a magazine.

▶ glance at：～をちらっと見る

❹ シェインははしごの上に立っているところでした。

Shane _____ _____ on the rung of a ladder.

▶ stand on：～の上に立つ

❺ タナカさんとトウゴウさんは、電化製品の上に身を乗り出しているところでした。

Mr. Tanaka and Mr. Togo _____ _____ over an appliance.

▶ lean over：～に身を乗り出す

音声 🔊 073

□ reach into	：～の中に手を伸ばす	□ a pair of	：一組の
□ platform	：(駅の) ホーム	□ glove	：手袋
□ customer	：客	□ shrub	：低木
□ select	：～を選ぶ	□ equipment	：機器
□ produce	：農作物	□ magazine	：雑誌
□ scrub	：～をゴシゴシと磨く	□ rung	：(はしごの) 段
□ stove	：コンロ	□ ladder	：はしご
□ wear	：～を着用している状態だ	□ appliance	：電化製品

> **Were they shaking hands?**
> **—No, they weren't.**
>
> 彼らは握手をしているところでしたか。
> — いいえ、していませんでした。
>
> ☐ shake hands：握手をする

過去進行形の否定文

例 **They were not shaking hands.** 　彼らは握手をしているところではありませんでした。

　過去進行形の否定文は**was / were ＋ not ＋ doing ＋ α**を使って表し、「**（過去のある一時点で、その瞬間に）～しているところではなかった**」ということを意味します。was not / were notは短縮形のwasn't / weren'tを使うこともできます。

　ここでは過去進行形の肯定文（～しているところだった）と否定文（～しているところではなかった）を対比して、以下の表にまとめました。それぞれの英文を読み、意味の違いを確認してみましょう。

過去進行形の肯定文		過去進行形の否定文
You were going to work.	⟷	You weren't going to work.
He was using the pencil.		He wasn't using the pencil.
Mr. Kanemaru was teaching English.		Mr. Kanemaru wasn't teaching English.

過去進行形の疑問文

例 **Were they shaking hands? —Yes, they were. / No, they weren't.**

　彼らは握手をしているところでしたか。
　—はい、しているところでした。／いいえ、していませんでした。

　過去進行形の疑問文は**Was / Were ＋主語＋ doing ＋ α ?**を使って表し、「**（過去のある一時点で、その瞬間に）～をしているところでしたか？**」ということを尋ねます。過去進行形は必ずbe動詞を使うので、疑問文の作り方はbe動詞の疑問文を作る場合と同じです。

　ここでは肯定文（～しているところでした）と疑問文（～しているところでしたか）を対比して以下の表にまとめました。パターンの確認をすると同時に、英文の意味も考えてみてください。

過去進行形の肯定文		過去進行形の疑問文
You were going to work.	⟷	Were you going to work?
He was using the pencil.		Was he using the pencil?
Mr. Kanemaru was teaching English.		Was Mr. Kanemaru teaching English?

1 （　　　　）内の 2 つから、正しいものを選んでください。

🎯 主語の数を確認し、それに対応する動詞を選んでください。

❶ They (was / were) not pointing at the monitor at that time.

▶ 彼らはそのときモニターを指さしているところではありませんでした。

❷ The woman (wasn't / weren't) adjusting the position of the chair.

▶ その女性は椅子の調整をしているところではありませんでした。

❸ The cashier (wasn't / weren't) handing an item to the customer.

▶ レジ係は商品を客に手渡しているところではありませんでした。

❹ Where (was / were) the housekeepers making beds?
　—In room 619.

▶ 客室係はどこでベッドメイキングをしているところでしたか。
　— 619 号室です。

2 英文が日本語と同じ意味になるように、＿＿＿＿ に適する語を入れてください。

❶ 乗客の何人かは 1 列になって待っているところではありませんでした。

Some of the passengers ＿＿＿＿＿ ＿＿＿＿＿ in the line.

▶ 短縮形を使って解答してください。
wait：待つ

❷ ロビンソンさんは聴衆の前でプレゼンをしているところではありませんでした。

Mr. Robinson ＿＿＿＿＿ ＿＿＿＿＿ in front of an audience.

▶ 短縮形を使って解答してください。
present：プレゼンをする

❸ 人々はお互いに手を振っているところでしたか。—はい、そうでした。

＿＿＿＿＿ the people ＿＿＿＿＿ to each other?

—Yes, they ＿＿＿＿＿ .

▶ wave to：〜に手を振る

❹ その医療従事者は、いつ顕微鏡を使っていましたか。
　—昨日(使っていました)。

When ＿＿＿＿＿ the medical worker ＿＿＿＿＿ a microscope?
—Yesterday.

▶ use：〜を使う

音声 🔊 076

☐ point at	：〜を指さす	☐ passenger	：乗客
☐ at that time	：そのとき	☐ line	：列
☐ adjust	：〜を調節する	☐ in front of	：〜の前に
☐ hand A to B	：A を B に手渡す	☐ audience	：聴衆
☐ item	：商品	☐ each other	：お互いに
☐ customer	：客	☐ medical worker	：医療従事者
☐ housekeeper	：客室係	☐ microscope	：顕微鏡

Part 5 短文穴埋め問題

文中の空所に入れるのに最も適した語句を、4つの選択肢から選ぶ問題です。

問題数	30問
解答時間	1問あたり20秒

リーディングセクションの説明

　Part 5からはリーディングセクションです。リスニングセクションの最後に放送終了を告げるアナウンスが聞こえたら、すぐにPart 5を始めましょう。

　解答時間が決まっているリスニングセクションと異なり、リーディングセクションでは、75分を自分で配分することができます。リーディングセクションでは音声による指示はなく、指示文、問題、選択肢はすべて印刷されています。

例題

101. Mr. Glenn is ------- the most qualified applicant for the salesperson position.

(A) clear
(B) clearance
(C) clearly
(D) clearing

102. Construction work on the South East Freeway is causing ------- delays for southbound commuters.

(A) remote
(B) severe
(C) essential
(D) valuable

例題訳

101. Glenn さんは販売員の職に明らかにもっともふさわしい候補者です。

(A) 〜を取り除く
(B) 撤去
(C) 明らかに
(D) 取り除くこと、空き地

102. South East 高速道路での建設工事が南方面の通勤者に大きな遅れを引き起こしている。

(A) 遠隔の
(B) 甚大な
(C) 不可欠な
(D) 高価な

　選択肢を見て、問題のタイプを見抜くことが最初のポイントです。選択肢が動詞の変化形やある単語の派生語で構成されていたら「文法問題」、同じ品詞のさまざまな語句で構成されていたら「語彙問題」です。

1 文法問題

　左の例題101. は、選択肢に動詞clearの派生語が並んでいる「文法問題」です。このように、選択肢に異なる品詞が並んでいる場合と、(A) clear (B) clears (C) clearing (D) clearedのように、異なるかたちの動詞が並んでいる場合があります。

品詞タイプ

　このタイプの問題では空所に入る適切な品詞を問われているので、空所の前後にある単語を確認してください。主語と動詞の間・動詞と目的語(補語)の間・接続詞の前・関係詞の前・前置詞の前・時を表す語句の前後・場所を表す語句の前後などが区切りになります。文を構成する要素 (SVOC) のうちのどれかが欠けていて、それを選択肢から補うタイプの問題と、文の要素はそろっていて、それらのいずれかに対する適切な修飾語を選ぶ問題があります。

動詞のかたちタイプ

　主語と述語 (主述) の一致や、能動態／受動態の選択、時制の観点から適切な動詞のかたちを選びます。選択肢にある単語の意味がわからなくても、文法の観点から正解が導けることもあります。

2 語彙問題

　例題102. は、選択肢にさまざまな形容詞が並んでいるので「語彙問題」です。語彙問題は単語の品詞と問題文全体の文意から判断し、文意が通るものを選びます。語句の意味を知らなければいくら考えても解けないので、その問題を解くのに20秒以上かかってしまいそうな場合には、見切りをつけて次の問題に進むことを推奨します。

Part 5 を攻略するためのコツ

🔑1 まずは問題タイプをチェック

まずは選択肢を見て、文法問題と語彙問題のどちらの問題タイプに当てはまるかを確認しましょう。問題タイプによって、文中の注目すべきポイントが変わります。

🔑2 文頭から最後まで読んで解答

空所の前後だけを見て解ける問題もありますが、まずは文法問題も語彙問題も、文頭から理解しながら最後まで読んだ上で解答しましょう。品詞タイプの文法問題では「文の要素が足りているかどうか」、動詞のかたちタイプの文法問題では「主述の一致と時制」、語彙問題では「文全体の意味」が読む際に注目すべきポイントです。

🔑3 1問に使える時間は最大20秒

Part 5はとにかく時間との勝負です。30問あるので、20秒×30問＝600秒（10分）以内に解答できるようになることを目標にしてください。「1分で3問」や「5分で15問」など、自分が測りやすい短い区切りを見つけましょう。

それでは実際にPart 5の問題を解いてみましょう。
文中の空所に入る語句として、最も適切なものを(A)～(D)から選んでマークしてください。

18. City planners held meetings to discuss ------- locations for new train stations.

(A) convenient

(B) continual

(C) active

(D) brief

19. McDowell's Burger Restaurant ------- over 1,000 people a day at its Algester location.

(A) stands

(B) serves

(C) delivers

(D) appeals

20. ------- he spent a lot of time in France, Mr. Jones failed to learn much of the language.

(A) However

(B) Until

(C) Unless

(D) Although

21. The company will ------- job applications between March 9 and March 23.

(A) acceptance

(B) acceptable

(C) accept

(D) accepting

22. This week, managers will be conducting a ------- evaluation of each employee in their section.

(A) belief

(B) location

(C) production

(D) performance

23. You can ask questions about the sales event ------- the afternoon meeting.

(A) while

(B) during

(C) although

(D) as

24. It will be necessary to ------- Mr. Hammond as he is moving to Seattle at the end of next month.

(A) replace

(B) replacement

(C) replaced

(D) replaceable

▶ 解答・解説…別冊 p.036～

> # Mr. Nelson will explain the reason for this.
> ネルソンさんがこのことについての理由を説明します。
>
> □ explain：〜を説明する　　□ reason：理由

未来を表す表現

　助動詞のwillやbe going toを使うと未来を表す表現を作ることができます。**助動詞のwill**を使うと、**「〜するつもりだ」という意思**や**「〜するだろう」という推測の意味を持つ未来を表す表現**を作ることができます。willではなくてbe going toを使うこともできますが、be going toは「すでにその動作が進行中である」というニュアンスを含んでいます。ここではまず、willを使った表現から学んでいきます。

willを使った肯定文

例 **Mr. Nelson will explain the reason for this.**

　ネルソンさんがこのことについての理由を説明します。

　助動詞のwillは「〜するつもりだ」という意思や、「〜するだろう」という**話し手の主観（個人的に考えていること）**を表します。この例文では「ネルソンさんは現時点で理由を説明するという意思がある」、もしくは「現時点ではネルソンさんが説明をすると推測される」ということです。**willの後ろには動詞の原形**を置きます。

willを使った否定文

例 **Mr. Nelson won't explain the reason for this.**

　ネルソンさんはこのことについての理由を説明しないでしょう。

　未来を表す表現の否定文は**動詞の原形の前にwill not**、もしくは短縮形の**won't**を置いて作ります。

willを使った疑問文

例 **Will Mr. Nelson explain the reason for this?**
　　—Yes, he will. / No, he won't.

　ネルソンさんはこのことについての理由を説明するつもりですか。
　　—はい、説明するつもりです。／いいえ、説明するつもりはありません。

　未来を表す表現の疑問文は、**文をWillと「?」で挟んで**作ります。主語が何であっても**動詞は原形**です。Will you ...? で質問された場合はYes / Noを使って応答しますが、「はい」であれば**Yes, I will.**と応答し、「いいえ」であれば**No, I won't.**と応答します。

　疑問詞を使う場合は、**疑問詞＋will＋主語＋動詞の原形＋α?**の語順になります。

1　（　　　）内の２つから、正しいものを選んでください。

POINT 🐸 will+ 動詞の原形で未来を表します。

❶ Mr. Moxley will (get / gets) in touch with his supervisor.

❷ This battery (is / will) not last for a long time.

❸ Ms. Toura (isn't / won't) help me with this task.

❹ (Is / Will) our company (make / makes) a profit next quarter? —Yes, it (does / will).

▶ モクスリーさんは上司に連絡するつもりです。
get in touch with : ～に連絡する
▶ この電池は長くはもたないでしょう。
▶ トウラさんはこの仕事を手伝ってはくれないでしょう。
▶ 私たちの会社は次の四半期に利益を出すでしょうか。
— はい、出るでしょう。
make a profit : 利益を出す

2　英文が日本語と同じ意味になるように、＿＿＿＿に適する語を入れてください。

❶ 往復チケットは約 120 ドルになるでしょう。

The round-trip ticket ＿＿＿＿＿＿ ＿＿＿＿＿＿ about 120 dollars.

▶ be : ～である

❷ 彼はこの件には対応しないでしょう。

He ＿＿＿＿＿＿ ＿＿＿＿＿＿ take care of the matter.

❸ あなたはこの職に申し込むつもりですか。―はい、申し込むつもりです。

＿＿＿＿＿＿ you ＿＿＿＿＿＿ for the position?

—Yes, I ＿＿＿＿＿＿ .

▶ apply for : ～に申し込む

❹ スズキさんの後継者は誰になるでしょうか。―マキさんがなるでしょう。

Who ＿＿＿＿＿＿ be Mr. Suzuki's successor?

—Mr. Maki ＿＿＿＿＿＿ .

▶ この文では Who が主語になっています。

音声 🔊 **079**

□ supervisor	: 上司	□ round-trip ticket	: 往復チケット
□ battery	: 電池	□ take care of	: ～に対応する
□ last	: 持続する	□ matter	: 件
□ for a long time	: 長い間	□ position	: 職
□ help *somebody* with	: 人の～を手伝う	□ successor	: 後継者
□ quarter	: 四半期		

1
2
3
4
5
6
7
8
9
10
11
12
13
14
15
16
17
18
19

> # Mr. Nelson is going to explain the reason for this.
>
> ネルソンさんがこのことについての理由を説明するつもりです。
>
> ☐ explain：～を説明する　☐ reason：理由

be going to を使った肯定文

例 **Mr. Nelson is going to explain the reason for this.**

　ネルソンさんがこのことについての理由を説明するつもりです。

　be going toでも**未来を表す表現「～するつもりだ」**を作ることができます。**be going toの後ろには動詞の原形**を置きます。

　willとbe going toは日本語に訳すと同じようなものになりますが、**willは「意思や推測」**、**be going toは「未来に向けて動き始めている」**という違いがあります。この例文からは「ネルソンさんはすでにこのことについての理由を説明するために必要な準備を進めている」という状況がうかがえます。

willを使った肯定文
I **will** go to Nagoya.
You **will** come to her house.
He **will** meet my brother.
She **will** use this bike.

↔

be going to を使った肯定文
I **am going to** go to Nagoya.
You **are going to** come to her house.
He **is going to** meet my brother.
She **is going to** use this bike.

be going to を使った否定文

例 **Mr. Nelson isn't going to explain the reason for this.**

　ネルソンさんはこのことについての理由を説明するつもりではありません。

　be going toの否定文は、**be動詞の後ろにnotを置いて**作ります。否定文の作り方はbe動詞の否定文を作る場合と同じです。

be going to を使った疑問文

例 **Is Mr. Nelson going to explain the reason for this?**
　—Yes, he is. / No, he isn't.

　ネルソンさんはこのことについての理由を説明するつもりですか。
　—はい、説明するつもりです。／いいえ、説明するつもりはありません。

　be going toの疑問文は、**主語とbe動詞の順序を入れ替えて**作ります。疑問文の作り方はbe動詞の疑問文を作る場合と同じです。

1 （　　　）内の２つから、正しいものを選んでください。

POINT　be going to の後ろに続く動詞は原形になります。

❶ I'm going to (get / getting) the laptop today.
▶ 私は今日ノートパソコンを購入するつもりです。

❷ You're (go / going) to finish the report by next Friday, aren't you?
▶ あなたは来週の金曜日までに報告書を仕上げるつもりですよね。

❸ Yujiro isn't going to (write / writes) the advertisement copy.
▶ ユウジロウは広告文を書くつもりはありません。

❹ Are you going to (visit / visiting) the U.S. next year?
　—No, I'm not.
▶ あなたは来年アメリカを訪れるつもりですか。— いいえ、訪れるつもりはありません。

2 英文が日本語と同じ意味になるように、＿＿＿＿ に適する語を入れてください。

❶ カシマさんは彼を空港まで車で送るつもりです。

Ms. Kashima is ＿＿＿＿＿ to ＿＿＿＿＿ him off at the airport.
▶ drop *somebody* off：人を車で送る

❷ 私は錠前師として働くつもりはありません。

I'm ＿＿＿＿＿ going to ＿＿＿＿＿ as a locksmith.
▶ work：働く

❸ 私たちの上司はフィフィタさんの履歴書にざっと目を通しているところですか。
　—はい、そうです。

＿＿＿＿＿ our supervisor ＿＿＿＿＿ over Mr. Fifita's résumé?

—Yes, she ＿＿＿＿＿ .
▶ 日本語の意味に注意してください。look over：〜にざっと目を通す

❹ 彼はいつ彼女の経験と経歴を評価するつもりですか。
　—彼は明日それをするつもりです。

When ＿＿＿＿＿ he going to ＿＿＿＿＿ her experience and

background? —He's going to ＿＿＿＿＿ it tomorrow.
▶ evaluate：〜を評価する

☐ laptop	：ノートパソコン	☐ locksmith	：錠前師
☐ finish	：〜を仕上げる	☐ supervisor	：上司
☐ report	：報告書	☐ résumé	：履歴書
☐ by	：〜までに	☐ experience	：経験
☐ advertisement	：広告	☐ background	：経歴

> # Mr. Lawlor can handle many tasks at once.
>
> ローラーさんはたくさんの仕事を一度に扱うことができます。
>
>
>
> ☐ handle：〜を扱う　☐ many：たくさんの　☐ at once：一度に

助動詞の can

　助動詞とは、「**動詞を助ける**」品詞で、動詞に「**話し手の主観**」を加えることができます。**助動詞の can ＋動詞の原形は「〜することができる」**という意味を表します。

can を使った肯定文

例 **Mr. Lawlor can handle many tasks at once.**

　　ローラーさんは、たくさんの仕事を一度に扱うことができます。

　canは「〜することができる」という「**話し手の主観**」を表します。実際に「たくさんの仕事を一度に扱える」かどうかはともかく、話し手が「できる」と思っている、ということを表しています。

　canは現在形の文で使います。**主語の人称にかかわらず「can ＋動詞の原形」の部分は同じ**です。

can を使った否定文

例 **Mr. Lawlor can't handle many tasks at once.**

　　ローラーさんはたくさんの仕事を一度に扱うことはできません。

　助動詞canの否定文は**動詞の原形の前にcannot、もしくは短縮形のcan'tを置いて**作ります。助動詞はあくまでも話し手の主観で使われるので、実際に「たくさんの仕事を一度に扱えない」のかどうかはわかりません。話し手が「この人（主語）はたくさんの仕事を一度に扱うことができない」と思っているのであれば、cannot、can'tを使って表現することができます。

can を使った疑問文

例 **Can Mr. Lawlor handle many tasks at once?**
　—Yes, he can. / No, he can't.

　　ローラーさんはたくさんの仕事を一度に扱うことはできますか。
　　—はい、扱えます。／いいえ、扱えません。

　助動詞canの疑問文「〜（することが）できますか?」は、**文をCanと「?」で挟んで**作ります。canを使っている文では必ず**動詞は原形**にします。Can you …? と質問された場合、Yes / Noを使って応答します。「**はい**」であればYes, I can.と応答し、「**いいえ**」であればNo, I can't.と応答します。

　疑問詞を使う場合は、**疑問詞＋can＋主語＋動詞の原形＋α?**の語順になります。

1 （　　　）内の 2 つから、正しいものを選んでください。

POINT can を使った文では動詞は必ず原形になります。

1 I can (manage / managed) it by myself.

2 You can (accelerate / accelerated) your progress.

3 I can't (e-mail / e-mailed) you immediately.

4 Can you (double / doubled) your sales within one month?
　　—Yes, we can.

▶ 私は 1 人でそれを管理することができます。
manage：〜を管理する

▶ あなたは進捗を早めることができます。
accelerate：〜を早める

▶ 私はすぐにあなたに E メールを送ることはできません。
e-mail：〜に E メールを送る

▶ あなたたちは 1 カ月以内に売り上げを 2 倍にできますか。
— はい、できます。
double：〜を 2 倍にする

2 英文が日本語と同じ意味になるように、＿＿＿＿ に適する語を入れてください。

1 あなたはツアーに行くために私たちに加わることができます。

You ＿＿＿＿＿＿ ＿＿＿＿＿＿ us for the tour.

▶ join：〜に加わる

2 私たちは、今日は会議のためにその部屋を予約することはできません。

We ＿＿＿＿＿＿ ＿＿＿＿＿＿ the room for the conference today.

▶ 短縮形を使って解答してください。
book：〜を予約する

3 私たちは明日、直接このことについて話し合うことができますか。
　　—いいえ、できません。

＿＿＿＿＿＿ we ＿＿＿＿＿＿ this in person tomorrow?

　—No, we ＿＿＿＿＿＿ .

▶ discuss：〜について話し合う

4 ホテルの近くで、どこに観光に行くことができますか。
　　—スプリングバレー公園に行くことができます。

Where ＿＿＿＿＿＿ I ＿＿＿＿＿＿ sightseeing near the hotel?

—You ＿＿＿＿＿＿ ＿＿＿＿＿＿ to Spring Valley Park.

▶ go sightseeing：観光に行く

音声 🔊 **085**

☐ by *one*self	：1 人で	☐ tour	：ツアー
☐ progress	：進捗	☐ conference	：会議
☐ immediately	：すぐに	☐ in person	：本人が直接に
☐ sales	：売り上げ	☐ near	：〜の近くで
☐ within	：〜以内に		

I must submit a report.

私は報告書を提出しなければなりません。

☐ **submit**：〜を提出する　　☐ **report**：報告書

さまざまな助動詞

☐ **can** ：〜することができる	☐ **could**（**can** の過去形）：〜できるかもしれない、〜してもよい
☐ **may** ：〜かもしれない、〜してもよい	
☐ **shall** ：〜するつもりだ	☐ **might**（**may** の過去形）：〜かもしれない
☐ **will** ：〜するつもりだ、〜するだろう	☐ **should**（**shall** の過去形）：〜するべきだ
☐ **must** ：〜しなければならない	☐ **would**（**will** の過去形） ：〜するつもりだ、〜するだろう

いずれも助動詞なので、文中での使い方はすべてwillやcanと同じです。

助動詞を使った肯定文

例 **I must submit a report.**　　私は報告書を提出しなければなりません。

mustは「**〜しなければならない**」という「**話し手の主観**」を表します。

mustは **have to / has to**（**三単現の場合**）で言い換えることができます。その場合は主観ではなく「その状況では必要だからする」というニュアンスを表します。mustには過去形がありません。過去形でmustの意味を表したい場合には、have toの過去形の **had to**「**〜しなければならなかった**」を使います。

助動詞を使った否定文

例 **You may not watch TV today.**　　あなたは今日、テレビを見てはいけません。

mayは「**〜してもよい**」「**〜するかもしれない**」という意味の助動詞です。may notはmust notほど強くはありませんが、「**〜してはいけない**」という「**不許可**」を表します。

助動詞を使った疑問文

例 **Must you study Spanish today?**

　　—Yes, I must. / No, I don't have to.

あなたは、今日はスペイン語を勉強しなければいけませんか。
　　—はい、しなければいけません。／いいえ、する必要はありません。

mustの疑問文は、**文をMustと「?」で挟んで**作ります。「**はい**」であれば Yes, I must. と応答し、「**いいえ**」であれば No, I don't have to. と応答します。must notは「〜してはいけない」という禁止を表すので、この疑問文に対する応答としては不適切です。**don't have toを使って「〜する必要はない」**と応答します。

1 日本語に合うように、（　　　）内の2つから正しいものを選んでください。

❶ あなたは正しくないかもしれません。

You (may / must) not be right.

❷ 口頭での同意では十分ではないかもしれません。

A verbal agreement (might / should) not be enough.

❸ あなたは今行きたいですか。―いいえ、行くつもりはありません。

(Would / Might) you like to go now? ―No, I wouldn't.

▶ would like to *do*：～したい

❹ 会議を一時休止しましょうか。―はい、それがいいですね。

(Shall / Would) we adjourn the meeting?

―Yes, that sounds good.

▶ Shall we ～?：～しませんか

2 英文が日本語と同じ意味になるように、＿＿＿＿に適する語を入れてください。

❶ あなたは自分のためにこれらの書類をコピーするべきです。

You ＿＿＿＿＿＿ ＿＿＿＿＿＿ these documents for yourself.

▶ copy：～をコピーする

❷ あなたは彼にすぐに電話をかけ直さなくてはなりません。

You ＿＿＿＿＿＿ ＿＿＿＿＿＿ him back right away.

▶ call *somebody* back：人に電話を掛け直す

❸ あなたは明日、オーエンズさんに会う機会があるかもしれません。

You ＿＿＿＿＿＿ ＿＿＿＿＿＿ a chance to meet Mr. Owens tomorrow.

▶ have a chance to *do*：～する機会がある

❹ 私はすぐにこの仕事を仕上げなければなりませんか。
　　―はい、仕上げなければなりません。

＿＿＿＿＿＿ I ＿＿＿＿＿＿ the task immediately?

―Yes, you ＿＿＿＿＿＿ .

▶ finish：～を仕上げる

音声 🔊 088

□ right	：正しい	□ document	：書類
□ verbal agreement	：口頭での同意	□ for *oneself*	：～自身のために
□ enough	：十分な	□ right away	：直ちに
□ adjourn	：（会議などを）一時休止する	□ chance	：機会
□ meeting	：会議	□ task	：仕事
□ sound good	：よさそうに聞こえる	□ immediately	：すぐに

Part 6	**長文穴埋め問題**

4つの空所がある不完全な文書を読み、空所に入れるのに最も適切な語句や文を、4つの選択肢の中から選ぶ問題です。

問題数	16問（4問×4セット）
解答時間	1問あたり30秒（1セットあたり2分以内、合計16問を8分以内）
文書タイプ	Eメール、お知らせ、広告、連絡メモ、手紙など

例題

Questions 131-134 refer to the following instruction.

Thank you for purchasing a MaxDura brand coffeemaker. Proper usage and maintenance should ensure ------- many trouble-free years of deliciously
131.
brewed coffee. Please remember to wipe the filter holder thoroughly after each use. More tips on ------- are available from the Web site at www.
132.
maxdura.com. You can take advantage of our free ------- warranty by filling
133.
out an online form there. You will need to send in a scan of your receipt.
-------.
134.

131. (A) him
(B) it
(C) us
(D) you

132. (A) cleaning
(B) playing
(C) manufacturing
(D) pouring

133. (A) extension
(B) extending
(C) extended
(D) extender

134. (A) You can learn about our other great cooking utensils.
(B) Please note that it must be submitted within 30 days of purchase.
(C) Our sales agents will demonstrate the scanning function in person.
(D) All upkeep should be performed by a trained professional.

例題訳

問題 131-134 は次の説明に関するものです。

MaxDura ブランドのコーヒーメーカーをお買い上げいただき、ありがとうございます。適切な使用方法とメンテナンスによって、長年にわたり故障なくおいしいコーヒーを淹れることができます。使用後は毎回、忘れずにフィルターのホルダー全体を拭いてください。お手入れに関するさらなるヒントは www.maxdura.com のウェブサイトでご覧いただけます。そこでは、オンラインフォームをご記入いただくことで、無料の延長保証を受けることもできます。そのためにはレシートのスキャンデータをお送りいただく必要がございます。ご購入から30日以内にご提出いただく必要があることにご注意ください。

131. (A) 彼に
(B) それに
(C) 私たちに
(D) あなたに

132. (A) 掃除
(B) 再生
(C) 製造
(D) 注入

133. (A) 延長
(B) 延長している
(C) 延長された
(D) 延長するもの

134. (A) 他のすばらしい調理器具について知ることができます。
(B) ご購入から 30 日以内にご提出いただく必要があることにご注意ください。
(C) 販売代理店がスキャン機能を対面で実演をします。
(D) すべての維持管理は、訓練を受けた専門家が行う必要があります。

問題タイプ

1 文法問題　**2 語彙問題**

Part 5（□ p.079）と同タイプの問題です。

Part 5 と異なる点は、空所を含む文だけでは正解が絞れず、前後の文脈を確認する必要のある問題も出題されることです。ですから、Part 6 では「空所を含む文の次の文」までを読み終えた段階で正解を選ぶようにしてください。ただし、時制がからむ問題などは、さらにもう1～2文先まで読み終えないと解答できない場合もあります。

3 文挿入問題

語句を選択する①や②とは異なり、まるまる1文を選択して挿入する問題です。この「文挿入問題」は、次の文まで読み終えてから解答し、前後の文とつながりを持つ接続詞、副詞、代名詞などに注意して解答するようにしてください。「前後の文脈・話題に沿うもの」を正解として選ぶようにします。

Part 6 を攻略するためのコツ

🔑1 空所を含む文の次の文まで読み終えたら選択肢へ

　語句を挿入する問題は、基本的に Part 5 と同じ要領で解けますので、攻略のコツ（p. 080）を再確認しましょう。ただ、文脈に依存して解答する問題の場合は、空所を含む文を読むだけでは解答が得られない場合もありますので、次の文まで読んでから、選択肢を読んで解答します。それでも正解が選べない場合は、正解を判断できるところまで文書を読み進めた上で解答してください。

🔑2 文挿入問題は、空所の次の文まで読み終えたら選択肢へ

　文挿入問題では、空所の次の文まで読んでから選択肢を確認します。それでも正解が選べない場合は、正解を選べると判断できるところまで文書を読み進めた上で解答してください。その際、以下の2点に留意して解答するようにします。

(1)**空所前後の文脈に沿うものを選ぶ**→視野を"狭く"するのがポイントです。
(2)**リンクに注目**→代名詞、指示語、副詞の呼応が正解を選ぶヒントになったり、正解の根拠をより強固にしたりします。正解を選べた場合、空所に入れた文の中にある「リンク」となる語句が、空所の直前や直後の文にある語句と繋がりを持ちます。

🔑3 1セット（4問）は最大2分

　Part 6は4セット（16問）あるので、2分×4セット＝8分以内に解答できるようになることを目標にしてください。

それでは実際に Part 6 の問題を解いてみましょう。
文中の空所に入る語句として、最も適切なものを (A)～(D) から選んでマークしてください。

Questions 25-28 refer to the following e-mail.

To: All salespeople
From: Megan Little
Date: September 1
Subject: Training session

Dear salespeople,

Hawkmark Electronics is releasing its newest drone camera next month. ------- . A representative from Hawkmark Electronics ------- our main store in 25. 26. Chicago to demonstrate the new model and provide training on its use and sales techniques. I would like at least one salesperson from each of the regional stores to ------- this special training session. It will be held from 27. 2:00 P.M. on Friday next week. If you are interested in attending, please speak with your store manager. ------- , they will choose someone based on 28. experience and sales performance.

Sincerely,

Megan Little
Sales and Marketing, Sunderland Appliances

---

25. (A) We will not carry them in our stores.
    (B) You can only learn about it on their Web site.
    (C) They will only be sold at our online store.
    (D) We expect it to be a very popular product.

26. (A) will visit
    (B) has been visited
    (C) visited
    (D) visits

27. (A) respect
    (B) apply
    (C) attend
    (D) consult

28. (A) Therefore
    (B) Otherwise
    (C) Accordingly
    (D) Similarly

▶ 解答・解説…別冊 p.040～

Mr. Nagata wanted to be company CEO.

ナガタさんは、会社の CEO になりたかった。

☐ **want to *do***：〜したい　☐ **CEO**：最高経営責任者

to 不定詞の名詞的用法

to＋動詞の原形を to 不定詞と呼びます。to 不定詞は「**〜すること**」という意味になり、**名詞の働きをして主語や目的語、補語になる**ことができます。to see「〜を見ること」や to hold「〜をつかむこと」、to finish「〜を仕上げること」などが to 不定詞です。

例 **Mr. Nagata wanted to be company CEO.**

ナガタさんは、会社の CEO になりたかった。

to be は「〜になること」という意味の to 不定詞で、to be company CEO は「会社の CEO になること」という意味の**名詞のカタマリ**になります。これは wanted「〜を欲しかった」の目的語なので、直訳すると「会社の CEO になることを欲しかった」、意訳すると「会社の CEO になりたかった」という意味になります。

動名詞

動名詞は**動詞の ing 形**で、「**〜すること**」という名詞の役割を果たすことができます。名詞の役割を果たすので、文の中では**主語・補語・動詞の目的語・前置詞の目的語になる**ことができます。

例 **Mr. Shimizu likes watching movies.**　シミズさんは映画を見ることが好きです。

この watching は to 不定詞の to watch に置き換えることができます。ただし **enjoy、finish** などは、後ろに動名詞を置き、to 不定詞を置くことはできません。

to 不定詞の名詞的用法と動名詞の使い分け

例 **Fred remembered to buy coffee today.**

フレッドは今日、コーヒーを買うことを覚えていた。

例 **Fred remembered buying coffee today.**

フレッドは今日、コーヒーを買ったことを覚えていた。

直前にある動詞によっては、後ろに続く**to 不定詞と動名詞で意味が変わる**場合があります。remember to *do* は「〜することを覚えている」、remember *doing* は「〜したことを覚えている」という意味です。**to 不定詞は「これから起こること」、動名詞は「すでに起こっていること」**を表す場合がしばしばあります。

1　日本語に合うように、(　　　) 内の 2 つから正しいものを選んでください。

1 ホンマさんの仕事は、報告書を仕上げることでした。

Mr. Honma's task was (to read / to finish) the report.

▶ finish：〜を仕上げる

2 ヒナはゴルフをするのが好きです。

Hina likes (watching / playing) golf.

3 昨日、私たちの CEO は辞任することを決定しました。

Our CEO decided (to step / stepping) down yesterday.

▶ decide は後ろに動名詞を置くことはできません。step down：辞任する

4 マイキーは、今朝その手紙を送ることを忘れました。

Mikey forgot (to send / sending) the letter this morning.

▶ to 不定詞と動名詞が表す意味の違いに注意してください。

5 アマサキさんは、今朝その手紙を送ったということを忘れました。

Ms. Amasaki forgot (to send / sending) the letter this morning.

▶ to 不定詞と動名詞が表す意味の違いに注意してください。

2　英文が日本語と同じ意味になるように、_____ に適する語を入れてください。

1 私は会議のためにその部屋を予約したかったです。

I wanted _____ _____ the room for the meeting.

▶ want to *do*：〜したい
book：〜を予約する

2 定期的に車の点検をすることは、非常に重要なことです。

_____ your vehicle on a regular basis _____ very important.

▶ 動名詞が主語になる場合は、単数扱いです。
inspect：〜を検査する

3 カワトさんは解決策を考え出す必要があります。

Mr. Kawato _____ _____ come up with a solution.

▶ need：〜を必要とする

4 ヤノさんはコップの水を飲むことを止めました。

Mr. Yano _____ _____ from the glass of water.

▶ stop：〜を止める
drink：〜を飲む

音声 🔊 091

□ task	：仕事	□ meeting	：会議
□ report	：報告書	□ vehicle	：車
□ CEO	：最高経営責任者	□ on a regular basis	：定期的に
□ decide	：〜を決定する	□ important	：重要な
□ forget	：〜を忘れる	□ come up with	：〜を考え出す
□ letter	：手紙	□ solution	：解決策

Maika would like a new house to live in.

マイカは住むための新しい家が欲しい。

□ **would like**：〜が欲しい □ **live in**：〜に住む

to 不定詞の形容詞的用法

例 Maika would like a new house to live in. マイカは住むための新しい家が欲しい。

to 不定詞は**名詞の修飾をする「形容詞のカタマリ」**にもなります。例文では、a new house to live in のように、名詞 a new house の後ろに to 不定詞を置いて、「(どのような家かというと)『**to live in=(その中に) 住むための**』家だ」と説明を加えています。

名詞を修飾 (説明)するのは形容詞なので、これを **to 不定詞の形容詞的用法**と呼びます。「**名詞の後ろに to 不定詞を置いて、その名詞がどのようなものなのかを補足する**」と考えてください。意味は「**〜するための**」、「**〜するべき**」のようになりますが、訳す場合は文脈に合わせてわかりやすい日本語にするとよいでしょう。

to 不定詞の形容詞的用法を使った文

例 Mr. Hoyt has a lot of tasks to do. ホイットさんはやるべき仕事がたくさんあります。

a lot of tasks 「たくさんの仕事」という名詞のカタマリについて、「(どんな仕事かというと)『**to do= やるべき**』仕事だ」と、情報を補足しています。直訳すると「ホイットさんはやるべきたくさんの仕事を持っている」となりますが、「やるべき仕事がたくさんある」のようにわかりやすい日本語に訳すとよいでしょう。

例 Mr. Green has no money to buy a train ticket.

グリーンさんは、電車の切符を買うお金がありません。

has no money は「お金がない」という意味の表現です。money「お金」について、「(何をするためのお金かというと)『**to buy a train ticket= 電車の切符を買うための**』お金だ」と補足しています。

例 Mr. Isaacs had something to give you.

アイザックさんはあなたに何かあげるものがあった。

something は「何か」という意味の名詞です。「(どんな何かかというと)『**to give you= あなたに与えるべき**』何かだ」と、to 不定詞を使って補足しています。直訳すると「アイザックさんはあなたに与えるべき何かを持っていた」となりますが、意訳すると「アイザックさんはあなたに何かあげるものがあった」となります。

1 日本語に合うように、（　　　）内の2つから正しいものを選んでください。

❶ 私はあなたに話すべきよい知らせがあります。

I have good news (to show / to tell) you.

▶ show A B：A を B に見せる
tell A B：A を B に話す

❷ リベラさんはその客の対応を行う人を必要としています。

Mr. Rivera needed someone (to help / to take) care of the customer.

▶ help：〜を助ける
take care of：〜に対応する

❸ 私たちはロビーに会うチャンスはありませんでした。

We didn't have a chance (to go to / to see) Robbie.

❹ ダニエルソンさんは、あなたと話し合うべき問題は何もありませんでした。

Mr. Danielson didn't have any matters (to discuss / to see) with you.

▶ discuss：〜 について 話し合う

2 英文が日本語と同じ意味になるように、＿＿＿＿ に適する語を入れてください。

❶ WEA 社は、タイソンさんを彼らの広告の目玉にする計画がありました。

WEA Co. had a plan ＿＿＿＿＿ ＿＿＿＿＿ Mr. Tyson in their advertisement.

▶ feature：〜を目玉にする

❷ あなたは明日、私たちの COO のスピーチを聞く機会があります。

You will have an opportunity ＿＿＿＿＿ ＿＿＿＿＿ a speech by our COO tomorrow.

▶ hear：〜を聞く

❸ 私は今、何も食べるものがありません。

I have ＿＿＿＿＿ ＿＿＿＿＿ ＿＿＿＿＿ now.

▶ have nothing to do：〜するものがない

❹ ジョンは彼の車を修理するための道具を欲しがっていました。

Jon wanted a tool ＿＿＿＿＿ ＿＿＿＿＿ his vehicle.

▶ repair：〜を修理する

音声 🔊 094

□ need	：〜を必要とする	□ advertisement	：広告
□ someone	：誰か	□ opportunity	：機会
□ customer	：客	□ COO	：最高執行責任者
□ chance	：チャンス、機会	□ tool	：道具
□ matter	：問題	□ vehicle	：車
□ plan	：計画		

> # Melissa was very happy to see you yesterday.
>
> メリッサは、昨日あなたに会えてとても幸せでした。
>
> □ **happy to** *do*：～して幸せだ

to 不定詞の副詞的用法

to 不定詞は**文の後ろに置き、名詞以外の語句や文を修飾する副詞的な働き**もあります。

例 **Melissa was very happy to see you yesterday.**

　　メリッサは、昨日あなたに会えてとても幸せでした。

　この文は前半の Melissa was very happy だけで、「メリッサは、とても幸せでした」という完成した文になっています。この文に「（なぜ幸せかというと）『**to see you yesterday＝昨日あなたに会えて**』幸せだったのだ」という情報を後ろから補足しています。

to 不定詞の副詞的用法を使った文

例 **Shingo goes to the gym to work out twice a day.**

　　シンゴはトレーニングをするために、ジムに1日2回行きます。

　前半の Shingo goes to the gym だけで、「シンゴはジムに行きます」という英文が完成しています。後半では、「（なぜ行くのかというと）『**to work out＝トレーニングをするために**』行くのです」という情報を補足しています。つまり、to work out が Shingo goes to the gym を後ろから説明しているのです。

例 **Rock grew up to be a famous movie star.**

　　ロックは成長して有名な映画俳優になった。

　前半の Rock grew up は「ロックは成長した」という意味です。後半で「（成長してどうなったかというと）『**to be a famous movie star＝（そして）有名な映画俳優になった**』のだ」という情報を補足しています。grew は grow の過去形で、grow up で「成長する」、famous は形容詞で「有名な」、movie star は名詞句で「映画俳優」という意味です。to be の be は「～になる」という意味を持っています。

例 **Hiroshi was careless to lose his car key.**

　　車の鍵をなくすなんて、ヒロシは不注意でした。

　Hiroshi was careless は「ヒロシは不注意でした」という意味です。「（なぜ彼は不注意だったと言われてしまうのかというと）『**to lose his car key＝彼の車の鍵をなくしたから**』だ」という情報を補足しています。careless は「不注意だ」という意味の形容詞、lose は「～をなくす」という動詞、car key は「車の鍵」という意味の名詞句です。

1 日本語に合うように、（　　　）内の２つから正しいものを選んでください。

❶ ヒグチさんはその問題に対処するために、チームを組みます。

Mr. Higuchi will assemble a team (to address / to attend) the matter.

▶ address：〜に対処する
attend：〜に出席する

❷ 彼はその報告書を仕上げるために急いでいました。

He was in a rush (to hand in / to finish) the report.

▶ hand in：〜を提出する
finish：〜を仕上げる

❸ 私はムタさんに会えて、とても幸せでした。

I was very happy (to leave / to see) Mr. Muta.

▶ leave：出発する

❹ ヒロシはとても親切なので、私にすてきなジャケットをくれました。

Hiroshi was very kind (to give / to break) me a nice jacket.

2 英文が日本語と同じ意味になるように、＿＿＿に適する語を入れてください。

❶ ミキは、スペイン語を学ぶためにスペインに行きました。

Miki went to Spain ＿＿＿＿＿ ＿＿＿＿＿ Spanish.

▶ learn：〜を学ぶ

❷ ナリタさんは大きくなって有名な野球選手になりました。

Mr. Narita grew up ＿＿＿＿＿ ＿＿＿＿＿ a famous baseball player.

▶ be：〜になる

❸ 私は健康を維持するために、ジムでトレーニングを始めました。

I started working out at the gym ＿＿＿＿＿ ＿＿＿＿＿ healthy.

▶ keep：〜を保つ

❹ 私は昨日シンゴに会えてとてもうれしかった。

I was so pleased ＿＿＿＿＿ ＿＿＿＿＿ Shingo yesterday.

▶ see：〜に会う

❺ 彼は8時の電車に乗る（を捕まえる）ために、早く起きました。

He woke up early ＿＿＿＿＿ ＿＿＿＿＿ the eight o'clock train.

▶ catch：〜を捕まえる

音声 🔊 097

□ assemble	：〜を集める	□ work out	：トレーニングをする
□ matter	：問題	□ gym	：ジム
□ *be* in a rush	：急いでいる	□ healthy	：健康な
□ kind	：親切な	□ pleased	：うれしい
□ Spanish	：スペイン語	□ wake up	：起きる
□ grow up	：成長する	□ early	：早く
□ famous	：有名な		

> # I told Adam to do this job.
>
> 私はアダムに、この仕事をするように言いました。
>
> ☐ **told**：tell の過去形　☐ **job**：仕事

tell / ask / want ＋人＋ to 不定詞

例 **I told Adam to do this job.**　私はアダムに、この仕事をするように言いました。

　tell、ask、wantは、いずれも後ろに名詞（人）を置き、その後ろに「（その人に）してほしいこと」をto不定詞で続けることができます。それぞれ、**tell＋人＋to 不定詞**「人に～**するように言う**」、**ask＋人＋to 不定詞**「人に～**するように頼む**」、**want＋人＋to 不定詞**「人に～**してほしい**」という意味になります。

疑問詞＋ to 不定詞

例 **I don't know which shirt to buy.**　私はどちらのシャツを買えばいいかわかりません。

　疑問詞＋to 不定詞は、以下のようなものがあり、いずれも名詞のカタマリ（名詞句）として機能します。whatやwhichの後ろに名詞が続いて「何の～」や「どちらの～」を表すこともあります。

☐ **what to** *do*　：何を～するべきか	☐ **where to** *do*　：どこに（で）～するべきか
☐ **when to** *do*　：いつ～するべきか	☐ **how to** *do*　：どのように～するべきか、～する方法

it is A for B to *do*「～することはBにとってAだ」

例 **It was difficult for Alex to read this book.**

　この本を読むことは、アレックスにとって難しかったです。

　このパターンは**it...to ～構文**と呼ばれ、「**～することは…だ**」と言う意味になります。先に it was difficult「難しかった」ということを伝え、「何が難しかったのか」についてを、to不定詞以下が説明する形となっています。**for B は「Bにとって」**を表しますが、**ない場合もある**ので注意してください。

too A for B to *do*「BにはAすぎて～できない」

例 **This book was too difficult for Andrade to read.**

　この本は、アンドラーデには難しすぎて読めませんでした。

　このパターンは**too...to ～構文**と呼ばれ、「**あまりに…なので～できない**」、「**～するには…すぎる**」という意味になります。「なぜ～できないのか」という理由をAの部分が表しています。it...to ～構文と同じくfor B「～にとって」の部分がない場合もあります。

1 日本語に合うように、（　　　）内の2つから正しいものを選んでください。

❶ 明日、彼女に参加するよう頼んでみます。

I'll ask her (to visit / to join) us tomorrow.

▶ visit：～を訪れる
　join：～に加わる

❷ この掃除機の使い方に関する説明は、次のページにあります。

Instructions on (how / what) to use this vacuum cleaner are on the next page.

❸ 私にとって、その試験に合格したことは驚きでした。

It was surprising for me (to fail / to pass) the exam.

▶ fail：(試験に) 落ちる
　pass：(試験に) 合格する

❹ アンは内気過ぎて、私たちの前でスピーチをすることができませんでした。

Ann was too shy (to hear / to make) a speech in front of us.

▶ hear：～を聞く

2 英文が日本語と同じ意味になるように、＿＿＿＿＿ に適する語を入れてください。

❶ 私たちは彼女に会議に参加するように頼むべきです。

We should ＿＿＿＿＿＿ her ＿＿＿＿＿＿ attend the meeting.

❷ サクライさんは、どちらのケーキを食べるべきかを決められませんでした。

Ms. Sakurai couldn't decide ＿＿＿＿＿＿ ＿＿＿＿＿＿ to eat.

▶ which+名詞+to do で、「どの…を～するべき」かという意味になります。
cake：ケーキ

❸ そこの住人たちにとって、日没後に1人で外出することは危険です。

＿＿＿＿＿＿ is dangerous for people living there ＿＿＿＿＿＿ go out alone after dark.

❹ オースティンはお腹が空きすぎていて、何も考えることができませんでした。

Austin was ＿＿＿＿＿＿ hungry ＿＿＿＿＿＿ think about anything.

音声 🔊 100

☐ instructions	：説明	☐ attend	：～に参加する
☐ use	：～を使う	☐ dangerous	：危険な
☐ vacuum cleaner	：掃除機	☐ people	：人々
☐ surprising	：驚くべき	☐ alone	：1人で
☐ exam	：試験	☐ after dark	：日没後に
☐ shy	：内気な	☐ anything	：何か
☐ in front of	：～の前に		

Part 7	読解問題

1～3つの文書の内容に関する設問が各2～5問出題されるので、その答えとして最も適切なものを4つの選択肢から選びます。

問題数	54問（1つの文書：10セット29問／複数の文書：5セット25問）
解答時間	1問あたり1分以内（1セットあたり2～5分以内、合計54問を54分以内）
文書タイプ	①連絡メモ・お知らせなど　②Eメール　③テキストメッセージ・チャット ④記事　⑤広告　⑥アンケートフォーム　など

例題

Questions 147-148 refer to the following notice.

Notice to Businesses
in the Carleton Central Business District

Beginning on June 1, people will no longer be allowed to park vehicles along the curb on Markwell Street or Preston Road. The new rule has been put in place to help reduce traffic congestion in the central business district. The city has created a dedicated loading zone at the end of Wilson Alley so that businesses can load and unload commercial vehicles. Use of the loading zone is restricted to commercial vehicles with a permission sticker displayed in the window. Business owners can apply for a permission sticker on the council Web site at www.carletoncc.gov. Any vehicle parked there without a permission sticker will be towed away at the owner's expense. Exceptions will be made in certain situations. Information about these exceptions along with a map showing the location of the new loading zone, and a list of parking garages in the area is also available from the Web site.

147. What is the purpose of the notice?
    (A) To announce a change in parking regulations
    (B) To promote a new local business
    (C) To warn drivers of some delays
    (D) To explain a construction project

148. What information is NOT available on the Web site?

    (A) An area map
    (B) An application form
    (C) A list of parking facilities
    (D) A timetable

（例題訳）

問題 147-148 は次のお知らせに関するものです。

Carleton 中央ビジネス地区内の事業者のみなさまへお知らせ

6月1日より、Markwell 通りや Preston 通りの縁石に沿って駐車することができなくなります。この新しい規則は、中央ビジネス地区の交通渋滞を緩和するために導入されました。市は、Wilson 通りの端に専用の荷積み場所を設け、事業者が商用車への積み下ろしをできるようにしました。荷積み場所の使用は、窓ガラスに許可ステッカーが貼られた商用車に限定されます。事業主は、協議会のウェブサイト（www.carletoncc.gov）で許可ステッカーを申請することができます。許可ステッカーを貼らずに止めている車は、所有者の負担でレッカー移動されます。ただし、状況によっては例外もあります。この例外に関する情報や新しい荷積み場所の位置を示した地図、周辺の駐車場の一覧はウェブサイトから入手可能です。

147. お知らせの目的は何ですか。

    (A) 駐車規則の変更を知らせること
    (B) 地元での新しい事業を促進すること
    (C) 運転者に遅延について警告すること
    (D) 建設計画について説明すること

148. ウェブサイトで入手できない情報は何ですか。

    (A) 地区の地図
    (B) 応募フォーム
    (C) 駐車施設の一覧
    (D) 予定表

問題タイプ

1　WH 疑問文の問題

Where would the information most likely be found?

「この情報はどこで見つけられると考えられるか」

この例のようにmost likelyを含んでいるものは、文書にある「選択肢の内容に関連する表現」から推測して解答しなければならない場合が多いので注意が必要です。

What is XXX about 〜 ? 　「〜について何がわかりますか?」

XXXの部分には、以下の語が入ります。

- 難（正解の根拠が比較的見つけにくい）… suggested, implied, (can be) inferred, most likely true など
- 易（正解の根拠が比較的見つけやすい）… said, stated, mentioned, true など

What is the purpose of 〜 ? 　「〜の目的は何ですか?」

「Eメール（手紙）の目的は何ですか」というような設問の場合には、第1段落まで読み終えてから選択肢に進んで解答しましょう。Eメールや手紙の目的は、第1段落に書かれている場合が多いからです。

2 NOT問題

What is NOT included in the item? 　「商品に含まれていないことは何ですか」

NOT問題は「文書に書かれていること」と内容が一致する選択肢を3つ探し、最後に残った1つを正解とします。「文書に書かれていないこと」が正解となるので、混乱しないよう消去法で慎重に解答する必要があります。

3 文挿入位置問題

設問にある文を、文書中の [1] [2] [3] [4] のどこに入れるのが適切かを答える問題です。文書が1つの問題の中で、全部で2問出題されます。以下の2点がポイントです。
①空所前後の文脈を理解し、挿入したときに正しい話の流れになるかどうかを考える
②前後の文とつながりを持つ接続詞、副詞、代名詞、指示語などに注意する

4 （語句の）言い換え問題

文書中の指定された語句と同じ意味の語句を選ぶ問題です。その語句が、文の中でどのような意味で使われているのかを理解し、ほぼ同じ意味を持つ選択肢を正解として選びます。その語句を含む1文だけを読んで正解を選べる場合がほとんどです。

5 意図問題

文書の書き手の意図を問う問題で、チャット問題やテキストメッセージ問題の中で、全部で2問出題されます。発言のあった「状況や背景」を理解し、それらと一致する選択肢を選びます。発言の直前直後の文脈理解が非常に重要で、その発言の裏にある「つまり〜ということが言いたい」に当たる選択肢を正解として選びます。

Part 7 を攻略するためのコツ

最後のパートは読解問題です。設問と文書を読み、4つの選択肢の中から最も適切なものを選んで解答します。Part 7で高い正答率を得るためには、文書を読み飛ばすことなく、前からしっかりと読み進めていくことがとても大切です。

文書に使用される英文の種類はさまざまですが、TOEICでは難解すぎるものは出題されません。

Part 7では文書と設問のセットが15セットあり、前半の10セットは1つの文書（シングルパッセージ）に対して設問が2〜4問付いてきます。後半の5セットは複数の文書（マルチプルパッセージ）に関する問題が出題され（2つの文書〈ダブルパッセージ〉が2セット、3つの文書〈トリプルパッセージ〉が3セット出題）、それぞれのセットに対して5つの設問が付いてきます。

出題される設問数は全部で54問です。目標解答時間は54分です。54分で54問を解答するということは、1問平均1分で解答することになります。

1 ▶ Part 7の解答手順（基本）

①設問 ➡ ②文書 ➡ ③選択肢

基本は常に「一方通行」で、①〜③の間は決して往復しないように心がけてください。そうすることで、解答時間のロスを防げます。すでに読み終えたところまでの内容は、すべて記憶するつもりで文書を読み進めてください。読み終えた部分の内容を記憶することで、今解いている問題以降を解答する際に「この問題の正解の根拠となる部分はすでに読んだからそれがどこにあったのかを覚えている」という状態を作ることができ、より速く解答することが可能になります。このように、大切な箇所にダイレクトに戻れるレベルの記憶を維持するつもりで文書を読むことで、あとの問題をよりスピーディーに解答できるようになるのです。

2 ▶ 効率的・合理的に正解を得るために

設問から問題のタイプを把握します（文挿入位置問題、言い換え問題、意図問題以外は、全て以下の2パターンの問題タイプのいずれかに該当します）

What is mentioned about LIJ Co.? 「LIJ 社について何が述べられていますか」

　文書がLIJ社について書かれている場合、どこまで読めば正解の根拠が見つかるかがわかりません。その場合は「第2段落まで読み終えてから解答する」としたり、「文書がそれほど長くはないので、最後まで読み終えた上で選択肢に進もう」としたりして、自分で文書をどこまで読み進めるのかを決めてください。自分で決めたGOALまで文書を読み進めた上で選択肢に進み、文書の内容と一致するものを選んでマークします。

ピンポイント型

What is available for an additional fee？ 「追加料金で何が入手可能ですか」

　このタイプの問題は、文書を読み進めていくとピンポイントで正解の根拠が見つかるタイプです。文書中にある正解の根拠にたどり着いた時点で選択肢に進み、正解をマークします。

　いずれのタイプの問題にせよ、設問を読んだ時点でどこまで読み進めるのかという「GOALを瞬時に決定する」ことが肝要です。そのような指標を持つことにより、よりスピーディーに文書を読み進めることが可能になります。GOALが見えないマラソンを走り続けるのは難しいですが、「3つ目の交差点までは全力で走ろう」という目標があれば「とにかくそこまでは全力で走り続けられる」のと同じなのです。

それでは実際にPart 7の問題を解いてみましょう。

文書を読み、それぞれの設問について最も適切な答えを(A)〜(D)から選んでマークしてください。

Questions 29-30 refer to the following text-message chain.

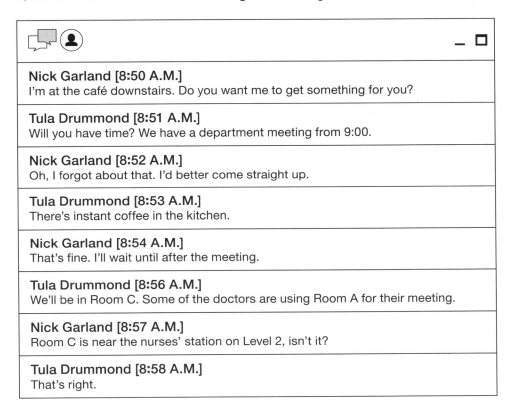

Nick Garland [8:50 A.M.]
I'm at the café downstairs. Do you want me to get something for you?

Tula Drummond [8:51 A.M.]
Will you have time? We have a department meeting from 9:00.

Nick Garland [8:52 A.M.]
Oh, I forgot about that. I'd better come straight up.

Tula Drummond [8:53 A.M.]
There's instant coffee in the kitchen.

Nick Garland [8:54 A.M.]
That's fine. I'll wait until after the meeting.

Tula Drummond [8:56 A.M.]
We'll be in Room C. Some of the doctors are using Room A for their meeting.

Nick Garland [8:57 A.M.]
Room C is near the nurses' station on Level 2, isn't it?

Tula Drummond [8:58 A.M.]
That's right.

29. At 8:51 A.M., why does Ms. Drummond write, "We have a department meeting from 9:00"?

(A) She cannot meet Mr. Garland at the café.

(B) She does not want Mr. Garland to be late.

(C) She needs Mr. Garland to give a presentation.

(D) She will take some notes for Mr. Garland.

30. Where do Mr. Garland and Ms. Drummond most likely work?

(A) At a pharmacy

(B) At a cleaning company

(C) At a hospital

(D) At a legal firm

▶ 解答・解説…別冊 p.042〜

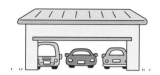

> # There are **some vehicles in the garage.**
>
> 車庫には数台の車があります。
>
> ☐ vehicle：車　☐ garage：車庫

There be 構文

　There be は「（…に）〜がいる・ある」という表現で、There be 構文と呼ばれます。There be 構文の**主語は be 動詞の後ろに続いている名詞**なので、be 動詞は主語に合わせます。be 動詞の後ろの人や物が単数であれば is / was、複数であれば are / were を使います。

There be 構文の肯定文

例 **There are some vehicles in the garage.**　　車庫には数台の車があります。

　この例文では There are の後ろに続く some vehicles が「**存在する物**」、in the garage が「**物が存在している場所**」を表しています。主語は be 動詞の後ろにある some vehicles なので、**be 動詞は are** を使います。

　some は「いくつかの」と訳されることが多いですが「はっきりとはわからない、ぼんやりとした」イメージを持つ単語です。「何台あるかははっきりとはわからないけれども車がある」、つまり「数台の車」という意味になります。

There be 構文の否定文

例 **There weren't any vehicles in the garage yesterday.**

　　昨日、車庫には 1 台の車もありませんでした。

　There be 構文では be 動詞が使われているため、**否定文は be 動詞＋not** を使って表します。この例文では**be 動詞の過去形 were** が使われているので、「**〜がありませんでした**」という意味になります。

　この例文にある**not any は**「1 つも〜ない」ことを表します。

There be 構文の疑問文

例 **Were there any vehicles in the garage yesterday?**

　　—Yes, there were. / No, there weren't.

　　昨日、車庫に車はありましたか。　—はい、ありました。／いいえ、ありませんでした。

　There be 構文の疑問文は、**There と be 動詞を入れ替えて**文末に「**?**」を付けて作ります。応答するときは、「**はい**」であれば Yes, there＋be 動詞.、「**いいえ**」であれば No, there＋be 動詞＋not. を使います。

1 （　　　）内の２つから、正しいものを選んでください。

POINT　There be 構文は be 動詞の後ろが主語です。

❶ There (is / are) a wheelbarrow in front of the door.
▶ ドアの前に手押し車があります。

❷ There (is / are) some people on the platform.
▶ 何人かの人たちがホームの上にいます。

❸ There (isn't / aren't) any coffee in the mug.
▶ マグカップにはまったくコーヒーは入っていません。

❹ (Is / Are) there any coffee in the mug?
　—No, there (isn't / aren't).
▶ マグカップにコーヒーは入っていますか。—いいえ、入っていません。

❺ (Was / Were) there any candidates in the lobby?
　—Yes, there (was / were).
▶ ロビーに候補者たちはいましたか。—はい、いました。

2 英文が日本語と同じ意味になるように、＿＿＿＿に適する語を入れてください。

❶ 水筒にはいくらかの水がありました。

＿＿＿＿＿ ＿＿＿＿＿ some water in the canteen.
▶ 主語が不可算名詞の場合、be 動詞は is / was が使われます。

❷ 小道の両側には、手すりがありました。

＿＿＿＿＿ ＿＿＿＿＿ railings on both sides of the path.
▶ 主語の数に注意してください。

❸ 車庫にはオートバイはありませんでした。

＿＿＿＿＿ ＿＿＿＿＿ a motorcycle in the garage.
▶ 短縮形を使って答えてください。また、時制にも注意してください。

❹ 電子レンジの下に、調理器具はありますか。 —いいえ、ありません。

＿＿＿＿＿ ＿＿＿＿＿ any cookware under the microwave?

—No, ＿＿＿＿＿ ＿＿＿＿＿.
▶ cookware は不可算名詞です。

音声 🔊 103

□ wheelbarrow	：手押し車	□ on both sides of	：〜の両側に
□ in front of	：〜の前に	□ path	：小道
□ platform	：（駅の）ホーム	□ motorcycle	：オートバイ
□ mug	：マグカップ	□ garage	：車庫
□ candidate	：候補者	□ cookware	：調理器具
□ canteen	：水筒	□ microwave	：電子レンジ
□ railing	：手すり		

> # Mr. Nakashima is as tall as Mr. Uemura.
>
> ナカシマさんはウエムラさんと同じくらいの背の高さです。
>
> ☐ **tall**：背が高い

原級の文

例 **Mr. Nakashima is as tall as Mr. Uemura.**

ナカシマさんはウエムラさんと同じくらいの背の高さです。

元の英文はMr. Nakashima is tall.「ナカシマさんは背が高い」です。**as＋形容詞＋as＋比較の対象**の語順で「〜と同じくらい（形容詞）」という意味になります。

例 **Mr. Nakashima swims as fast as Mr. Uemura.**

ナカシマさんはウエムラさんと同じくらい速く泳ぎます。

元の英文はMr. Nakashima swims fast.「ナカシマさんは速く泳ぐ」です。**as＋副詞＋as＋比較の対象**の語順で「〜と同じくらい（副詞）」という意味になります。

例 **You have as many books as he does.**

あなたは彼と同じくらいたくさんの本を持っています。

as＋形容詞＋名詞＋as＋比較の対象という語順で「〜と同じくらい（形容詞）な（名詞）」という意味になります。

原級の否定文

例 **Finlay is not as tall as Juice.** フィンレーはジュースほど背が高くはありません。

例 **Mr. Watanabe can't swim as fast as Mr. Takahashi.**

ワタナベさんはタカハシさんほど速く泳げません。

not＋as＋形容詞／副詞＋as＋比較の対象の語順で「〜ほど…ではない」という意味になります。

原級の疑問文

原級の疑問文の作り方は、be動詞や一般動詞の疑問文の作り方と同じです。

例 **Is Mr. Nakashima as tall as Mr. Uemura? —Yes, he is. / No, he isn't.**

ナカシマさんはウエムラさんと同じくらいの背の高さですか。 —はい、そうです。／いいえ、違います。

1 日本語に合うように、（　　　）内の２つから正しいものを選んでください。

❶ この問題はあの問題と同じくらい難しいです。

This problem is (as long as / as difficult as) that one.

▶ long：長い
difficult：難しい

❷ トウゴウさんはタカヤマさんと同じくらいたくさんの建物を設計しました。

Mr. Togo designed (as many jobs as / as many buildings as)
Mr. Takayama.

▶ job：仕事
building：建物

❸ あの小説はこの小説ほどおもしろくはありません。

That novel isn't (as easy as / as interesting as) this one.

▶ easy：簡単な
interesting：おもしろい

❹ あの車は私の車と同じくらい古いですか。 ―はい、古いです。

Is that automobile (as expensive as / as old as) mine?
―Yes, it is.

▶ expensive：高価な
old：古い

2 英文が日本語と同じ意味になるように、＿＿＿＿＿に適する語を入れてください。

❶ この道具はあの道具と同じくらい高価です。

This tool is ＿＿＿＿＿ ＿＿＿＿＿ ＿＿＿＿＿ that one.

▶ expensive：高価な

❷ 彼のプレゼンはあなたのプレゼンほど明瞭ではありませんでした。

His presentation ＿＿＿＿＿ ＿＿＿＿＿ ＿＿＿＿＿ as yours.

▶ clear：明瞭な

❸ その新しく採用された従業員は、彼の上司と同じくらい一生懸命働きます。

The newly hired employee works ＿＿＿＿＿ ＿＿＿＿＿

＿＿＿＿＿ his supervisor.

▶ hard：一生懸命に

❹ ヒロヨシはサトシと同じくらい速く走ることができますか。
　　―いいえ、できません。

Can Hiroyoshi run ＿＿＿＿＿ ＿＿＿＿＿ ＿＿＿＿＿ Satoshi?
―No, he can't.

▶ fast：速く

音声 🔊 106

□ problem	：問題	□ presentation	：プレゼン
□ novel	：小説	□ yours	：あなたのもの
□ automobile	：自動車	□ newly hired	：新しく採用された
□ mine	：私のもの	□ employee	：従業員
□ tool	：道具	□ supervisor	：上司

> # Taoola is taller than Tevita.
>
> タウラはテヴィタよりも背が高いです。
>
> □ **tall**：背が高い　□ **than**：〜よりも

比較級の文（原級＋-er）

例 **Taoola is taller than Tevita.**　タウラはテヴィタよりも背が高いです。

　元の英文はTaoola is tall.「タウラは背が高い」です。**形容詞／副詞の語尾に-erを付けて、後ろにthan＋比較の対象**の語順で単語を並べると「**〜よりも（形容詞／副詞）**」という意味になります。
　比較級の否定文や疑問文の作り方は、be動詞や一般動詞の疑問文の作り方と同じです。

例 **Taoola isn't taller than Tevita.**　タウラはテヴィタよりも背が高いわけではありません。

例 **Is Taoola taller than Tevita? —Yes, he is. / No, he isn't.**

　タウラはテヴィタよりも背が高いですか。　—はい、高いです。／いいえ、高くはありません。

比較級の文（more＋原級）

例 **Her car is more expensive than his.**　彼女の車は彼の車よりも値段が高いです。

　expensive「値段が高い」のように、**比較的つづりが長めの単語は、前にmoreを付けて**比較級を作ります。

比較級の文（不規則変化）

例 **Michiko likes coffee better than tea.**　ミチコは紅茶よりもコーヒーの方が好きです。

　このbetterは副詞wellの比較級です。このように**不規則変化**をする単語もあります。

原級	比較級	作り方
long	long**er**	原級＋**-er**
safe	saf**er**	eで終わる単語は語尾に＋**-r**
lucky	luck**ier**	子音＋yで終わる語は**yをiに変えて-er**を付ける
big	big**ger**	短母音＋子音で終わる語は**子音字を重ねて-er**
interesting	**more** interesting	比較的長めの単語は**more＋原級**
good / well	**better**	不規則変化

（📖 p.019 形容詞・副詞の比較変化形一覧）

1 日本語に合うように、(　　　)内の2つから正しいものを選んでください。

❶ ブロディは、ブライアンよりもずっと背が高いです。

Brody is much (older / taller) than Brian.

❷ この公園は、この地域のどの公園よりも美しいです。

This park is (bigger / more beautiful) than any other park in this region.

❸ あなたは彼女より疲れ果てているように見えます。

You look (more exhausted / more surprised) than her.

❹ その芸術作品は、この芸術作品よりも印象的ではありませんでした。

That artwork wasn't (more impressive / more expensive) than this one.

▶ old：年上の
tall：背が高い

▶ big：大きい
beautiful：美しい

▶ exhausted：疲れ果てている
surprised：驚いている

▶ impressive：印象的な
expensive：高価な

2 英文が日本語と同じ意味になるように、＿＿＿＿に適する語を入れてください。

❶ ジェリコさんは、彼よりも速く走ることができます。

Mr. Jericho can ＿＿＿＿ ＿＿＿＿ than him.

❷ ビジネスクラスのシートは、一般座席区域よりも快適です。

Business-class seats are ＿＿＿＿ ＿＿＿＿ ＿＿＿＿ seats in regular seating areas.

❸ このショーは、あのショーよりもおもしろくはありません。

This show ＿＿＿＿ ＿＿＿＿ ＿＿＿＿ than that one.

❹ この広告は、あの広告よりも魅力的ですか。　―はい、魅力的です。

Is this ad ＿＿＿＿ ＿＿＿＿ ＿＿＿＿ that one?
—Yes, it is.

▶ fast：速く

▶ comfortable：快適な

▶ interesting：おもしろい

▶ appealing：魅力的な

音声 🔊 109

□ much	：ずっと	□ look	：〜に見える
□ than	：〜よりも	□ artwork	：芸術作品
□ park	：公園	□ regular	：標準の
□ any other	：他のどの	□ seating area	：座席区域
□ region	：地域	□ ad	：広告

113

Mr. Umino is the tallest of the five.

ウミノさんはその5人の中で一番背が高いです。

□ **tall**：背が高い　　□ **of**：〜の中で

最上級の文（原級＋-est）

例 **Mr. Umino is the tallest of the five.**　ウミノさんはその5人の中で1番背が高いです。

　元の英文はMr. Umino is tall.「ウミノさんは背が高い」です。**形容詞 / 副詞の語尾に-estを付けて、その前にtheを付ける**ことで最上級を表します。最上級は「**最も（形容詞 / 副詞）**」という意味になります。

　後ろに**of＋複数名詞**を置くことによって「**〜の中で**」という比べる対象を表すことができます。ofの後ろには、**主語と「同じ仲間や種類」を表すもの**が続きます。

　最上級の否定文や疑問文の作り方は、be動詞や一般動詞の疑問文の作り方と同じです。

例 **Mr. Umino isn't the tallest of the five.**

　ウミノさんは5人の中で1番背が高いわけではありません。

例 **Is Mr. Umino the tallest of the five? ―Yes, he is. / No, he isn't.**

　ウミノさんは5人の中で1番背が高いですか。 ―はい、高いです。／いいえ、高くありません。

最上級の文（the most＋原級・不規則変化）

例 **This is the most famous café in this town.**　こちらはこの街で一番有名なカフェです。

　famous「有名だ」のように、**比較的つづりが長めの単語は、前にthe mostを付けて**最上級を作ります。「**どこの場所・範囲で**」一番なのかを表すときには、**in**を使います。

例 **He is the best singer in Japan.**　彼は日本で一番上手な歌手です。

　bestは形容詞good「よい」の最上級です。このように**不規則変化**をする単語もあります。

原級	最上級	作り方
long	long**est**	原級＋ -est
safe	saf**est**	eで終わる単語は語尾に＋-st
lucky	luck**i**est	子音＋yで終わる語はyをiに変えて-estを付ける
big	big**g**est	短母音＋子音で終わる語は子音字を重ねて-est
interesting	**most** interesting	比較的長めの単語はmost＋原級
good / well	**best**	不規則変化

（📖 p.019 形容詞・副詞の比較変化形一覧）

1 日本語に合うように、（　　　　）内の 2 つから正しいものを選んでください。

❶ コンドウさんはこのチームの中で最も才能のある人です。

Ms. Kondo is the (youngest / most talented) person on the team.

▶ young：若い
talented：才能のある

❷ ジャックは昨年の最優秀バスケットボール選手でした。

Jack was the (tallest / most valuable) basketball player last year.

▶ tall：背が高い
valuable：価値のある

❸ このガイドブックは初心者にとって一番よいものというわけではありません。

This guidebook isn't the (oldest / best) for novices.

▶ old：古い
best：一番よい (good の比較級)

❹ これは最もエネルギー効率のよい冷蔵庫ですか。 ―いいえ、違います。

Is this the (biggest / most) energy-efficient refrigerator?
—No, it isn't.

▶ big：大きい

2 英文が日本語と同じ意味になるように、＿＿＿＿ に適する語を入れてください。

❶ *Finding Taro* は、昨年アメリカで最も称賛された映画でした。

Finding Taro was ＿＿＿＿＿ ＿＿＿＿＿ ＿＿＿＿＿ movie in the U.S. last year.

▶ acclaimed：称賛された

❷ 昨日キダニさんは、私たちに最も簡単な解決策を教えてくれました。

Yesterday Mr. Kidani told us ＿＿＿＿＿ ＿＿＿＿＿ solution.

▶ easy：簡単な

❸ アベさんはその会社で一番よい検査官というわけではありませんでした。

Mr. Abe wasn't ＿＿＿＿＿ ＿＿＿＿＿ inspector at that company.

▶ best：一番よい (good の比較級)

❹ グローブホテルは東京で最も有名なホテルですか。 ―はい、そうです。

Is Grove Hotel Tokyo's ＿＿＿＿＿ ＿＿＿＿＿ hotel?
—Yes, it is.

▶ famous：有名な

音声 🔊 112

☐ person	: 人	☐ tell A B	: A に B を教える
☐ guidebook	: ガイドブック	☐ solution	: 解決策
☐ novice	: 初心者	☐ inspector	: 検査官
☐ energy-efficient	: エネルギー効率のよい	☐ company	: 会社
☐ refrigerator	: 冷蔵庫		

◤ Part 1

▶ 問題タイプと解答のコツ…p.031～

以下の写真について、それぞれ4つの説明文を聞きます。
写真の内容を最も適切に描写しているものを (A)～(D) から選んでマークしてください。

31.

32.

1つの問いかけや発言と、それに対する3つの応答を聞きます。
問いかけや発言に対して最も適切な応答を(A)〜(C)から選んでマークしてください。

33. Mark your answer on your answer sheet.

34. Mark your answer on your answer sheet.

35. Mark your answer on your answer sheet.

▶ 解答・解説…別冊 p.044〜

This vehicle was used by Tetsuya.

この車はテツヤによって使われました。

☐ **vehicle**：乗り物　☐ **use**：〜を使う　☐ **by**：〜によって

受動態

　be動詞＋過去分詞を使って表し、「**（主語が）〜される**」ということを表す受け身の文を**受動態**と呼びます（これまで学んできた文の形は能動態と呼びます）。過去分詞は、動詞の活用の1つで「**〜される・された**」という意味です。

　以下は、頻出の過去分詞の例です（📖 **p.020** 不規則動詞の活用形一覧）。

原形	過去分詞	過去分詞の意味
play	played	される（た）・演奏される（た）
use	used	使われる（た）
speak	spoken	話される（た）
know	known	知られる（た）

原形	過去分詞	過去分詞の意味
study	studied	勉強される（た）
watch	watched	見られる（た）
read	read	読まれる（た）
write	written	書かれる（た）

受動態の文

例 **This vehicle was used by Tetsuya.**　この車はテツヤによって使われました。

　能動態の文は、Tetsuya used this vehicle.「テツヤはこの車を使いました」のように、主語＋動詞＋目的語＋αの順序で作りました。受動態ではthis vehicleが主役になるので、それを主語にし、動詞を**be動詞＋過去分詞**にします。**byを使って**「**〜によって**」という意味を加えることができます。

例 **This vehicle was being used by Tetsuya.**

　この車はテツヤによって使われている最中でした。

　be動詞＋being＋過去分詞は「**〜されている最中だ**」という「受動態の進行形」を表します。

受動態の否定文と疑問文

否定文と疑問文の作り方はbe動詞の文と同じです。

例 **This vehicle wasn't used by Tetsuya.**　この車はテツヤによって使われませんでした。

例 **Was this vehicle used by Tetsuya? —Yes, it was. / No, it wasn't.**

　この車はテツヤによって使われましたか。　—はい、使われました。／いいえ、使われませんでした。

1 （　　　）内の２つから、正しいものを選んでください。

POINT 🎯 受動態は be 動詞＋過去分詞で表します。

❶ A ladder (props / is propped) against the wall.

❷ The man's sleeves are (rolled up / rolling up).

❸ The roof of my house is (repairing / being repaired).

❹ Are some potted plants (suspending / suspended) above the shelf?
　—Yes, they are.

▶ はしごが壁に立てかけられています。
prop：～を立てかける
▶ 男性の（服の）袖がまくり上げられています。
roll up：～をまくり上げる
▶ 私の家の屋根は修理されている最中です。
repair：～を修理する
▶ いくつかの鉢植えが棚の上に吊られていますか。
—はい、吊られています。
suspend：～を吊るす

2 英文が日本語と同じ意味になるように、＿＿＿＿ に適する語を入れてください。

❶ 小道は掃除されている最中でした。

The path ＿＿＿＿＿＿ ＿＿＿＿＿＿ ＿＿＿＿＿＿.

▶ clean：～を掃除する

❷ ２つのカバンが自転車の上に取り付けられています。

Two bags ＿＿＿＿＿＿ ＿＿＿＿＿＿ on the bike.

▶ mount：～を取り付ける

❸ ポスターは壁に貼られていません。

The poster ＿＿＿＿＿＿ ＿＿＿＿＿＿ to the wall.

▶ 短縮形を使って解答しましょう。
▶ attach：～を貼りつける

❹ 窓台にいくつかの花瓶が置かれていますか。
　—いいえ、置かれていません。

＿＿＿＿＿＿ the vases ＿＿＿＿＿＿ on the windowsill?
—No, they aren't.

▶ place：～を置く

音声 🔊 120

☐ ladder	：はしご	☐ above	：～の上方に
☐ against	：～に寄せて	☐ shelf	：棚
☐ wall	：壁	☐ path	：小道
☐ sleeve	：（服の）袖	☐ vase	：花瓶
☐ roof	：屋根	☐ windowsill	：窓台
☐ potted plant	：鉢植えの植物		

> # Eddie **has** already finished **the task.**
>
> エディーはすでにその仕事を終えてしまいました。
>
> ☐ already：すでに ☐ task：仕事

現在完了形（完了・結果）の肯定文

例 **Eddie has already finished the task.**

　エディーはすでにその仕事を終えてしまいました。

　現在完了形は**have（主語が三人称単数のときはhas）＋過去分詞**を使って表します。現在完了形は「過去と現在の状況のつながり」を表し、「**〜してしまった」や「〜したところだ」という完了・結果の意味**を表します。

　過去形finished the taskは「仕事を終えた」という過去のある時点における単なる事実を表しますが、has finished the taskとすると「過去に開始した仕事が、今の時点でやり終わっている」という意味になります。

　alreadyは「すでに」という意味の副詞で、has finishedを説明しています。alreadyを置く位置はhave / hasと過去分詞の間になります。

例 **Iyo's just finished her report.**　イヨはちょうど報告書を仕上げたところです。

　justは「ちょうど」という意味の副詞で、alreadyと同じくhaveと過去分詞の間において使います。
　現在完了形のhaveは**I've / You've / He's / Iyo's**のように主語とくっつけて短縮することができます。

現在完了形（完了・結果）の否定文

例 **I haven't finished my homework yet.**　私はまだ宿題を終えていません。

　現在完了形の否定文は、**have / has not＋過去分詞**を使って表します。have / has notの部分は**haven't / hasn't**という短縮形を使って表すこともできます。
　文末にある**yetは、否定文では「まだ」、疑問文では「もう」という意味になる副詞**です。

現在完了形（完了・結果）の疑問文

例 **Have you finished your breakfast yet?**

　—Yes, I have. / No, I haven't.

　あなたはもう朝食を済ませましたか？ —はい、済ませました。／いいえ、済ませていません。

　現在完了形の疑問文は、**Have / Has＋主語＋過去分詞＋α？**の順序で作ります。「**はい」ならYes, ＋主語＋have / has.**、「**いいえ」ならNo, ＋主語＋haven't / hasn't.**で応答します。

1 日本語に合うように、（　　　）内の 2 つから正しいものを選んでください。

❶ そのジャーナリストはアメリカに行ってしまいました。

The journalist (has went / has gone) to the U.S.

❷ その評論家はちょうどその新しい映画を観たところです。

▶ watch：〜を見る

The critic (watched / has just watched) the new movie.

❸ 私はまだリビングの掃除をしていません。

▶ clean：〜の掃除をする

I (haven't cleaning / haven't cleaned) the living room yet.

❹ あなたはもうその雑誌を読みましたか。 ―はい、読みました。

▶ read の過去分詞は read です。

(Have / Do) you read the magazine yet?

―Yes, I (have / do).

❺ あなたはもうその講座を終えましたか。 ―いいえ、終えていません。

(Have / Do) you finished the course yet?

―No, I (haven't / don't).

2 英文が日本語と同じ意味になるように、_____ に適する語を入れてください。

❶ ローデスさんはスマートフォンをなくしてしまいました。

▶ lose「〜をなくす」過去分詞：lost

Mr. Rhodes _____ _____ his smartphone.

❷ 私のノートパソコンは、すでに修理されました。

▶ 現在完了形の受動態は have / has been＋過去分詞を使って表します。

My laptop _____ _____ _____ repaired.

❸ カザリアンさんは、まだ彼の持ち金のすべてを使いきってはいません。

▶ 短縮形を使って解答してください。
spent：spend「〜を費やす」の過去分詞

Mr. Kazarian _____ _____ all his money _____.

❹ 彼らはもう引っ越しましたか。 ―いいえ、引っ越してはいません。

▶ move out：引っ越す

_____ they _____ out yet?

―No, they _____.

音声 🔊 123

☐ journalist	：ジャーナリスト	☐ course	：講座
☐ critic	：評論家	☐ smartphone	：スマートフォン
☐ living room	：リビング	☐ laptop	：ノートパソコン
☐ magazine	：雑誌	☐ repair	：〜を修理する
☐ finish	：〜を終える		

Jake has visited Osaka twice.

ジェイクは２回大阪を訪れたことがあります。

☐ **visit**：〜を訪れる ☐ **twice**：２回

現在完了形（経験）の肯定文

例 **Jake has visited Osaka twice.** ジェイクは２回大阪を訪れたことがあります。

　現在完了形は「**〜したことがある**」という**経験の意味**を表すこともあります。have visitedは「訪れたことがある」という意味になります。文末の**twice**は「**２回**」という意味の**副詞**です。現在完了形の経験を表す文では、以下のような「回数や頻度を表す副詞」が一緒に使われることが多いです。

☐ **once**　：１回	☐ **twice**：２回	☐ **three times**：３回	☐ **many times**：何回も
☐ **before**：以前に	☐ **ever**　：今までに	☐ **never**　　：一度もない	☐ **often**　　：しばしば

現在完了形（経験）の否定文

例 **Jake has never visited Osaka.** ジェイクは大阪を訪れたことが一度もありません。

　notの代わりに**never**をhave＋過去分詞の間に置くと、「**一度もない**」という強い否定を表します。

現在完了形（経験）の疑問文

例 **Has Jake ever visited Osaka? —Yes, he has. / No, he hasn't.**

　ジェイクは今までに大阪を訪れたことがありますか。はい、あります。／いいえ、ありません。

　everは過去分詞の前に置き、「**今までに**」という意味を添えています。また、疑問文では**how many times**「**何回**」、**how often**「**どのくらいの頻度で**」のように疑問詞のhowもしばしば使われます。

現在完了形（経験）の文（**have been to**を使った文）

例 **Jake has been to Osaka.** ジェイクは大阪に行ったことがあります。

　have been toは「**〜に行ったことがある**」という経験を表し、have visitedとほぼ同じような意味になります。**have gone to**は「**〜に行ってしまった（今、ここにはいない）**」という完了の意味を表します。

例 **Jake has gone to Osaka.** ジェイクは大阪に行ってしまった。

1　日本語に合うように、（　　）内の2つから正しいものを選んでください。

❶ 彼は以前に3人前の牛丼を食べたことがあります。

He (ate / has eaten) enough beef bowl for three people before.

▶ eaten：eat「〜を食べる」の過去分詞

❷ ジェフはこの受賞した映画を3回観たことがあります。

Jeff (saw / has seen) this award-winning movie three times.

▶ seen：see「〜を見る」の過去分詞

❸ 私はこんなに美しい景色を見たことがありません。

I've never (saw / seen) such beautiful scenery.

▶ I've は I have の短縮形です。

❹ ミライは今までに飛行機を操縦したことがありますか。 ―はい、あります。

Has Mirai ever (fly / flown) an airplane?

―Yes, she has.

▶ flown：fly「〜を操縦する」の過去分詞

2　英文が日本語と同じ意味になるように、＿＿＿＿ に適する語を入れてください。

❶ ケニーとコウタは世界中を旅行したことがあります。

Kenny and Kota ＿＿＿＿＿＿ ＿＿＿＿＿＿ all over the world.

▶ travel：旅行する

❷ 私はその美術館を何回も訪れたことがあります。

I ＿＿＿＿＿＿ ＿＿＿＿＿＿ the art museum many times.

▶ visit：〜を訪れる

❸ コサカイさんは一度も地元の公民館を訪れたことがありません。

Ms. Kosakai ＿＿＿＿＿＿ ＿＿＿＿＿＿ ＿＿＿＿＿＿ the local community center.

❹ あなたは何回台湾に行ったことがありますか。 ―3回です。

How many times ＿＿＿＿＿＿ you ＿＿＿＿＿＿ ＿＿＿＿＿＿ Taiwan?

―Three times.

▶ 疑問詞つきの疑問文は、疑問詞＋have / has＋主語＋過去分詞＋α? の語順になります。

音声 🔊 126

□ beef bowl	: 牛丼	□ all over the world	: 世界中で
□ award-winning	: 受賞している	□ art museum	: 美術館
□ such＋形容詞	: こんなに〜な	□ local	: 地元の
□ scenery	: 景色	□ community center	: 公民館
□ airplane	: 飛行機		

> # Katsuya has used this motorcycle for ten years.
>
> カツヤはこのオートバイを10年間使っています。
>
> ☐ motorcycle：オートバイ　☐ for：〜の間

現在完了形（継続）の肯定文

例 **Katsuya has used this motorcycle for ten years.**

　　カツヤはこのオートバイを10年間使っています。

　現在完了形は「**ずっと〜している**」**という継続の意味**を表すこともあります。have usedは「ずっと使っている」という意味になります。

現在完了形（継続）の文における for と since の使い方

例 **Tetsuya has been busy for a week.**　テツヤは1週間ずっと忙しい。

例 **Tetsuya has been busy since last month.**　テツヤは先月からずっと忙しい。

例 **Tetsuya has been busy since he came to Hiroshima.**

　　テツヤは広島に来て以来ずっと忙しい。

　for＋期間で「〜**の間**」を表すことができます。**since**「〜**以来**」は、後ろに「過去のある時点を表す名詞」や「主語＋動詞（過去形）＋α」を置くことができます。

現在完了形（継続）の否定文

例 **Katsuya hasn't used this motorcycle for ten years.**

　　カツヤはこのオートバイを10年間使っていません。

現在完了形（継続）の疑問文

例 **How long has Katsuya used this motorcycle?**

　　—**He has used it since he was a high school student.**

　カツヤはこのオートバイをどのくらいの間使っていますか？
　—彼はそれを高校生だった頃からずっと使っています。

　How longは「**どのくらいの間**」という意味で、疑問文の文頭に置いて期間を尋ねるときに使います。

1 日本語に合うように、(　　　)内の2つから正しいものを選んでください。

❶ ナイトウさんは長い間ずっと忙しいです。

Mr. Naito (is / has been) busy for a long time.

❷ 私はその起業家のことを、彼女が若かった頃から知っています。

I (knew / have known) the entrepreneur since she was young.

❸ あなたはこのプロジェクトに2か月間取り組んでいますか。
　　―はい、取り組んでいます。

Have you (working / worked) on this project for two months?
—Yes, I have.

❹ 彼はどのくらいの間フランス語を勉強していますか。　―約10年間です。

How (far / long) has he studied French?
—For about a decade.

▶ been：be 動詞の過去分詞

▶ known：know「〜を知っている」の過去分詞

▶ work on：〜に取り組む

▶ how far：どのくらいの距離
how long：どのくらいの期間

2 英文が日本語と同じ意味になるように、＿＿＿＿ に適する語を入れてください。

❶ 私はシドニーに10年間住んでいます。

＿＿＿＿＿＿ ＿＿＿＿＿＿ in Sydney ＿＿＿＿＿＿ ten years.

❷ ケンタは1週間病気で寝ています。

Kenta ＿＿＿＿＿＿ ＿＿＿＿＿＿ sick in bed ＿＿＿＿＿＿ a week.

❸ 先週から東京では雨が降っていません。

It ＿＿＿＿＿＿ ＿＿＿＿＿＿ in Tokyo ＿＿＿＿＿＿ last week.

❹ あなたは子どもの頃からこのノートパソコンを使っていますか。
　　―はい、使っています。

＿＿＿＿＿＿ you ＿＿＿＿＿＿ this laptop ＿＿＿＿＿＿ you were a

child? —Yes, I ＿＿＿＿＿＿.

▶ 短縮形を使って解答してください。

▶ be sick in bed：病気で寝ている
been：be 動詞の過去分詞

▶ rain：雨が降る

▶ use：〜を使う

音声 🔊 129

☐ busy	：忙しい	☐ French	：フランス語
☐ for a long time	：長い間	☐ decade	：10年間
☐ entrepreneur	：起業家	☐ Sydney	：シドニー
☐ young	：若い	☐ laptop	：ノートパソコン
☐ project	：プロジェクト	☐ child	：子ども

> # Ms. Kamitani has been studying since 10:00 A.M.
>
> カミタニさんは、午前10時からずっと勉強し続けています。
>
>
>
> □ since：〜以来

現在完了進行形

例 **Ms. Kamitani has been studying** since 10:00 A.M.

カミタニさんは、午前10時からずっと勉強し続けています。

現在完了進行形は **have / has＋been＋do**ing で、「**ずっと〜している**」という意味になります。have been studying は、「午前10時に『勉強する』という動作を始めて、今もまだ続けている」ということを表しています。

継続を表す現在完了形は、過去から現在まで「ある状態が続いていること」を表しますが、現在完了進行形は、**過去から現在まで「ある動作が続いていること」**を表します。長期にわたって続く動作については、継続を表す現在完了形が使われることが多いです。

例 She **hasn't watched** a video on YouTube since last month.

彼女は先月からユーチューブの動画を見ていません。

「ずっと〜していない」という否定の意味を表す場合は、原則として**現在完了進行形は使わず、現在完了形の否定文**で表します。

現在完了進行形の疑問文

例 **Has** she **been watching** videos on YouTube?

—**Yes**, she **has. / No**, she **hasn't.**

彼女はずっとユーチューブの動画を見続けていますか。
—はい、見続けています。／いいえ、見続けていません。

現在完了進行形の疑問文は **Have / Has＋主語＋been＋動詞のing形＋α？**を使って表します。「**はい**」なら **Yes, ＋主語＋have / has.**で、「**いいえ**」なら **No, ＋主語＋haven't / hasn't.**で応答します。

例 **How long has** she **been watching** videos on YouTube?

—**For** about two hours.

彼女はどのくらいの間ユーチューブの動画を見続けていますか。—約2時間です。

How long を使って「**どのくらいの間〜していますか？**」と尋ねることもできます。答えるときは、for や since などの表現を使います。

1 （　　）内の 2 つから、正しいものを選んでください。

POINT 現在完了進行形は have / has＋been＋動詞の ing 形で表します。

❶ The man has been (playing / played) an instrument since early morning.

▶ その男性は、早朝からずっと楽器を弾き続けています。

❷ The woman has been (looking / looked) for her purse since yesterday.

▶ その女性は、昨日からずっと彼女の財布を探し続けています。
look for：〜を探す

❸ Yoshie has been (watching / watched) TV for three hours.

▶ ヨシエは、3 時間ずっとテレビを見続けています。

❹ Have you (are / been) working at this hotel as a receptionist?
　—Yes, I have.

▶ あなたは受付係としてこのホテルでずっと働き続けていますか。—はい、働き続けています。

2 英文が日本語と同じ意味になるように、＿＿＿＿ に適する語を入れてください。

❶ タケダさんは、お昼からずっとバスケットボールの練習をし続けています。

▶ practice：〜の練習をする

Mr. Takeda ＿＿＿＿ ＿＿＿＿ ＿＿＿＿ basketball since noon.

❷ 私たちは、2 時間ワタナベさんを待ち続けています。

▶ wait for：〜を待つ

We ＿＿＿＿ ＿＿＿＿ ＿＿＿＿ for Mr. Watanabe for two hours.

❸ 私の上司はどのくらいの間顧客と話し続けていますか。 —約 2 時間です。

▶ how long：どのくらいの間

＿＿＿＿ ＿＿＿＿ ＿＿＿＿ my supervisor ＿＿＿＿ talking with the client? —For about two hours.

❹ 彼女は今朝からずっと写真を撮り続けていますか。
　—いいえ、撮り続けていません。

＿＿＿＿ she ＿＿＿＿ taking pictures since this morning?

—No, she ＿＿＿＿.

音声 ◀)) 132

□ instrument	：楽器	□ noon	：正午
□ early morning	：早朝	□ supervisor	：上司
□ purse	：財布	□ talk with	：〜と話をする
□ hour	：時間	□ client	：顧客
□ receptionist	：受付係	□ take a picture	：写真を撮る

▰ Part 3

▶ 問題タイプと解答のコツ…p.054〜

会話を聞き、3つの設問に答えます。それぞれの設問について最も適切な答えを (A)〜
(D) から選んでマークしてください。

---

36. What does the man have a ticket for?

(A) A film
(B) A sporting event
(C) A concert
(D) An art exhibition

Member Discounts	
Diamond	30% off
Gold	20% off
Silver	10% off
Bronze	5% off

37. What will the woman do on the weekend?

(A) Work on an important project
(B) Visit some family members
(C) Do some gardening
(D) Go on a business trip

39. Where is the conversation taking place?

(A) At a car dealership
(B) At a conference center
(C) At a museum
(D) At a department store

38. What does the man say he will do?

(A) Send an e-mail
(B) Cancel his reservation
(C) Speak with a coworker
(D) Read a review

40. What problem does the man mention?

(A) A computer is malfunctioning.
(B) A coworker is late.
(C) Some parts have not arrived.
(D) Prices have increased.

41. Look at the graphic. What discount is the woman eligible for?

(A) 30 percent
(B) 20 percent
(C) 10 percent
(D) 5 percent

トークを聞き、3つの設問に答えます。それぞれの設問について最も適切な答えを(A)～(D)から選んでマークしてください。

---

42. What is happening in the building?

(A) Its alarm system is being replaced.
(B) Some new flooring is being installed.
(C) An expert is leading a workshop.
(D) A safety inspection is being carried out.

43. When will the work be finished?

(A) On Tuesday
(B) On Wednesday
(C) On Thursday
(D) On Friday

44. What are listeners reminded to do?

(A) Wear their identification badges
(B) Attend a product demonstration
(C) Park in their assigned parking spaces
(D) Fill out an incident report form

45. What has been ordered?

(A) A limousine service
(B) Some food items
(C) Some bed linen
(D) Flower arrangements

46. What problem does the speaker mention?

(A) Some products were damaged.
(B) A delivery was not made on time.
(C) An address was wrong.
(D) A reservation was canceled.

47. What does the speaker mean when she says, "I'll be in a meeting from three"?

(A) She has just checked her schedule.
(B) Her colleague will handle a problem.
(C) Her office will be available for cleaning.
(D) She cannot take a call after three o'clock.

▶ 解答・解説…別冊 p.046～

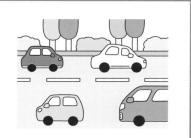

> ## There are some cars running on the street.
>
> 通りを走っている車が数台あります。
>
> □ **on the street**：通りに

現在分詞が名詞を修飾する文

例 **There are some cars running on the street.**

通りを走っている車が数台あります。

現在分詞 (*doing*)「〜している」を使って、「**名詞が何をしているのか**」を表すことができます。**現在分詞単独の場合は名詞の前**に置いて、**現在分詞＋αの場合は名詞の後ろ**に置いて名詞を説明します。

現在分詞running「走っている」を、名詞car「車」の前に置くとa running car「走っている車」という意味になります。上の例文にあるsome cars running on the street「通りを走っている車」は、running on the street「通りを走っている」というing形＋αのカタマリが名詞cars「車」を後ろから説明しています。

現在分詞＋名詞のパターン

例 **There is a singing bird.**　鳴いている鳥がいます。

この例文では現在分詞のsinging「鳴いている」が、bird「鳥」が「どのような状態なのか」を前から指定しています。singingは現在分詞ですが、名詞のbirdを修飾しているので品詞的には**形容詞**だと考えてください。

名詞＋現在分詞＋αのパターン

例 **There is a man walking in the park.**　公園を歩いている男性がいます。

walking in the parkは現在分詞＋αのカタマリで、「公園を歩いている」という意味です。この現在分詞＋αのカタマリが「男性の状態」を説明しています。

名詞＋現在分詞のパターン

例 **The station was crowded with people arriving.**

駅はやってくる人たちで混雑していました。

名詞のpeople「人々」を現在分詞のarriving「到着している」が後ろから単独で修飾しています。多くの場合、分詞単独では名詞を前から修飾し、分詞＋αは名詞を後ろから修飾します。ですが、このように**分詞が単独で名詞を後ろから修飾する**こともあります。

1 （　　　）内の2つから正しいものを選んでください。

POINT 現在分詞（ing 形）は形容詞的に名詞を修飾します。

❶ The man was looking at the (fall / falling) leaves.

❷ The woman (read / reading) a newspaper is my relative.

❸ The movie (inspires / inspiring) me to try harder.

❹ The man (complains / complaining) about the problem is my subordinate.

▶ 男性は落ち行く葉っぱを見ていました。
fall：落ちる
▶ 新聞を読んでいる女性は私の親戚です。
▶ その映画は私にもっと頑張ろうという気持ちを持たせてくれます。
inspire：〜を動機づける
▶ その問題について文句を言っている男性は、私の部下です。
complain：文句を言う

2 英文が日本語と同じ意味になるように、＿＿＿＿に適する語を入れてください。

❶ その走っている車は、フクダさんの車です。

The ＿＿＿＿＿＿ vehicle ＿＿＿＿＿＿ Ms. Fukuda's.

▶ run：走る

❷ 眼鏡をかけている男性は、私の甥です。

The man ＿＿＿＿＿ ＿＿＿＿＿ ＿＿＿＿＿ my nephew.

▶ wear：〜を着用している
glasses：眼鏡

❸ 通りには楽器を弾いている何人かの人たちがいます。

There are some people ＿＿＿＿＿ ＿＿＿＿＿ on the street.

▶ instruments：楽器

❹ 窓ガラスを拭いている男性は、サトウさんです。

The man ＿＿＿＿＿ the ＿＿＿＿＿ is Mr. Sato.

▶ wipe：〜を拭く
window：窓

❺ お互いにあいさつをしている男性たちは、私たちの（会社の）最高経営責任者と市長です。

The men ＿＿＿＿＿ each other ＿＿＿＿＿ our CEO and the mayor.

▶ greet：〜にあいさつをする

音声 🔊 139

□ look at	：〜を見る	□ vehicle	：乗り物
□ leaves	：leaf「葉っぱ」の複数形	□ nephew	：甥
□ relative	：親戚	□ each other	：お互い
□ try hard	：一生懸命頑張る	□ CEO	：最高経営責任者
□ problem	：問題	□ mayor	：市長
□ subordinate	：部下		

16

Mr. Komatsu repaired the broken window.

コマツさんは壊れた窓を修理しました。

☐ **repair**：〜を修理する　　☐ **broken**：break「〜を壊す」の過去分詞

過去分詞が名詞を修飾する文

　過去分詞「**〜された**」を使って、「**名詞が何をされたのか**」を表すことができます。**過去分詞単独の場合は名詞の前**に置いて、**過去分詞＋αの場合は名詞の後ろ**に置いて名詞を説明します。過去分詞は現在分詞と同様に、文中では名詞を修飾する形容詞的な役割を果たします。

過去分詞＋名詞のパターン

例 **Mr. Komatsu repaired the broken window.**

コマツさんは壊れた窓を修理しました。

　the broken window「壊された窓＝壊れた窓」は、過去分詞のbroken「壊された」が、名詞 window「窓」がどのような状態なのかを前から指定しています。brokenは過去分詞ですが、名詞のwindowを修飾しているので品詞的には**形容詞**だと考えてください。

名詞＋過去分詞＋αのパターン

例 **This is the window broken by Mr. Tanaka.**

これはタナカさんによって壊された窓です。

　the window broken by Mr. Tanaka「タナカさんによって壊された窓」は、broken by Mr. Tanaka、「タナカさんによって壊された」という過去分詞＋αのカタマリが、名詞window「窓」の状態を後ろから説明しています。

名詞＋過去分詞のパターン

例 **The product advertised is sold at all our stores.**

広告の商品は、私どものすべての店舗で販売されます。

　名詞のthe product「商品」を過去分詞のadvertised「広告されている」が後ろから単独で修飾しています。多くの場合、分詞単独では名詞を前から修飾し、分詞＋αは名詞を後ろから修飾しますが、現在分詞も過去分詞も、このように**単独で名詞を後ろから修飾する**ことがあります。

1 （　　　）内の２つから正しいものを選んでください。

POINT 過去分詞は形容詞的に名詞を修飾します。

❶ The actress (calling / called) Keito was very beautiful.

▶ ケイトと呼ばれるその女優は、とても美しかったです。
call A B：A を B と呼ぶ

❷ This is a book (writing / written) in Spanish.

▶ この本はスペイン語で書かれています。

❸ The potted plants (suspend / suspended) above the shelf are discolored.

▶ 棚の上に吊られている鉢植えの植物は、色褪せています。
suspend：～を吊るす

❹ The air-conditioner (mounting / mounted) on the wall is brand-new.

▶ 壁に取り付けられているエアコンは、新品です。
mount：～を取り付ける

2 英文が日本語と同じ意味になるように、＿＿＿に適する語を入れてください。

❶ そこにビニールに包まれたいくつかの箱があります。

There ＿＿＿＿ some boxes ＿＿＿＿ in plastic over there.

▶ wrap：～を包む

❷ 与えられた４つの選択肢から正解を選んでください。

Please select the correct answer from the four choices ＿＿＿＿.

▶ given：give「～を与える」の過去分詞

❸ 丸椅子に座っている女性はマヤです。

The woman ＿＿＿＿ on the stool ＿＿＿＿ Maya.

▶ seat：～を座らせる

❹ ノブオは壊れた芸術作品を見てショックを受けました。

Nobuo was shocked to ＿＿＿＿ the ＿＿＿＿ artwork.

▶ broken：break「～を壊す」の過去分詞

❺ 私たちは船に結ばれているいくつかのロープを見ることができます。

We can ＿＿＿＿ several ropes ＿＿＿＿ to a ship.

▶ tie：～を結ぶ

音声 🔊 142

☐ actress	：女優	☐ plastic	：ビニール
☐ Spanish	：スペイン語	☐ select	：～を選ぶ
☐ potted plant	：鉢植えの植物	☐ correct answer	：正解
☐ above	：～の上方に	☐ choice	：選択肢
☐ shelf	：棚	☐ stool	：丸椅子
☐ discolored	：色褪せている	☐ shocked	：ショックを受けて
☐ air-conditioner	：エアコン	☐ artwork	：芸術作品
☐ brand-new	：新品の	☐ several	：いくつかの

> # This is the window that Mr. Tanaka broke.
>
> これはタナカさんが壊した窓です。
>
>
>
> ☐ window：窓　☐ broke：〜を壊した

関係代名詞の that

例 **This is the window that Mr. Tanaka broke.**　これはタナカさんが壊した窓です。

　「これは窓です」＋**that**「どんな窓かというと」＋「タナカさんが壊した（窓です）」という構成の文です。関係代名詞のthatは代名詞なので**一度登場した名詞（先行詞）を指します**。ここでは直前にある the windowのことを指しています。このthatは、元はbrokeの目的語なので**目的格の that**と呼ばれます。これは**省略することも可能**です。

例 **She has a friend that lives in Korea.**　彼女は韓国に住んでいる友人がいます。

　「彼女には友人がいます」＋**that**「どんな友人かというと」＋「韓国に住んでいる（友人です）」という構成です。関係代名詞のthatは、ここではa friendのことを指していて、lives in Koreaの主語になっています。このようにthat節の中で主語になっているものを**主格の that**と呼びます。

関係代名詞の who

例 **I know a man who is a high school teacher.**

　私は高校の先生をしている男性を知っています。

　「私は男性を知っています」＋**who**「誰のことかというと」＋「高校の先生をしている（男性です）」という構成です。関係代名詞のwhoは、ここではa manのことを指していて、is a high school teacherの主語になっています。このwhoは**主格の who**と呼ばれ、**先行詞が人のとき**に使います。このwhoは**thatに置き換えることが可能**です。

関係代名詞の whom

例 **The man whom I met yesterday was Mr. Nagata.**

　私が昨日会った男性はナガタさんでした。

　The man / whom / I met yesterdayは、「その男性」＋**whom**「誰のことかというと」＋「私が昨日会った（男性です）」という構成で、このカタマリが文全体の主語になっています。関係代名詞のwhomは、ここではThe manを指していて、whomを含む節の中でmetの目的語となっています。
　whomは目的格で、**先行詞が人のとき**に使います。目的格のthatと同様に**省略することができ**、**thatに置き換えることも可能**です。

1 （　　　）内の 2 つから、正しいものを選んでください。

POINT 🗣 文法の観点から正しい方を選んでください。

❶ We should go over the decisions (who / that) were made in the meeting this morning.

▶ 私たちは、今朝の会議での決定を見直すべきです。

❷ FKC is a nonprofit organization (whom / that) supports agricultural workers in this region.

▶ FKC は、この地域の農業従事者をサポートする非営利団体です。

❸ The woman (who / whom) helped me was Ms. Hojo.

▶ 私を手伝ってくれた女性はホウジョウさんです。

❹ The man (whose / whom) I met in London was Mr. Makabe.

▶ 私がロンドンで会った男性は、マカベさんでした。

2 英文が日本語と同じ意味になるように、＿＿＿＿＿ に適する語を入れてください。

❶ あなたが昨日された注文について、私は BB Appliances からお電話を差し上げています。

▶ order と place の主述関係に注意してください。

I'm calling from BB Appliances about the order ＿＿＿＿＿＿＿＿

＿＿＿＿＿＿＿＿ placed yesterday.

❷ ナカムラさんは、この会社の他のどの部長よりも称賛されている部長です。

▶ manager と admire の主述関係に注意してください。

Mr. Nakamura is a manager ＿＿＿＿＿＿ ＿＿＿＿＿＿ more admired than any other manager at this company.

❸ 10 年間配送部門を管理しているカナザキさんに、あなたは尋ねるべきです。

▶ run：〜を管理する
▶ 現在完了形を使います。

You should ask Ms. Kanazaki, ＿＿＿＿＿＿ ＿＿＿＿＿＿ ＿＿＿＿＿＿ the distribution department for ten years.

❹ 私がパーティーで会った人たちは、とても親切でした。

The people ＿＿＿＿＿＿ ＿＿＿＿＿＿ met at the party were very friendly.

音声 🔊 145

□ go over	：〜を見直す	□ place an order	：注文する
□ decision	：決定	□ manager	：部長
□ nonprofit organization	：非営利団体	□ admire	：〜を称賛する
□ support	：〜を支援する	□ than any other	：他のどの〜よりも
□ agricultural	：農業の	□ distribution department	：配送部門
□ region	：地域	□ friendly	：親切な
□ appliance	：(家庭用)電化製品		

> ## This zoo has a lizard which is called Haku.
>
> この動物園は、ハクと呼ばれるトカゲを飼っています。
>
> □ **have**：〜を飼っている　□ **lizard**：トカゲ　□ **call**：〜を呼ぶ

関係代名詞の which

例 **This zoo has a lizard which is called Haku.**

この動物園は、ハクと呼ばれるトカゲを飼っています。

　「この動物園はトカゲを飼っています」＋which「どんなトカゲかというと」＋「ハクと呼ばれる（トカゲです）」という構成の文です。関係代名詞のwhichは、ここでは直前にある a lizardのことを指していて、is called Haku の主語になっています。

　このwhichは**主格のwhich**と呼ばれ、**先行詞が物のとき**に使います。このwhichは**thatに置き換えることも可能**です。

例 **The magazine which Mr. Kitamura bought yesterday was** *Men's*

Muscle.　キタムラさんが昨日買った雑誌は『Men's Muscle』でした。

　The magazine / which / Mr. Kitamura bought yesterday は「その雑誌」＋**which**「**どの雑誌のことかというと**」＋「キタムラさんが昨日買った（雑誌です）」という構成です。このカタマリが文全体の主語になっていて、それが「『Men's Muscle』でした」という動詞以下の述語へとつながっています。関係代名詞のwhichは、ここではThe magazine を指していて、whichを含む節の中でboughtの目的語となっています。

　このwhichは**目的格のwhich**と呼ばれ、**先行詞が物のとき**に使います。**省略することができ**、**thatに置き換えることも可能**です。

関係代名詞の whose

例 **This zoo has a lizard whose tail is very long.**

この動物園は、しっぽがとても長いトカゲを飼っています。

　「この動物園はトカゲを飼っています」＋whose「それの〜がどんなトカゲかというと」＋「しっぽがとても長い（トカゲです）」という構成の文です。関係代名詞のwhoseは、ここでは直前にある a lizard のことを指しています。a lizard's tail is very longの**a lizard'sがwhoseになっている**と考えてください。

　このwhoseは**所有格のwhose**と呼ばれ、**先行詞が人でも物でも**使うことができます。

1 （　　　　）内の２つから、正しいものを選んでください。

POINT 文法の観点から正しい方を選んでください。

① I had lunch at the café (which / whose) is very popular in this town.

▶ 私はこの町でとても人気のあるカフェでランチを食べました。

② Those are buildings (who / which) our company designed.

▶ あれらは、私たちの会社が設計した建物です。

③ I have a cat (which / whose) legs are very long.

▶ 私は、脚がとても長い猫を飼っています。

④ I know a man (whom / whose) father is American.

▶ 私は、父がアメリカ人の男性を知っています。

2 英文が日本語と同じ意味になるように、＿＿＿＿に適する語を入れてください。

① 彼らは私たちに詳細な報告書を準備するよう頼みましたが、それは大きな依頼でした。

They asked us to prepare a detailed report, ＿＿＿＿＿＿ was a big request.

② 名前がスペイン語だった、私たちが泊まったホテルを覚えています。

I remember the hotel we stayed at, the name of ＿＿＿＿＿＿ was in Spanish.

▶ I remember the hotel we stayed at. と The name of the hotel was in Spanish. の2文が元の文です。

③ 私は、母が有名なアーティストである友人がいます。

I have a friend ＿＿＿＿＿＿ mother is a famous artist.

▶ a friend's mother の a friend's を関係代名詞にしてください。

④ 名前が世界中の人たちに知られている人と言えば、アインシュタインです。

A man ＿＿＿＿＿＿ name is known to people all over the world is Einstein.

▶ a man's name の a man's の部分を関係代名詞にしてください。

音声 🔊 148

17

□ popular	：人気のある	□ request	：依頼
□ building	：建物	□ remember	：〜を覚えている
□ design	：〜を設計する	□ famous	：有名な
□ leg	：脚	□ *be* known to	：〜に知られている
□ prepare	：〜を準備する	□ all over the world	：世界中に
□ detailed	：詳細な		

Part 5

▶ 問題タイプと解答のコツ…p.079〜

文中の空所に入る語句として、最も適切なものを(A)〜(D)から選んでマークしてください。

48. The flowers ------- were delivered to the hotel yesterday have been stored in a cool room.

(A) that
(B) where
(C) who
(D) when

49. A new coffee maker was ------- for the breakroom as the old one was too small.

(A) purchased
(B) reached
(C) nominated
(D) possessed

50. As a result of ------- weather conditions, the Montgomery Fair will be postponed for two weeks.

(A) recentness
(B) recently
(C) recency
(D) recent

51. Trueman Auto has been Dolby's leading auto repair shop ------- almost two decades.

(A) for
(B) at
(C) on
(D) to

52. The new microwave oven from DFT Appliances is ------- better in every way than the previous model.

(A) simplicity
(B) simplify
(C) simply
(D) simple

53. ------- member of staff is required to attend an employee-training session during the summer.

(A) Many
(B) Every
(C) Alone
(D) Most

54. The president ------- Ms. White to speak about her experiences in China at the monthly meeting.

(A) to ask
(B) is asked
(C) is being asked
(D) has asked

文中の空所に入る語句として、最も適切なものを(A)〜(D)から選んでマークしてください。

Questions 55-58 refer to the following article.

NEWCASTLE (May 6) —— According to a press release from Salamanca Steel Works, the company will be ------- by Freeman Engineering next month. -------. For most of that time, Freeman Engineering has been its
55.
56.
most important customer. -------, the engineering company accounts for
57.
more than 70 percent of Salamanca's business. Last month CEO Lalo Salamanca announced his retirement and put the business up for sale. This
purchase ------- that Freeman Engineering continues to have access to
58.
reasonably priced metal beams and girders.

55. (A) divided
(B) closed
(C) evaluated
(D) acquired

56. (A) Salamanca Steel Works has been in business for more than 70 years.
(B) Salamanca Steel Works has offices in many major cities.
(C) Salamanca Steel Works is likely to raise its prices.
(D) Salamanca Steel Works is strongly against the plan.

57. (A) Similarly
(B) Therefore
(C) Indeed
(D) Nevertheless

58. (A) ensured
(B) will ensure
(C) has been ensured
(D) to ensure

▶ 解答・解説…別冊 **p.054〜**

> ## Our supervisor made us complete this task quickly.
>
> 私たちの上司は、私たちにすぐにこの仕事を完了させました。
>
> ☐ supervisor：上司　☐ complete：〜を完了する　☐ quickly：すぐに

原形不定詞を使った文

　原形不定詞とは、toがつかない不定詞、つまり**動詞の原形**のことです。原形不定詞は、**動詞＋目的語＋原形不定詞**の形で使います。この文の動詞には「**使役動詞**」や「**知覚動詞**」が使われます。

　使役動詞とは、「**（目的語）に〜させる・〜してもらう**」というように、相手に何かをさせることを意味する動詞です。知覚動詞とは、「**（目的語）が〜するのを見る／聞く**」というように、知覚・聴覚・触覚といった五感を必要とする動作を表す動詞です。

例 Our supervisor made us complete this task quickly.

　私たちの上司は、私たちにすぐにこの仕事を完了させました。

　madeは使役動詞**make**「（人やものに）〜させる」の過去形で、主語のOur supervisor「私たちの上司」が、目的語であるus「私たちに」に、原形不定詞以下の内容であるcomplete this task quickly「この仕事をすぐに完了すること」をさせたということを表しています。

例 I saw Mr. Sanada go into the store.

　私は、サナダさんがその店に入るところを見ました。

　sawは知覚動詞**see**「（人やものが〜するのを）見る」の過去形です。目的語であるMr. Sanada「サナダさん」が、原形不定詞以下の内容であるgo into the store「その店に入る」という動作をしているところを、主語のI「私は」見たということを表しています。

原形不定詞と一緒に使われる使役動詞・知覚動詞の例

使役動詞	意味
make	（強制的に）〜させる
let	（許可して）〜させてやる
have	（目下の人に）〜させる （仕事として）〜してもらう
help	（人）が〜するのを手伝う

知覚動詞	意味
see	〜を見る（見かける）
hear	〜を聞く（〜が聞こえる）
feel	〜と感じる
watch	〜をじっくりと見る
notice	〜に気が付く

1 （　　）内の2つから、正しいものを選んでください。

POINT 使役動詞 / 知覚動詞＋目的語＋原形不定詞の形で使います。

① I saw the woman (clean / cleans) the windows yesterday.

② Mr. Oka makes his subordinate (read / reads) a newspaper every day.

③ Ms. Smith heard Taichi (play / plays) the violin last night.

④ I noticed Julia (come / to come) into the room.

⑤ We watched Kota (give / gives) a live performance on stage.

▶ 私はその女性が昨日窓を掃除していたのを見ました。

▶ オカさんは、毎日彼の部下に新聞を読ませています。

▶ スミスさんは、昨晩タイチがヴァイオリンを弾くのを聞きました。

▶ 私は、ジュリアが部屋に入ってくるのに気が付きました。

▶ 私たちは、コウタが舞台上でライブパフォーマンスを行うのを見ました。

2 英文が日本語と同じ意味になるように、＿＿＿＿ に適する語を入れてください。

① 私は、サカグチさんが倉庫をきれいに掃除するのを手伝いました。

I ＿＿＿＿＿＿ Mr. Sakaguchi ＿＿＿＿＿＿ up the storeroom.

② スズキさんは、昨晩私たちに彼の椅子を使わせてくれました。

Mr. Suzuki ＿＿＿＿＿＿ us ＿＿＿＿＿＿ his chairs last night.

③ タカダさんは、タムラさんを無理にイベントに参加させることはしませんでした。

Ms. Takada didn't ＿＿＿＿＿＿ Mr. Tamura ＿＿＿＿＿＿ the event.

④ 私は明日、私のノートパソコンを技術者に修理してもらうつもりです。

I will ＿＿＿＿＿＿ the technician ＿＿＿＿＿＿ my laptop tomorrow.

▶ clean up：〜をきれいに掃除する

▶ use：〜を使う

▶ join：〜に参加する

▶ repair：〜を修理する

音声 🔊 151

□ subordinate	：部下	□ stage	：舞台
□ notice	：〜に気付く	□ storeroom	：倉庫
□ live performance	：生演奏	□ technician	：技術者

> # If I had a subordinate, we could do this task together.
>
> もし私に部下がいたら、一緒にこの仕事をすることができるのですが。
>
> ☐ subordinate：部下　☐ task：仕事　☐ together：一緒に

if を使った仮定法過去

例 If I had a subordinate, we could do this task together.

> もし私に部下がいたら、一緒にこの仕事をすることができるのですが。

　仮定法過去とは、**現在の実際の状況とは異なること**や、**起こる可能性がないと考えていること**について仮定するときに使う表現です。

　「もし〜なら」の部分を**if＋主語＋動詞の過去形＋α**、「…なのに（だろう）」の部分を**主語＋助動詞の過去形＋動詞の原形＋α**を使って表します（📖 p.088 その他の助動詞）。

　この例文では、「（実際にはいないが）もし部下がいたら」という、実際の状況とは異なることについての仮定を表しています。「もし〜なら」にあたるif 〜が文のはじめにくるときは、〜の終わりにカンマ（,）を入れます。

例 If I were you, I wouldn't work extra hours.

> もし私があなただったら、残業をしないでしょう。

　仮定法過去の「動詞の過去形」にbe動詞がくる場合、**主語が何であってもwere**を使うことが多いです。

I wish と I hope の使い分け

例 I wish I could attend the seminar.

> そのセミナーに参加できたらいいのですが（参加できません）。

　I wish …「〜だったらいいのに」の文は**I wish＋主語＋動詞の過去形（助動詞の過去形＋動詞の原形）＋α.**を使って表します。この文では、「（実際には参加できないが）参加できたらいいのに」という願望を表しています。

例 I hope I can attend the seminar.

> そのセミナーに参加できたらいいなと思っています。

　I hope …も願望を表す表現ですが、I wish …とは違い、起こる可能性が十分にあることに対する自分の願望を表します。I hope …の文の場合、願望を表す部分が**主語＋動詞の現在形（助動詞の現在形＋動詞の原形）＋α**の形になります。

1 （　　　）内の２つから、正しいものを選んでください。

POINT 仮定法過去では動詞や助動詞の時制に注意してください。

❶ If I (am / were) you, I would purchase this motorcycle.

▶ もし私があなただったら、このオートバイを購入していたでしょう。

❷ If I (have / had) more time, I could visit Canada.

▶ もし私にもっと時間があったら、カナダを訪れられるのですが。

❸ I wish I (am / were) rich.

▶ 私がお金持ちだったらよかったのですが。

❹ I wish Mr. Naito (can / could) pass the final exam.

▶ ナイトウさんが、最終試験に合格できればいいのですが。

❺ I hope Mr. Naito (can / could) pass the final exam.

▶ ナイトウさんが、最終試験に合格できたらいいなと思っています。

2 英文が日本語と同じ意味になるように、＿＿＿＿＿ に適する語を入れてください。

❶ もし私がもっとお金を持っていたら、あの家を買うことができたのですが。

▶ have：～を持っている

If I ＿＿＿＿＿＿ more money, I ＿＿＿＿＿＿ buy that house.

❷ もし私がスペイン語を上手に話すことができたら、メキシコで働いたのですが。

▶ if ～に助動詞が含まれる場合は、助動詞を過去形にします。

If I ＿＿＿＿＿＿ speak Spanish well, I ＿＿＿＿＿＿ work in Mexico.

❸ もし今日晴れたなら、私たちは社員旅行に行ったのですが。

If it ＿＿＿＿＿＿ sunny today, we ＿＿＿＿＿＿ go on a company retreat.

❹ アヤが英語を話すことができるといいのですが(アヤは英語を話すことができません)。

▶ wish と hope の使い分けに注意してください。

I ＿＿＿＿＿＿ Aya ＿＿＿＿＿＿ speak English.

❺ もし私が福岡に住んでいたら、彼を訪ねることができたのですが。

If I ＿＿＿＿＿＿ in Fukuoka, I ＿＿＿＿＿＿ visit him.

音声 🔊 154

□ purchase	：～を購入する	□ buy	：～を買う
□ motorcycle	：オートバイ	□ Spanish	：スペイン語
□ more	：よりたくさんの	□ well	：上手に
□ rich	：お金持ちの	□ sunny	：晴れ渡った
□ pass	：～に合格する	□ go on	：～に行く
□ final	：最終の	□ company retreat	：社員旅行
□ exam	：試験	□ visit	：～を訪ねる

19

■ Part 7

▶ 問題タイプと解答のコツ…p.103〜

文書を読み、それぞれの設問について最も適切な答えを (A)〜(D) から選んでマークして
ください。

Questions 59-62 refer to the following e-mail.

To:	Tomoko Yasukura <tyasukura@flandersphotography.com>
From:	Niles Samberg <nsamberg@hamptonconventioncenter.com>
Date:	January 12
Subject:	Our new facility

Dear Ms. Yasukura,

You were recommended to me by our mutual acquaintance, Glenda
Preston. She was extremely happy with the work you did at Pendergast
Art Gallery. —[1]—. She was kind enough to show me some of your
photographs, and I had to agree with her opinion.

You may have noticed on the news that Hampton Convention Center was
recently reopened after a two-year closure. The main hall was torn down
and completely reconstructed. —[2]—. We now have on-site catering
capabilities and undercover parking for six hundred vehicles.

We had some photographs taken ahead of the reopening but were
unhappy with the work. —[3]—. Our board of directors has requested
some more exciting shots with people actually using the space.

We would like you to come and photograph the interior and exterior of
the building at various times of day for our new brochure. Please let me
know when you have time for a meeting to discuss the size of the job and
your fee. I will be available between 10:00 A.M. and 3:00 P.M. every day this
week. —[4]—.

You can call me directly at 555 8934.

Sincerely,

Niles Samberg
General Manager, Hampton Convention Center

59. What is implied about Ms. Preston?

(A) She knows both Mr. Samberg and Ms. Yasukura.
(B) She previously worked at Hampton Convention Center.
(C) She will attend a meeting with Mr. Samberg and Ms. Yasukura.
(D) She photographed the grand reopening of the Hampton Convention Center.

60. What will Ms. Yasukura's work be used for?

(A) Displays in an exhibition
(B) The cover of a book
(C) Decoration of an office
(D) Promotional material

61. According to the e-mail, what will be discussed at the meeting proposed by Mr. Samberg?

(A) The cost of catering
(B) Ms. Yasukura's rates
(C) The availability of parking
(D) Ms. Preston's recommendation

62. In which of the positions marked [1], [2], [3], and [4] does the following sentence best belong?

"The new building has about three times the floor space of the original."

(A) [1]
(B) [2]
(C) [3]
(D) [4]

▶ 解答・解説…別冊 p.060〜

Quarter

模試

音声 🔊 155

本番の 1/4 のボリュームの模試に挑戦してみましょう。

リスニングセクションが終わったら、そのままリーディングセクションに進んでください。

【用意するもの】

☐ **マークシート**（本冊 p.160 から切り離してご利用ください）

☐ **時計**

☐ **鉛筆**

☐ **消しゴム**

解答・解説は別冊の p.065 からをご覧ください。

Part 1

以下の写真について、それぞれ 4 つの説明文を聞きます。
写真の内容を最も適切に描写しているものを (A) 〜 (D) から選んでマークしてください。

1.

2.

1つの問いかけや発言と、それに対する3つの応答を聞きます。
問いかけや発言に対して最も適切な応答を (A)～(C) から選んでマークしてください。

---

3. Mark your answer on your answer sheet.

4. Mark your answer on your answer sheet.

5. Mark your answer on your answer sheet.

6. Mark your answer on your answer sheet.

7. Mark your answer on your answer sheet.

8. Mark your answer on your answer sheet.

GO ON TO THE NEXT PAGE ➡

会話を聞き、3 つの設問に答えます。それぞれの設問について最も適切な答えを (A) 〜 (D) から
選んでマークしてください。

9. What are the speakers waiting for?

    (A) A payment from a customer

    (B) A building to be completed

    (C) A software update

    (D) An invoice from a supplier

10. When does the man say a delivery took place?

    (A) On Sunday

    (B) On Monday

    (C) On Tuesday

    (D) On Wednesday

11. What does the woman say she will do?

    (A) Change the schedule

    (B) Test an alternative product

    (C) Send a reminder

    (D) Negotiate with a supplier

12. What is the woman ordering?

    (A) Ingredients

    (B) Computers

    (C) Furniture

    (D) Stationery

13. How many items does the woman order?

    (A) Five

    (B) Six

    (C) Seven

    (D) Eight

14. What does the man mean when he says, "It'll be a couple of weeks"?

    (A) The price reduction will not be immediate.

    (B) The delivery system will change soon.

    (C) The items cannot be customized in-store.

    (D) The store cannot send the goods immediately.

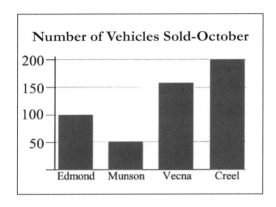

15. What does the man say about the new product line?

    (A) It is being advertised online.

    (B) It has been selling better than expected.

    (C) It is very expensive to manufacture.

    (D) It was designed by a popular artist.

16. What problem does the man mention?

    (A) Shipping delays

    (B) Staffing shortages

    (C) Limited color options

    (D) Product defects

17. Look at the graphic. Which store will the man visit this week?

    (A) Edmond

    (B) Munson

    (C) Vecna

    (D) Creel

トークを聞き、3 つの設問に答えます。それぞれの設問について最も適切な答えを (A) 〜(D) から選んでマークしてください。

18. What is the report mainly about?

(A) A local celebration

(B) Employment opportunities

(C) The weather forecast

(D) Construction work

19. What are listeners advised to do?

(A) Take a different route to work

(B) Leave home earlier than usual

(C) Use public transportation

(D) Watch a television program

20. According to the speaker, what will be held on the weekend?

(A) A grand opening

(B) A sporting event

(C) An anniversary celebration

(D) A music festival

---

21. What is the purpose of the announcement?

(A) To explain a change of location

(B) To introduce a workshop facilitator

(C) To recommend a lunch option

(D) To thank participants for coming

22. When will the workshop be held?

(A) This morning

(B) This afternoon

(C) Tomorrow morning

(D) Tomorrow afternoon

23. What is the topic of the workshop?

(A) Customer service

(B) Quality control

(C) Reporting procedures

(D) Workplace safety

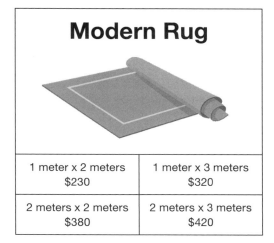

Modern Rug

1 meter x 2 meters $230	1 meter x 3 meters $320
2 meters x 2 meters $380	2 meters x 3 meters $420

24. Which room does the speaker mention?

(A) The conference room

(B) The waiting room

(C) The breakroom

(D) The bathroom

25. What does the speaker say about the room's rug?

(A) It is too small.

(B) It is the wrong color.

(C) It is worn out.

(D) It is out of fashion.

26. Look at the graphic. How much does the speaker plan to spend on a new rug?

(A) $230

(B) $320

(C) $380

(D) $420

リスニングテストは終わりです。
Part 5 に進んでください。

GO ON TO THE NEXT PAGE ➡

◢ Part 5

文中の空所に入る語句として、最も適切なものを (A) ～ (D) から選んでマークしてください。

27. VGT's latest computer has been praised for its ------- and low price.

(A) lightly
(B) light
(C) lighten
(D) lightness

28. The receptionist was ------- to offer visitors a drink when they arrived.

(A) attempted
(B) directed
(C) affected
(D) opposed

29. Fireproof gloves are more ------- than any other disposable gloves on the market.

(A) durable
(B) durability
(C) duration
(D) durableness

30. Ms. Hopper has been in charge of the marketing department ------- it was created ten years ago.

(A) once
(B) since
(C) until
(D) while

31. Some reservations were canceled ------- when the hotel switched over to the new software.

(A) accident
(B) accidents
(C) accidentally
(D) accidental

32. Moreton Chocolates are more expensive because they are wrapped -------.

(A) individual
(B) individualism
(C) individualistic
(D) individually

33. Pete Hammond ------- to speak at the Annual Farming Conference in Miami.

(A) invited
(B) is inviting
(C) has invited
(D) was invited

34. Customers are asked to wait ------- while the shipping problems are resolved.

(A) patiently
(B) technically
(C) slowly
(D) clearly

35. Because her assistant was on vacation, Ms. Wilde had to arrange the party -------.

(A) she
(B) hers
(C) herself
(D) her

36. All employees are required to wear some eye ------- when in the factory.

(A) protect
(B) protection
(C) protective
(D) protectively

文中の空所に入る語句として、最も適切なものを (A) 〜(D) から選んでマークしてください。

Questions 37-40 refer to the following e-mail.

To: Steve Carter <scarter@clarksonprojects.com>
From: Helena Barkworth <hbarkworth@clarksonprojects.com>
Date: August 10
Subject: Your vacation

Dear Steve,

Ralph Dunhill just ------- me that you have asked to take a week off at the end

                    37.

of October. I am hoping to convince you to ------- your vacation. -------. We will

                                    38.   **39.**

commence the work at precisely that time. The first week of a project is always

critical, and I need someone with your experience on site. I ------- one of our other

                                                    40.

project leaders to replace you for a week in mid-November. Of course, if it is

impossible for you to change your plans, I understand.

Sincerely,

Helena Barkworth

---

37. (A) found
     (B) helped
     (C) revealed
     (D) informed

38. (A) delay
     (B) deny
     (C) schedule
     (D) assemble

39. (A) We will be closing the office for the whole week for renovations.
     (B) We have won the construction contract for the Wilde Brothers' Warehouse.
     (C) You must submit requests for time off at least two weeks in advance.
     (D) You will learn a lot by observing Ms. Wang on the project.

40. (A) asked
     (B) have asked
     (C) will ask
     (D) was asking

GO ON TO THE NEXT PAGE ➡

文書を読み、それぞれの設問について最も適切な答えを (A) ～(D) から選んでマークしてください。

Questions 41-42 refer to the following advertisement.

SpecTal

Video Editing Software for EVERYONE!

SpecTal puts professional video production within the reach of almost anyone. Our software has the simplest user interface of any video editing software, and it is backed up by a free online course led by friendly and expert instructors. The software has all of the most popular features and no needless complexity. If you think SpecTal might be right for you, why not download a free trial version? You can practice using the software for two full weeks, creating as many videos as you like. If you decide to keep using the software, you can purchase it for just $50 at our online store.

41. According to the advertisement, how is SpecTal different from competing products?

(A) It is easier to use.
(B) It is designed for experts.
(C) It is low cost.
(D) It has more features.

42. What is mentioned as an option for readers?

(A) Choosing which parts of the software to install
(B) Purchasing the software using a gift card
(C) Uploading videos to the company's server
(D) Trying out the software before they buy

DURANT (June 2) —— This weekend, the Annual Durant Music Festival will be held at Freeman Park. The festival takes place over both days and attracts professional and amateur musicians from all around the state. The main event, The Battle of the Bands can be enjoyed on both two days. This is a contest in which amateur bands compete to win $10,000 worth of time in a recording studio with a professional music producer. Last year's winner went on to sign a contract with one of Australia's largest music labels.

On the main stage, entertainment will be provided by bands such as Sister Sister, The Dan Vale Trio, and Nevershock. Admission is free, but seating is limited, so it may be necessary to arrive early to secure a good seat. Vendors will be at the park selling food and drink. There is always a wide variety available, and there should be something for everyone. While free parking is plentiful in the area, many people are expected to take advantage of the new train service. You can learn more about the festival on the following Web site: www. durantmf.org.

43. What is NOT implied about The Battle of the Bands?

(A) It is a contest for amateurs only.
(B) The winners will receive $10,000 in cash.
(C) Previous winners have had career success.
(D) It is a multi-day event.

44. According to the article, what will people be charged for at the festival?

(A) Beverages
(B) Admission
(C) Clothing
(D) Parking

45. What has recently been provided in Durant?

(A) A recording facility
(B) A public park
(C) A train service
(D) A free Internet connection

GO ON TO THE NEXT PAGE

MEMO

To: Annual Banquet Organizing Committee
From: Kate Winehouse
Date: April 8
Subject: This year's event

Dear committee members,

This year, the annual banquet will be held on August 16. The venue is the main ballroom at the Halpert Hotel on William Street. According to my records, we held the event there five years ago. Mr. Salinger was the only member of the committee on the staff at that time. Therefore, all communication with the hotel should be conducted through him. He has already reserved the room. I have asked Jay Tully to take care of the entertainment. Linda Wang, I'd like you to be in charge of the guest list, and Tim Adachi will arrange the awards ceremony. Please coordinate with each other to ensure that things go smoothly.

Your budget will be slightly reduced this year. However, due to the location, a shuttle bus from the office will not be necessary so you should be able to cut costs there.

When putting together the schedule, please make mine the final speech of the night. If you have any questions, you should call Mona Brown. Her team did an excellent job organizing last year's event.

Sincerely,

Kate Winehouse
Artemis Business Machines

Artemis Business Machines Annual Employee Appreciation Banquet	
Description	**Time**
Staff reception desk at the hotel	5:40 P.M.
Speech from the CEO	6:00 P.M.
Meals are served	6:10 P.M.
Musical Entertainment from Baartz Musica	6:20 P.M. – 7:00 P.M.
Employee Awards Ceremony	7:00 P.M. – 7:30 P.M.
Dessert is served	7:30 P.M.
Closing Message from the vice president	7:45 P.M.

46. What is suggested about Mr. Salinger?

(A) He has been at the company more than five years.

(B) He has been asked to give a speech at the annual company banquet.

(C) He was one of the company's founders.

(D) He chose the members of the organizing committee.

47. What is NOT implied about the banquet?

(A) Organizers will have less money than in previous years.

(B) It will be within walking distance of the office.

(C) Guests will be instructed on what to wear.

(D) It is held once every year.

48. In the memo, the word "charge" in paragraph 1, line 6 is closest in meaning to

(A) explanation

(B) cost

(C) control

(D) place

49. Who probably booked Baartz Musica?

(A) Ms. Winehouse

(B) Mr. Tully

(C) Ms. Wang

(D) Mr. Adachi

50. What is probably true about Ms. Winehouse?

(A) She will not be able to attend the banquet.

(B) She was on last year's organizing committee.

(C) She is vice president of Artemis Business Machines.

(D) She will present an award at the ceremony.

これでテストは終了です。
時間が余ったら、Part 5、6、7の見直しをしましょう。

濵﨑 潤之輔　はまさき じゅんのすけ

大学・企業研修講師、書籍編集者。早稲田大学政治経済学部経済学科卒業。
これまでに TOEIC® L&R テスト 990 点（満点）を 80 回以上取得。
現在は、明海大学、獨協大学、早稲田大学 EXT など、全国の大学で講師を
務めるかたわら、ファーストリテイリングや楽天銀行、SCSK、エーザイ、オ
タフクソースなどの大手企業でも TOEIC 対策の研修を行う。
著書に、『中学校 3 年間の英語が 1 冊でしっかりわかる本』（かんき出版）、『マ
ンガで攻略！はじめての TOEIC テスト 全パート対策』（西東社）、『TOEIC
L&R テスト 990 点攻略 文法・語彙問題 1000』（旺文社）などがあり、監修し
た書籍も含めると累計 80 万部以上の実績を誇る。

オンラインサロン『濵﨑・星名 英語学習研究所』：
https://peraichi.com/landing_pages/view/hummertoeicsalon/
X：@HUMMER_TOEIC　Instagram：@junnosuke_hamasaki

制作協力者

問題作成　Ross Tulloch
英文校閲　Keith McPhalen
翻訳協力　峯岸靖子
ナレーション　Emma Howard, Jack Merluzzi, Joanna Chinen, Kyle Card, Stuart O
イラスト　むらまつしおり

【アスクユーザーサポートのご案内】
乱丁、落丁、音声の不具合がございましたら、下記のユーザーサポートまでご連絡ください。
E メール　：support@ask-digital.co.jp
Web サイト：https://www.ask-books.com/support/

中学英語からやり直す TOEIC® L&R テスト超入門

2023 年 4 月 25 日　初版第 1 刷発行
2024 年 12 月 5 日　　第 5 刷発行

著者　　　　　　濵﨑潤之輔
発行人　　　　　天谷修身
発行　　　　　　株式会社アスク
　　　　　　　　〒 162-8558 東京都新宿区下宮比町 2-6
　　　　　　　　TEL：03-3267-6864　FAX：03-3267-6867
　　　　　　　　URL：https://www.ask-books.com/
デザイン　　　　藤原由貴
装丁デザイン　　清水裕久（Pesco Paint）
DTP　　　　　　株式会社 新後閑
印刷・製本　　　株式会社 光邦

練習問題 解答用紙

練習問題1

No.	ANSWER			
1	A	B	C	D
2	A	B	C	D
3	A	B	C	
4	A	B	C	
5	A	B	C	

練習問題2

No.	ANSWER			
6	A	B	C	D
7	A	B	C	
8	A	B	C	D
9	A	B	C	D
10	A	B	C	D
11	A	B	C	D

練習問題3

No.	ANSWER			
12	A	B	C	D
13	A	B	C	D
14	A	B	C	D
15	A	B	C	D
16	A	B	C	D
17	A	B	C	D

練習問題4

No.	ANSWER			
18	A	B	C	D
19	A	B	C	D
20	A	B	C	D
21	A	B	C	D
22	A	B	C	D
23	A	B	C	D

練習問題5

No.	ANSWER			
24	A	B	C	D
25	A	B	C	D
26	A	B	C	D
27	A	B	C	D
28	A	B	C	D

練習問題6

No.	ANSWER			
29	A	B	C	D
30	A	B	C	D

練習問題7

No.	ANSWER			
31	A	B	C	D
32	A	B	C	D
33	A	B	C	D
34	A	B	C	
35	A	B	C	

練習問題8

No.	ANSWER			
36	A	B	C	D
37	A	B	C	D
38	A	B	C	D
39	A	B	C	D
40	A	B	C	D
41	A	B	C	D

練習問題9

No.	ANSWER			
42	A	B	C	D
43	A	B	C	D
44	A	B	C	D
45	A	B	C	D
46	A	B	C	D
47	A	B	C	D

練習問題10

No.	ANSWER			
48	A	B	C	D
49	A	B	C	D
50	A	B	C	D
51	A	B	C	D
52	A	B	C	D
53	A	B	C	D
54	A	B	C	D
55	A	B	C	D
56	A	B	C	D
57	A	B	C	D
58	A	B	C	D

練習問題11

No.	ANSWER			
59	A	B	C	D
60	A	B	C	D
61	A	B	C	D
62	A	B	C	D

Quarter模試 解答用紙

LISTENING SECTION

Part 1

No.	A	B	C	D
1	A	B	C	D
2	A	B	C	D

Part 2

No.	A	B	C
3	A	B	C
4	A	B	C
5	A	B	C
6	A	B	C
7	A	B	C

Part 3

No.	A	B	C	D
8	A	B	C	
9	A	B	C	D
10	A	B	C	D
11	A	B	C	D
12	A	B	C	D
13	A	B	C	D

No.	A	B	C	D
14	A	B	C	D
15	A	B	C	D
16	A	B	C	D
17	A	B	C	D

Part 4

No.	A	B	C	D
18	A	B	C	D
19	A	B	C	D
20	A	B	C	D
21	A	B	C	D
22	A	B	C	D

No.	A	B	C	D
23	A	B	C	D
24	A	B	C	D
25	A	B	C	D
26	A	B	C	D

READING SECTION

Part 5

No.	A	B	C	D
27	A	B	C	D
28	A	B	C	D
29	A	B	C	D
30	A	B	C	D
31	A	B	C	D

Part 6

No.	A	B	C	D
32	A	B	C	D
33	A	B	C	D
34	A	B	C	D
35	A	B	C	D
36	A	B	C	D

No.	A	B	C	D
37	A	B	C	D
38	A	B	C	D
39	A	B	C	D
40	A	B	C	D

Part 7

No.	A	B	C	D
41	A	B	C	D
42	A	B	C	D
43	A	B	C	D
44	A	B	C	D
45	A	B	C	D

No.	A	B	C	D
46	A	B	C	D
47	A	B	C	D
48	A	B	C	D
49	A	B	C	D
50	A	B	C	D

中学英語からやり直す

TOEIC® L&Rテスト超入門

［別冊］解答解説

［本書で使われる記号］

ナレーターの国籍と性別を示しています。

🇺🇸 アメリカ　　🇦🇺 オーストラリア　　M：男性

🇨🇦 カナダ　　　🇬🇧 イギリス　　　　　W：女性

『中学英語からやり直す
TOEIC® L&Rテスト超入門』
別冊

文法練習問題

解答解説

ただ答え合わせをするだけではもったいない！
「復習用音声」を聞いて、
自分でも声に出して英文を読んでみましょう。
英語学習は小さな積み重ねです！

1 ❶ This instrument **is** very expensive.

❷ These instruments **are** very cheap.

❸ I **am** a university student.

❹ We **are** university students.

❺ Akira **is** my colleague.

1 の解説

be動詞は主語に合わせます。主語がIならam、Youならare、単数ならis、複数ならareを使います。

2 ❶ Mr. Oka **is a** highly accomplished salesperson.

❷ The dresser **is** in great condition.

❸ **This is** good news for investors.

❹ **I am** a recent high school graduate.

❺ Most of the diners **are** visitors from out of town.

2 の解説

❶ highly accomplished salespersonは数えられるので最初に冠詞のaが必要になります。

❺ most of「〜のほとんど」は複数なのでareを使います。

1 ❶ A parking voucher **isn't** required here.

❷ These **aren't** introductory courses.

❸ I **am not** a graduate student.

❹ We **aren't** graduate students.

❺ Zack **isn't** my coworker.

1 の解説

❸ am notの短縮形はありません。I am notをI'm notという形にすることは可能です。

2 ❶ Jay **is** **not** from Australia.

❷ I **am** **not** interested in the book.

❸ This **is** **not** good news for our supervisor.

❹ **She isn't** a recent university graduate.

❺ The tours **are** **not** open to the public.

2 の解説

❶ is notは、例えば主語がItである場合にはIt's notやIt isn'tという形にすることができます。

❺ toursは語尾にsが付いているので複数形だとわかります。

Chapter 1　3. be 動詞の疑問文　▶本冊 p.029　復習用音声 🔊 017

1 ❶ <u>Is</u> an admission card required here? —No, it <u>isn't</u>.

❷ <u>Are</u> these advanced courses? —Yes, they <u>are</u>.

❸ <u>Are</u> you a dentist? —Yes, I <u>am</u>.

❹ <u>Are</u> you dance instructors? —No, we <u>aren't</u>.

1 の解説

be 動詞は主語に合わせます。主語が you なら Are、単数なら Is、複数なら Are を使います。

❶ admission card は応答文では代名詞の it（それは）に変わっています。

2 ❶ <u>Is</u> Mr. Ospreay from Australia? —No, <u>he</u> <u>isn't</u> / <u>he's</u> <u>not</u>.

❷ <u>Are</u> <u>you</u> interested in the book? —Yes, <u>I</u> <u>am</u>.

❸ <u>Is</u> Ms. Motoi a certified weather forecaster?
—Yes, <u>she</u> <u>is</u>.

❹ <u>Is</u> the facility open to the public?
—No, <u>it</u> <u>isn't</u> / <u>it's</u> <u>not</u>.

2 の解説

疑問文の主語は、応答文の中では人称代名詞に置き換えます。Mr. は男性に、Ms. は女性に付ける敬称なので、人称代名詞はそれぞれ he、she です。

Chapter 2　1. 一般動詞の文　▶本冊 p.035　復習用音声 🔊 023

1 ❶ I always <u>go</u> to the gym.

❷ The tickets usually <u>sell</u> out within five minutes.

❸ These cakes <u>taste</u> very good.

❹ Our departments <u>look into</u> problems every day.

1 の解説

always「いつも」、usually「たいてい」、often「しばしば」などの頻度を表す副詞は、一般動詞の前に置きます。

2 ❶ You can <u>get</u> a 30 percent discount.

❷ We <u>order</u> ten black shirts every month.

❸ I <u>leave</u> these files on your desk every morning.

❹ These roads <u>lead to</u> the conference center.

❺ You <u>post</u> press releases on our website every week.

2 の解説

❶ can「〜できる」は動詞の前において「〜することができる」という意味を表します。

1 ❶ We <u>don't</u> <u>visit</u> <u>the museum</u> frequently.

❷ Your <u>works</u> <u>don't</u> <u>look</u> <u>beautiful</u>.

❸ Our shops <u>don't</u> <u>carry</u> <u>any T-shirts</u>.

❹ <u>Flights</u> <u>don't</u> <u>leave</u> when there is inclement weather.

❺ We <u>don't</u> <u>address</u> <u>such problems</u>.

1 の解説

一般動詞の否定文は don't ＋動詞の原形＋目的語 or 補語の語順で表します。

2 ❶ We <u>don't</u> <u>issue</u> refunds.

❷ I <u>don't</u> <u>run</u> our accounting department.

❸ You <u>don't</u> <u>manage</u> all of this by yourself.

❹ We <u>don't</u> <u>wipe</u> windowpanes every day.

❺ You <u>don't</u> <u>work</u> on car repairs.

2 の解説

❹ every day は「毎日」という意味の副詞句、everyday は「毎日の」という意味の形容詞です。

1 ❶ <u>Do</u> <u>you</u> <u>play</u> a musical instrument? —Yes, I do.

❷ Do <u>you</u> <u>use</u> <u>a microscope</u> every time?
　—No, we don't.

❸ <u>Do</u> <u>I</u> <u>need</u> to wear safety goggles? —No, you don't.

❹ <u>Do</u> <u>you</u> <u>talk about</u> your clients? —Yes, I do.

❺ Do <u>these boats</u> <u>have</u> <u>inflatable rings</u>? —Yes, they do.

1 の解説

一般動詞の疑問文は Do ＋主語＋動詞の原形＋目的語 or 補語＋α＋? の語順で表します。

2 ❶ Do you <u>water</u> your <u>plants</u> every day? —Yes, I do.

❷ Do you <u>go</u> to work every day? —No, <u>I</u> don't.

❸ Do the shops <u>close</u> this week due to the electrical outage? —No, <u>they</u> don't.

❹ Do they <u>give</u> awards to their employees?
　—Yes, <u>they</u> do.

2 の解説

疑問文に対する応答文は、Yes / No ＋疑問詞の主語（の代名詞の主格）＋ do / don't. で表します。

1

❶ The automaker <u>asks</u> us to provide more information every time.

❷ The journalist Will Finley <u>travels</u> to the U.S. annually.

❸ Our supervisor <u>alleviates</u> employee concerns.

❹ The critics <u>acclaim</u> Jonah's work every time.

1の解説

I / we / you 以外の人や物はすべて三人称です。

❹ critics は名詞に -s がついているので複数形だとわかります。

2

❶ She always <u>strives</u> to make her work better.

❷ Alex <u>participates</u> in trade shows every month.

❸ The tour guide usually <u>picks</u> popular mountains.

❹ Helen <u>watches</u> two TV channels at the same time.

❺ This apartment building <u>has</u> a space for parking cars.

2の解説

動詞の前までが主語で、多くの場合「主語を表すカタマリの最後の単語」が主語の中心となる単語です。例えば❸の The tour guide であればカタマリの最後にある guide が単数なので、The tour guide が三人称単数であると判断します。

1

❶ He <u>doesn't</u> put up the sign in front of the venue this month.

❷ Ms. Abe doesn't <u>attend</u> meetings this week.

❸ <u>Does</u> this TV commercial <u>affect</u> our sales?
　—Yes, it does.

❹ Does your salary <u>make</u> you happy? —Yes, it does.

1の解説

do / does が含まれる文では、否定文でも疑問文でも動詞は常に原形にします。

2

❶ The company <u>doesn't</u> <u>extend</u> the application period for the job this year.

❷ Our department <u>doesn't</u> <u>deal</u> with complaints from customers.

❸ Does this bus <u>stop</u> at Paddington? —Yes, it <u>does</u>.

❹ <u>Does</u> Mr. Sugibayashi <u>need</u> to hear about this matter? —No, he doesn't.

2の解説

一般動詞の三単現の疑問文に対する応答文は、Yes / No ＋疑問詞の主語（の代名詞の主格）＋ does / doesn't. で表します。

1
① **When** is Mr. Takahashi's birthday?
—It's December 4th.

② **Why** are you so busy?
—Because the report is due tomorrow.

③ **Who** is that man next to Hazuki? —He is Mr. Vigier.

④ **How** is the candidate?
—She has exceeded my expectations.

1 の解説

❶ 問いかけの文の主語が、人ではない三人称単数の場合、応答文の中ではitに置き換えます。

2
① **What** is your responsibility here?
—**It** is mostly shipping packages.

② **Where** is your office? —Just down the street.

③ **How far** is it from here to the station?
—**It's** about three kilometers.

④ **Which** desk is yours? —The one on the right.

2 の解説

❸ 語数が合わないと思った場合は、It'sやI'mのような短縮形を正解候補に考えてみてください。

1
① **Where** do you usually get some coffee?
—In front of our office.

② **Whom** does Mr. Naito meet every Sunday?
—He meets his daughter every Sunday.

③ **How much** money do you have now?
—Approximately 1,000 yen.

④ **Which** color do you prefer? —The blue one.

1 の解説

❶ (I get some coffee) In front of our office. のように、問いかけの文と重複する部分が、応答文では省略される場合が多いです。

2
① **How many** books do you have in your bag? —Three.

② **What does** Mr. Kushida plan to talk about at the meeting today? —I have no idea.

③ **Whose house** do you want to stay at in Australia?
—At Mr. Davis's house.

④ **Why do** you need to go to today's trade show?
—Because I give a speech at the event every year.

2 の解説

❷ 主語がMr. Kushidaで三人称単数現在形なので、whatの次に続くのはdoesになります。

Chapter 5　**1. 現在進行形の文**　▶本冊 p.059

1 ❶ A man <u>is cleaning</u> the floor.

❷ She <u>is reaching</u> into the closet.

❸ He <u>is holding</u> a folder.

❹ A woman <u>is wearing</u> an apron.

❺ The man <u>is watering</u> some plants.

1 の解説

❹ be wearing は「着用している状態」を、be putting on は「着用する動作の最中」であることを表します。

2 ❶ The woman <u>is sitting</u> on a stool.

❷ She <u>is sweeping</u> with the broom.

❸ One of the men <u>is mowing</u> the lawn.

❹ One of the women <u>is pushing</u> a wheelbarrow.

2 の解説

❶ sit の ing 形は最後の文字を重ねてから -ing を付けるので、sitting になります。

Chapter 5　**2. 現在進行形の否定文・疑問文**　▶本冊 p.061

1 ❶ He <u>isn't</u> exiting through the door.

❷ The pedestrians <u>aren't</u> crossing the intersection.

❸ I <u>am not</u> walking across a crosswalk.

❹ <u>Is</u> the woman examining a copy machine?
　—Yes, she <u>is</u>.

1 の解説

現在進行形は be 動詞を必ず使うので、否定文や疑問文の作り方は be 動詞の否定文や疑問文の作り方と同じです。

2 ❶ One of the women isn't <u>putting on</u> a jacket.

❷ The men <u>aren't walking</u> side by side.

❸ <u>Are</u> the men <u>facing</u> each other? —Yes, <u>they</u> are.

❹ Where <u>are</u> the passengers <u>boarding</u> the bus?
　—At the bus stop on 52nd Street.

2 の解説

❹ At the bus stop. の前には The passengers are boarding the bus が省略されていると考えてください。

1 ❶ LIJ Co. <u>hired</u> over 100 job seekers last year.

❷ She <u>reached</u> the fund-raising goal yesterday.

❸ The repair work <u>interrupted</u> a lot of commuters this morning.

❹ This robot <u>simplified</u> complex tasks.

1 の解説

❹ 主語が三人称単数なので、文の時制が現在の場合であれば、動詞はsimplifiesになります。

2 ❶ I <u>kept</u> my computer password confidential.

❷ Mr. Ohbari <u>dealt</u> with all the complaints from customers.

❸ The construction project <u>fell</u> behind schedule.

❹ The janitor <u>reorganized</u> the storeroom last month.

❺ I <u>encountered</u> a technical problem, so I contacted a representative.

2 の解説

❶❷❸は不規則動詞、❹❺は規則動詞です。

1 ❶ We didn't <u>get</u> the device at the shop in front of our office.

❷ She didn't <u>call</u> back within the agreed time.

❸ Mr. Dickinson didn't <u>help</u> me with the paperwork yesterday.

❹ Did he <u>want</u> the report by last Thursday? —Yes, he <u>did</u>.

❺ When <u>did</u> her e-bike battery stop working? —Three days ago.

1 の解説

didが含まれる文では、否定文でも疑問文でも動詞は常に原形にします。

❺ 疑問詞を含む疑問文の語順は、現在形と同じで、疑問詞＋did＋主語＋動詞＋α？です。

2 ❶ I <u>didn't</u> <u>send</u> this offer to our client.

❷ Our company <u>didn't</u> <u>make</u> a profit last quarter.

❸ <u>Did</u> UE Co. <u>launch</u> a new product this year? —No, they <u>didn't</u>.

❹ Where <u>did</u> Utami <u>write</u> this advertisement? —At her office.

2 の解説

❸ UE Co. 「UE社」は三人称単数ですが、応答文では it / they の両方で受けることが可能です。

Chapter 7　1.be動詞の過去形の文　▶本冊 p.071

1
❶ The deadline for the report <u>was</u> last week.

❷ The headphones <u>were</u> on your desk last night.

❸ I <u>was</u> a keynote speaker at the conference yesterday.

❹ Last summer, we <u>were</u> really short-staffed.

❺ I <u>was</u> exhausted yesterday, so I left the office early.

1の解説
❶ 主語が長い場合、「前置詞（forなど）が前に付いていない最初に登場する名詞」を確認し、その名詞と動詞を合わせるようにするのが基本です。この問題ではThe deadlineに動詞を合わせます。

2
❶ Mr. Cobb's speech <u>was</u> very impressive.

❷ The law firm <u>was</u> across the street from the bank.

❸ Mr. Izuchi went to two restaurants yesterday and they <u>were</u> excellent.

❹ The view from the top of the tower <u>was</u> breathtaking.

❺ The new software <u>was</u> really confusing, so I didn't use it.

2の解説
❸ andが前後の文をつないでいます。空所の主語であるthey はtwo restaurantsを指しています。
❹ 主語の中心となる名詞The view に動詞を合わせます。

Chapter 7　2.be動詞の過去形の否定文・疑問文　▶本冊 p.073

1
❶ Mr. Kojima <u>wasn't</u> in the lobby at that time.

❷ The reports by Mr. Takayama <u>weren't</u> thorough.

❸ <u>Was</u> Mr. Goto really talented? —Yes, he <u>was</u>.

❹ Where <u>were</u> the tables and chairs?
　—They <u>were</u> in the ballroom.

1の解説
❷ 主語はThe reports by Mr. Takayamaで、中心となる名詞は最初にあるThe reports（複数形）です。空所の直前にあるMr. Takayamaという単数形の単語につられて、wasを選ぶことのないように気を付けてください。

2
❶ That device <u>wasn't</u> inexpensive.

❷ Katsuyori <u>wasn't</u> a member of the Human Resources Department.

❸ <u>Were</u> the railway lines in that city complex?
　—No, they <u>weren't</u>.

❹ When <u>was</u> the market open?
　—Every Saturday in September.

2の解説
❸ 主語はthe railway lines in that cityで、中心となる名詞はthe railway lines（複数形）です。

1 ❶ The woman <u>was</u> reaching into her bag.

❷ The man <u>was</u> standing on the platform.

❸ Customers <u>were</u> selecting some produce.

❹ Kenta <u>was</u> scrubbing the stove.

❺ She <u>was</u> wearing a pair of gloves.

1 の解説

過去進行形は主語が単数であれば was + *doing*、主 語 が you や複数であれば were + *doing* を使って表します。

2 ❶ One of the men <u>was</u> <u>trimming</u> the shrubs.

❷ She <u>was</u> <u>holding</u> up a piece of equipment.

❸ He <u>was</u> <u>glancing</u> at a magazine.

❹ Shane <u>was</u> <u>standing</u> on the rung of a ladder.

❺ Mr. Tanaka and Mr. Togo <u>were</u> <u>leaning</u> over an appliance.

2 の解説

❶ One of the men「男性の 1人」は単数である One が 主語の中心となるので、対 応する動詞は was になりま す。

1 ❶ They <u>were</u> not pointing at the monitor at that time.

❷ The woman <u>wasn't</u> adjusting the position of the chair.

❸ The cashier <u>wasn't</u> handing an item to the customer.

❹ Where <u>were</u> the housekeepers making beds?
　—In room 619.

1 の解説

過去進行形は be 動詞を必ず 使うので、否定文や疑問文の 作り方は be 動詞の過去形の 否定文や疑問文の作り方と同 じです。

2 ❶ Some of the passengers <u>weren't</u> <u>waiting</u> in the line.

❷ Mr. Robinson <u>wasn't</u> <u>presenting</u> in front of an audience.

❸ <u>Were</u> the people <u>waving</u> to each other?
　—Yes, they <u>were</u>.

❹ When <u>was</u> the medical worker <u>using</u> a microscope?
　—Yesterday.

2 の解説

❹ Yesterday. という応答文 は、The medical worker was using a microscope yesterday. から yesterday の前までの部分を省略した ものだと考えてください。

1. 未来を表す will の文 ▶本冊 p.083　　復習用音声 🔊 **078**

1 ❶ Mr. Moxley will <u>get</u> in touch with his supervisor.

❷ This battery <u>will</u> not last for a long time.

❸ Ms. Toura <u>won't</u> help me with this task.

❹ <u>Will</u> our company <u>make</u> a profit next quarter?
—Yes, it <u>will</u>.

1の解説

willの後に続く動詞は必ず原形になります。

2 ❶ The round-trip ticket <u>will</u> <u>be</u> about 120 dollars.

❷ He <u>will</u> <u>not</u> take care of the matter.

❸ <u>Will</u> you <u>apply</u> for the position? —Yes, I <u>will</u>.

❹ Who <u>will</u> be Mr. Suzuki's successor? —Mr. Maki <u>will</u>.

2の解説

❶ be動詞 is / am / are の原形は be です。

❹ 応答文の Mr. Maki will. は、Mr. Maki will be Mr. Suzuki's successor. から be 〜 successor の部分を省略したものだと考えてください。

---

2. 未来を表す be going to の文 ▶本冊 p.085　　復習用音声 🔊 **081**

1 ❶ I'm going to <u>get</u> the laptop today.

❷ You're <u>going</u> to finish the report by next Friday, aren't you?

❸ Yujiro isn't going to <u>write</u> the advertisement copy.

❹ Are you going to <u>visit</u> the U.S. next year?
—No, I'm not.

1の解説

be going to の後ろに続く動詞は必ず原形になります。

2 ❶ Ms. Kashima is <u>going</u> to <u>drop</u> him off at the airport.

❷ I'm <u>not</u> going to <u>work</u> as a locksmith.

❸ <u>Is</u> our supervisor <u>looking</u> over Mr. Fifita's résumé?
—Yes, she <u>is</u>.

❹ When <u>is</u> he going to <u>evaluate</u> her experience and background? —He's going to <u>do</u> it tomorrow.

2の解説

❸ これは日本語訳からわかるように現在進行形の文です。be going to の文と混同しないよう注意してください。

❹ 応答文の He's going to do it tomorrow. は、疑問文中の evaluate が do に、her experience and background が it になったと考えてください。

1
1. I can <u>manage</u> it by myself.

2. You can <u>accelerate</u> your progress.

3. I can't <u>e-mail</u> you immediately.

4. Can you <u>double</u> your sales within one month?
   —Yes, we can.

1の解説

助動詞を含むすべての文において、動詞は必ず原形になります。主語の人称や単数・複数を気にする必要は一切ありません。

2
1. You <u>can join</u> us for the tour.

2. We <u>can't book</u> the room for the conference today.

3. <u>Can</u> we <u>discuss</u> this in person tomorrow?
   —No, we <u>can't</u>.

4. Where <u>can</u> I <u>go</u> sightseeing near the hotel?
   —You <u>can go</u> to Spring Valley Park.

2の解説

3 discuss は「〜について話し合う」という意味の他動詞です。「〜について」という訳から前置詞の about を discuss の後ろに置くことのないように注意してください。

1
1. You <u>may</u> not be right.

2. A verbal agreement <u>might</u> not be enough.

3. <u>Would</u> you like to go now? —No, I wouldn't.

4. <u>Shall</u> we adjourn the meeting?
   —Yes, that sounds good.

1の解説

1 may は50%程度の「〜かもしれない」、might は30%程度の「〜かもしれない」というニュアンスを持つ助動詞です。

4 Shall we 〜? で「(いっしょに)〜しませんか」という意味になります。

2
1. You <u>should copy</u> these documents for yourself.

2. You <u>must call</u> him back right away.

3. You <u>may (might) have</u> a chance to meet Mr. Owens tomorrow.

4. <u>Must</u> I <u>finish</u> the task immediately? —Yes, you <u>must</u>.

2の解説

3 日本語訳に合う解答として、may の代わりに might を使ってもよいでしょう。

4 No で応答するのであれば No, you don't have to. 「いいえ、する必要はありません」になります。

1 ❶ Mr. Honma's task was <u>to finish</u> the report.

❷ Hina likes <u>playing</u> golf.

❸ Our CEO decided <u>to step</u> down yesterday.

❹ Mikey forgot <u>to send</u> the letter this morning.

❺ Ms. Amasaki forgot <u>sending</u> the letter this morning.

1 の解説

❸ decide は to 不定詞を目的語にとります。動名詞を目的語にはとりません。

❹ forget to do は「〜することを忘れる」という意味です。

❺ forget doing は「〜したことを忘れる」という意味です。

2 ❶ I wanted <u>to book</u> the room for the meeting.

❷ <u>Inspecting</u> your vehicle on a regular basis <u>is</u> very important.

❸ Mr. Kawato <u>needs to</u> come up with a solution.

❹ Mr. Yano <u>stopped drinking</u> from the glass of water.

2 の解説

❷ Inspecting your vehicle on a regular basis が 主語です。動名詞＋αから成るカタマリは三人称単数扱いになります。

❹ stop to drink にすると、「飲むために立ち止まる」という意味になります。

1 ❶ I have good news <u>to tell</u> you.

❷ Mr. Rivera needed someone <u>to take</u> care of the customer.

❸ We didn't have a chance <u>to see</u> Robbie.

❹ Mr. Danielson didn't have any matters <u>to discuss</u> with you.

1 の解説

❹ discuss の後ろに前置詞の with が続いていますが、これは discuss any matters with you から any matters の部分が to discuss の前に出た結果です。discuss with という表現があるわけではないので注意してください。

2 ❶ WEA Co. had a plan <u>to feature</u> Mr. Tyson in their advertisement.

❷ You will have an opportunity <u>to hear</u> a speech by our COO tomorrow.

❸ I have <u>nothing to eat</u> now.

❹ Jon wanted a tool <u>to repair</u> his vehicle.

2 の解説

❸ something / anything / nothing ＋ to 不定詞のパターンは頻出です。

☐1 ❶ Mr. Higuchi will assemble a team <u>to address</u> the matter.

❷ He was in a rush <u>to finish</u> the report.

❸ I was very happy <u>to see</u> Mr. Muta.

❹ Hiroshi was very kind <u>to give</u> me a nice jacket.

1 の解説

ここでの to 不定詞は、すべて「足りない情報を補う」感覚で使われています。

☐2 ❶ Miki went to Spain <u>to learn</u> Spanish.

❷ Mr. Narita grew up <u>to be</u> a famous baseball player.

❸ I started working out at the gym <u>to keep</u> healthy.

❹ I was so pleased <u>to see</u> Shingo yesterday.

❺ He woke up early <u>to catch</u> the eight o'clock train.

2 の解説

❷ be 動詞の原形は be です。ここでは「〜になる」という意味で使われています。

☐1 ❶ I'll ask her <u>to join</u> us tomorrow.

❷ Instructions on <u>how</u> to use this vacuum cleaner are on the next page.

❸ It was surprising for me <u>to pass</u> the exam.

❹ Ann was too shy <u>to make</u> a speech in front of us.

1 の解説

❷ how to do + α は名詞句なので、前置詞の目的語にすることができます。

☐2 ❶ We should <u>ask</u> her <u>to</u> attend the meeting.

❷ Ms. Sakurai couldn't decide <u>which cake</u> to eat.

❸ <u>It</u> is dangerous for people living there <u>to</u> go out alone after dark.

❹ Austin was <u>too</u> hungry <u>to</u> think about anything.

2 の解説

❹ too ... to 〜構文の too には「...すぎて〜できない」という意味が含まれていると考えてください。

Chapter 12　There be構文　▶本冊 p.109

1
❶ There <u>is</u> a wheelbarrow in front of the door.

❷ There <u>are</u> some people on the platform.

❸ There <u>isn't</u> any coffee in the mug.

❹ <u>Is</u> there any coffee in the mug? —No, there <u>isn't</u>.

❺ <u>Were</u> there any candidates in the lobby?
　—Yes, there <u>were</u>.

1の解説

❸ There be構文の主語は There beの後ろに続く名詞です。ここではany coffeeが主語に当たります。coffeeは不可算名詞なので、動詞はis / wasを使います。

2
❶ <u>There was</u> some water in the canteen.

❷ <u>There were</u> railings on both sides of the path.

❸ <u>There wasn't</u> a motorcycle in the garage.

❹ <u>Is there</u> any cookware under the microwave?
　—No, <u>there isn't</u> / <u>there's not</u>.

2の解説

❹ cookwareは不可算名詞ですが、「（台所にある）器具」を表すutensilは可算名詞です。

Chapter 13　1. 原級を使った比較の文　▶本冊 p.111

1
❶ This problem is <u>as difficult as</u> that one.

❷ Mr. Togo designed <u>as many buildings as</u> Mr. Takayama.

❸ That novel isn't <u>as interesting as</u> this one.

❹ Is that automobile <u>as old as</u> mine? —Yes, it is.

1の解説

❶ that oneのoneは代名詞でproblemのことを表します。一度登場した可算名詞は、同一のものを表すのであればitやtheyなどに置き換えられますが、同じ種類の同一ではないものを表す場合はone / onesを用いて表します。

2
❶ This tool is <u>as expensive as</u> that one.

❷ His presentation <u>wasn't as clear</u> as yours.

❸ The newly hired employee works <u>as hard as</u> his supervisor.

❹ Can Hiroyoshi run <u>as fast as</u> Satoshi? —No, he can't.

2の解説

❷ yours「あなたのもの」は your presentationのことを指しています。

1

❶ Brody is much <u>taller</u> than Brian.

❷ This park is <u>more beautiful</u> than any other park in this region.

❸ You look <u>more exhausted</u> than her.

❹ That artwork wasn't <u>more impressive</u> than this one.

1 の解説

❶ much「ずっと」は比較級の前に置いて比較級を強めます。

❷ than any other ＋単数形は「ほかのどの〜よりも」という意味を表します。any other の後ろには名詞の単数形が続きます。

2

❶ Mr. Jericho can <u>run</u> <u>faster</u> than him.

❷ Business-class seats are <u>more</u> <u>comfortable</u> <u>than</u> seats in regular seating areas.

❸ This show <u>isn't</u> <u>more</u> <u>interesting</u> than that one.

❹ Is this ad <u>more</u> <u>appealing</u> <u>than</u> that one?
　—Yes, it is.

2 の解説

比較級の否定文や疑問文の作り方は、be動詞や一般動詞の否定文や疑問文の作り方と同じです。

1

❶ Ms. Kondo is the <u>most talented</u> person on the team.

❷ Jack was the <u>most valuable</u> basketball player last year.

❸ This guidebook isn't the <u>best</u> for novices.

❹ Is this the <u>most</u> energy-efficient refrigerator?
　—No, it isn't.

1 の解説

❸ best は形容詞 good「よい」の最上級です。

❹ energy-efficient は1語の形容詞です。

2

❶ *Finding Taro* was <u>the</u> <u>most</u> <u>acclaimed</u> movie in the U.S. last year.

❷ Yesterday Mr. Kidani told us <u>the</u> <u>easiest</u> solution.

❸ Mr. Abe wasn't <u>the</u> <u>best</u> inspector at that company.

❹ Is Grove Hotel Tokyo's <u>most</u> <u>famous</u> hotel?
　—Yes, it is.

2 の解説

❹ 最上級の前には the が付きますが、the の代わりに所有格が付くこともあります。

Chapter 14　受動態（受け身）の文　▶ 本冊 p.119

1　**❶** A ladder <u>is propped</u> against the wall.

❷ The man's sleeves are <u>rolled up</u>.

❸ The roof of my house is <u>being repaired</u>.

❹ Are some potted plants <u>suspended</u> above the shelf?
—Yes, they are.

1 の解説
❷ roll up「〜をまくり上げる」という句動詞（動詞のカタマリ）は、受動態にした場合でも be rolled up「まくり上げられる」のようにセットのままにします。

2　**❶** The path <u>was</u> <u>being</u> <u>cleaned</u>.

❷ Two bags <u>are</u> <u>mounted</u> on the bike.

❸ The poster <u>isn't</u> <u>attached</u> to the wall.

❹ <u>Are</u> the vases <u>placed</u> on the windowsill?
—No, they aren't.

2 の解説
❶ 受動態の進行形は be ＋ being ＋過去分詞で表し、「〜されている最中だ」という意味になります。

Chapter 15　1. 完了・結果を表す現在完了形の文　▶ 本冊 p.121

1　**❶** The journalist <u>has gone</u> to the U.S.

❷ The critic <u>has just watched</u> the new movie.

❸ I <u>haven't cleaned</u> the living room yet.

❹ <u>Have</u> you read the magazine yet? —Yes, I <u>have</u>.

❺ <u>Have</u> you finished the course yet? —No, I <u>haven't</u>.

1 の解説
❶ have gone to「〜に行ってしまった（今、ここにはいない・結果）」と have been to「〜に行ったことがある（今はここにいる・経験）」の区別をきちんとつけておきましょう。

2　**❶** Mr. Rhodes <u>has</u> <u>lost</u> his smartphone.

❷ My laptop <u>has</u> <u>already</u> <u>been</u> repaired.

❸ Mr. Kazarian <u>hasn't</u> <u>spent</u> all his money <u>yet</u>.

❹ <u>Have</u> they <u>moved</u> out yet? —No, they <u>haven't</u>.

2 の解説
❷ have been ＋過去分詞で現在完了形の受動態「〜されてしまった」を表すことができます。

1　❶ He <u>has eaten</u> enough beef bowl for three people before.

❷ Jeff <u>has seen</u> this award-winning movie three times.

❸ I've never <u>seen</u> such beautiful scenery.

❹ Has Mirai ever <u>flown</u> an airplane? —Yes, she has.

1 の解説

❹ fly an airplane「飛行機を操縦する」は日本語訳と英語のフレーズを結びつけにくい表現なので、ここでしっかりとマスターしておきましょう。

2　❶ Kenny and Kota <u>have</u> <u>traveled</u> all over the world.

❷ I <u>have</u> <u>visited</u> the art museum many times.

❸ Ms. Kosakai <u>has</u> <u>never</u> <u>visited</u> the local community center.

❹ How many times <u>have</u> you <u>been</u> <u>to</u> Taiwan?
—Three times.

2 の解説

❸ neverではなくnotを用いると、Ms. Kosakai has not visited the local community center.「コサカイさんは公民館を訪れたことがありません」のように、強調がされていない普通の否定文になります。

1　❶ Mr. Naito <u>has been</u> busy for a long time.

❷ I <u>have known</u> the entrepreneur since she was young.

❸ Have you <u>worked</u> on this project for two months?
—Yes, I have.

❹ How <u>long</u> has he studied French?
—For about a decade.

1 の解説

❹ how longは「どのくらいの間」という意味で、「期間」を尋ねるときに使います。「距離」を尋ねる場合はhow farを使います。混同しないよう注意してください。

2　❶ <u>I've</u> <u>lived</u> in Sydney <u>for</u> ten years.

❷ Kenta <u>has</u> <u>been</u> sick in bed <u>for</u> a week.

❸ It <u>hasn't</u> <u>rained</u> in Tokyo <u>since</u> last week.

❹ <u>Have</u> you <u>used</u> this laptop <u>since</u> you were a child?
—Yes, I <u>have</u>.

2 の解説

sinceの後ろには「過去の起点を表す」名詞句と節（主語と動詞を含むカタマリ）の両方を続けることが可能です。❸では名詞句、❹では節が続いています。

1 ❶ The man has been <u>playing</u> an instrument since early morning.

❷ The woman has been <u>looking</u> for her purse since yesterday.

❸ Yoshie has been <u>watching</u> TV for three hours.

❹ Have you <u>been</u> working at this hotel as a receptionist? —Yes, I have.

1の解説

現在完了進行形では期間を表すforやsinceがよく使われます。

2 ❶ Mr. Takeda <u>has</u> <u>been</u> <u>practicing</u> basketball since noon.

❷ We <u>have</u> <u>been</u> <u>waiting</u> for Mr. Watanabe for two hours.

❸ <u>How</u> <u>long</u> <u>has</u> my supervisor <u>been</u> talking with the client? —For about two hours.

❹ <u>Has</u> she <u>been</u> taking pictures since this morning? —No, she <u>hasn't</u>.

2の解説

❸ 現在完了進行形の疑問文はHave / Has＋主語＋been＋動詞のing形＋α？の語順になります。疑問詞を付ける場合はhave / hasの前に疑問詞を置きます。

1 ❶ The man was looking at the <u>falling</u> leaves.

❷ The woman <u>reading</u> a newspaper is my relative.

❸ The movie <u>inspires</u> me to try harder.

❹ The man <u>complaining</u> about the problem is my subordinate.

1の解説

❶ falling leaves は「落ち行く葉っぱ」、fallen leaves は「（地面に落ちた）落ち葉」を表します。

❸ カッコの外には動詞となる単語がないため、修飾の役割を持つ分詞ではなく、動詞の現在形が適切です。

2 ❶ The <u>running</u> vehicle <u>is</u> Ms. Fukuda's.

❷ The man <u>wearing</u> <u>glasses</u> <u>is</u> my nephew.

❸ There are some people <u>playing</u> <u>instruments</u> on the street.

❹ The man <u>wiping</u> the <u>window</u> is Mr. Sato.

❺ The men <u>greeting</u> each other <u>are</u> our CEO and the mayor.

2の解説

❷ 主語はThe man wearing glasses です。動詞の直前にある名詞glassesに惑わされて「この主語は複数だ」と勘違いしないように注意してください。主語の中心は最初に登場するThe manなので単数です。

1 ❶ The actress <u>called</u> Keito was very beautiful.

❷ This is a book <u>written</u> in Spanish.

❸ The potted plants <u>suspended</u> above the shelf are discolored.

❹ The air-conditioner <u>mounted</u> on the wall is brand-new.

1の解説

過去分詞は動詞の過去形と同じ形である場合が多いため、動詞と間違えることのないよう気を付けてください。該当する語が過去分詞である場合には、必ず同じ文のどこかに述語になる動詞があるはずです。

2 ❶ There <u>are</u> some boxes <u>wrapped</u> in plastic over there.

❷ Please select the correct answer from the four choices <u>given</u>.

❸ The woman <u>seated</u> on the stool <u>is</u> Maya.

❹ Nobuo was shocked to <u>see</u> the <u>broken</u> artwork.

❺ We can <u>see</u> several ropes <u>tied</u> to a ship.

2の解説

❷ 多くの場合、分詞単独では前から名詞を修飾し、分詞＋αから成る句は後ろから名詞を修飾します。ですが、本問のように分詞が単独で後ろから名詞を修飾するパターンもあるということを押さえておいてください。

1 ❶ We should go over the decisions <u>that</u> were made in the meeting this morning.

❷ FKC is a nonprofit organization <u>that</u> supports agricultural workers in this region.

❸ The woman <u>who</u> helped me was Ms. Hojo.

❹ The man <u>whom</u> I met in London was Mr. Makabe.

1の解説

❹ whom は that に置き換えることができます。今では主格の who も目的格の代わりに使われるのが普通になっています。

2 ❶ I'm calling from BB Appliances about the order <u>that</u> <u>was</u> placed yesterday.

❷ Mr. Nakamura is a manager <u>who (that)</u> <u>is</u> more admired than any other manager at this company.

❸ You should ask Ms. Kanazaki, <u>who</u> <u>has</u> <u>run</u> the distribution department for ten years.

❹ The people <u>whom (that / who)</u> <u>I</u> met at the party were very friendly.

2の解説

❸ カンマの後ろに関係代名詞を置く場合は、基本的に that は使えないと考えてください。よって、本問の who は that に置き換えることはできません。

Chapter 17 | **2. 関係代名詞の which・whose** | ▶本冊 p.137

1

❶ I had lunch at the café <u>which</u> is very popular in this town.

❷ Those are buildings <u>which</u> our company designed.

❸ I have a cat <u>whose</u> legs are very long.

❹ I know a man <u>whose</u> father is American.

1 の解説

❶❷の which は that に置き換えることができます。

2

❶ They asked us to prepare a detailed report, <u>which</u> was a big request.

❷ I remember the hotel we stayed at, the name of <u>which</u> was in Spanish.

❸ I have a friend <u>whose</u> mother is a famous artist.

❹ A man <u>whose</u> name is known to people all over the world is Einstein.

2 の解説

❹ A man is known to people all over the world. と A man's name is Einstein. が元の文です。

Chapter 18 | **原形不定詞の文** | ▶本冊 p.141

1

❶ I saw the woman <u>clean</u> the windows yesterday.

❷ Mr. Oka makes his subordinate <u>read</u> a newspaper every day.

❸ Ms. Smith heard Taichi <u>play</u> the violin last night.

❹ I noticed Julia <u>come</u> into the room.

❺ We watched Kota <u>give</u> a live performance on stage.

1 の解説

❷ 使役を表す make / let / have の意味の違いをきちんと確認しておきましょう。

2

❶ I <u>helped</u> Mr. Sakaguchi <u>clean</u> up the storeroom.

❷ Mr. Suzuki <u>let</u> us <u>use</u> his chairs last night.

❸ Ms. Takada didn't <u>make</u> Mr. Tamura <u>join</u> the event.

❹ I will <u>have</u> the technician <u>repair</u> my laptop tomorrow.

2 の解説

❶ help ＋人＋ to do の形でも使われますが、help ＋人＋ do の形で使われる場合の方が多いです。

❷ let は原形・過去形・過去分詞がすべて同形の動詞です。本問で使われている let は過去形です。

1 ❶ If I <u>were</u> you, I would purchase this motorcycle.

❷ If I <u>had</u> more time, I could visit Canada.

❸ I wish I <u>were</u> rich.

❹ I wish Mr. Naito <u>could</u> pass the final exam.

❺ I hope Mr. Naito <u>can</u> pass the final exam.

1の解説

❶ 仮定法では、if 〜 の部分の「動詞の過去形」に be 動詞がくる場合、主語が何であっても were を使うことが多いということを押さえておいてください。

❹「合格できればいいが実際には難しい」というニュアンスです。

---

2 ❶ If I <u>had</u> more money, I <u>could</u> buy that house.

❷ If I <u>could</u> speak Spanish well, I <u>would</u> work in Mexico.

❸ If it <u>were</u> sunny today, we <u>would</u> go on a company retreat.

❹ I <u>wish</u> Aya <u>could</u> speak English.

❺ If I <u>lived</u> in Fukuoka, I <u>could</u> visit him.

2の解説

仮定法で使う助動詞には would や could がありますが、「〜しただろう」という「推量」の意味を持たせたいのであれば would を、「〜できただろう」という「可能」の意味を持たせたいのであれば could を使います。

『中学英語からやり直す
TOEIC® L&Rテスト超入門』
別冊

TOEIC練習問題

解答解説

各解説の最初に「問題タイプ」を示しています。
間違えた問題は、
本冊の「TOEIC®L&Rテストを知ろう!」に戻って、
該当の問題タイプの特徴を再度確認しましょう。

1

2

---

1 🇺🇸 🔊 020

(A) He's looking at a monitor.
(B) He's putting on his glasses.
(C) He's hanging up the telephone.
(D) He's taking notes on a piece of paper.

(A) 彼はモニターを見ている。
(B) 彼は眼鏡をかけようとしているところだ。
(C) 彼は電話を切ろうとしている。
(D) 彼は紙にメモをとっている。

> **正解 D** 人物が1人の写真です。男性が紙にメモを取っている動作を描写している(D)が正解です。
> モニターらしきものはあるものの、男性はそちらを見ていないので(A)は不正解。
> (B)の *be* putting on「〜を着用している」は「今この瞬間に衣類や眼鏡を身に着けようとしている」という「動作」を表すので不適切。代わりに、「すでに着用をしている」という「状態」を表す *be* wearing を使えば正解になりえます。
> 男性は電話で話している最中なので、(C)も不正解です。

□ **look at**：〜を見る　□ **put on**：〜を着用する　□ **glasses**：眼鏡　□ **hang up**：（電話を）切る
□ **take notes on**：〜にメモをとる　□ **a piece of paper**：1枚の紙

---

2 🇦🇺 🔊 021

(A) They are shaking hands with each other.
(B) They are walking in opposite directions.
(C) One of the women is unpacking her luggage.
(D) One of the women is pushing a cart.

(A) 彼女たちは互いに握手をしている。
(B) 彼女たちは反対の方向に歩いている。
(C) 女性の1人は荷物を解いている。
(D) 女性の1人はカートを押している。

> **正解 B** 人物が複数の写真です。2人の女性が別々の方向に向かってすれ違おうとしている様子を描写している(B)が正解です。
> 女性たちは握手をしている最中ではないので(A)は不正解。
> 女性たちは荷物を持ってはいますが、2人とも荷物を開けている最中ではないので(C)は正解になりません。
> 向かって右側のスーツケースを引っ張っている女性の様子として(D)を誤って選ばないように注意してください。*be* pushing a cart の部分を *be* pulling a suitcase「スーツケースを引いている」や *be* wheeling a suitcase「スーツケースを動かしている」などに変えれば正解になりえます。wheel は「（車輪のついているもの）を動かす・押す」という意味の他動詞として使えることを押さえておいてください。

□ **shake hands with**：〜と握手をする　□ **each other**：お互い　□ **in opposite directions**：反対の方向に
□ **one of**：〜の1つ　□ **unpack**：〜を開ける　□ **luggage**：荷物　□ **cart**：カート

3 🔊 **032**

🇨🇦 M　Which camera are you going to buy?

🇺🇸 W　(A)　The new model.

　　　 (B)　It looks nice.

　　　 (C)　If I can.

あなたはどのカメラを買う予定ですか。

(A)　新しいモデルです。

(B)　それはすてきですね。

(C)　もし可能であれば。

> **正解A**　WH疑問詞問題です。どのカメラを買おうとしているかを尋ねているのに対して、「新しいモデル」と具体的に答えている(A)が正解です。
>
> 　(B)は、問いかけにある「カメラ」に対する感想を述べているような応答ですが、問いかけとはかみ合いません。
>
> 　(C)は、「可能であれば（カメラを買いたい）」という応答であると解釈できますが、こちらも(B)と同様、問いかけとはかみ合いません。

□ *be* going to *do*：～するつもりだ

---

4 🔊 **033**

🇦🇺 M　Where do you keep the copy paper?

🇨🇦 M　(A)　Not now, thanks.

　　　 (B)　In the cabinet.

　　　 (C)　I have a copy.

コピー用紙をどこに保管していますか。

(A)　今はいいです、ありがとう。

(B)　戸棚の中です。

(C)　私が写しを持っています。

> **正解B**　WH疑問詞問題です。Whereで始まる問いかけに対して、「戸棚の中」という、コピー用紙が保管されている場所を伝えている(B)が正解です。
>
> 　(A)は問いかけとは何の関連もない内容なので不正解、(C)は問いかけの中にあるcopy「コピー」という単語を含む応答ですが、場所を尋ねる問いかけとは話がかみ合いません。
>
> 　copyは「（本などの）部、部数、冊」という意味でもよく使われます。

□ **keep**：～を保管する　□ **cabinet**：戸棚

---

5 🔊 **034**

🇬🇧 W　We're running out of paper and some other supplies.

🇦🇺 M　(A)　I hope it's a surprise.

　　　 (B)　He should be happy about that.

　　　 (C)　Let's order some more.

紙やその他いくつかの備品がなくなりそうです。

(A)　それがサプライズならよいのですが。

(B)　彼はそれを喜んでいるはずです。

(C)　もう少し注文しましょう。

> **正解C**　問いかけが平叙文の問題です。「備品がなくなりそう」という発言に対して、「（備品を）もう少し注文する」という正しい対応を伝えている(C)が正解です。
>
> 　(A)は、問いかけの中にあるsupplies「備品」と発音が似ているsurprise「サプライズ、驚き」を使った引っ掛けです。
>
> 　(B)も問いかけを「サプライズが行われる」という内容だと誤って理解してしまった人が引っ掛かってしまう選択肢です。

□ **run out of**：～を使い果たす　□ **other**：他の　□ **supply**：備品　□ **hope**：～を願う　□ **surprise**：サプライズ、驚き
□ **should be**：～なはずだ　□ **order**：～を注文する　□ **some more**：もう少し多く

🔊 **048**

Questions 6 through 8 refer to the following conversation.

問題 6-8 は次の会話に関するものです。

🇺🇸 W　Why are you looking at that real estate Web site, Joe?

どうしてその不動産のウェブサイトを見ているのですか、Joe。

🇦🇺 M　❶ I'm looking for somewhere to live closer to work. ❷ I'd like to find an apartment around here.

❶職場のもっと近くで、住めるところを探しているのです。❷この辺りでアパートを見つけたいです。

W　❸ Apartments are really expensive around here. How about somewhere like Kingsford or Aspley? The freeway runs right by them, so you can drive to work quite quickly.

❸この辺りのアパートはとても高いですよね。Kingsford や Aspley の辺りはどうですか。高速道路がすぐ近くを通っているので、かなり早く車で通勤できますよ。

M　They're nice places to live but I want to be close enough to ride my bicycle easily. ❹ I've been coming to work by bicycle for a few months now.

その辺りは住むにはよい場所なのですが、自転車で簡単に来られるくらい近い場所がよいのです。❹ここ数か月ほど自転車で通勤しているので。

□ **look at**：〜を見る　□ **real estate**：不動産　□ **look for**：〜を探す　□ **somewhere**：どこかに
□ **closer to**：〜により近い　□ **work**：職場　□ **I'd like to** *do*：私は〜したい　□ **around here**：この辺りで
□ **expensive**：値段が高い　□ **how about**：〜はいかがですか　□ **freeway**：高速道路　□ **right by**：〜のすぐそばに
□ **drive to work**：車で通勤する　□ **quite**：かなり　□ **quickly**：早く　□ **close**：近い　□ **enough**：十分に
□ **ride**：〜に乗る　□ **easily**：簡単に　□ **come to work**：通勤する　□ **for a few months**：数か月の間

6 What does the man say he wants to do?

(A) Visit a relative
(B) Arrange a party
(C) Find a new apartment
(D) Take part in a tour

男性は何をしたいと言っていますか。

(A) 親戚を訪ねる
(B) パーティーを計画する
(C) 新しいアパートを見つける
(D) ツアーに参加する

正解C WH疑問詞問題で、男性がしたいと言っていることが問われています。男性は ❶ と ❷ で「この辺り（職場のもっと近く）でアパートを見つけたい」と述べています。これらのことから、男性が「新しいアパートを探している」ことがわかるため、正解は (C) Find a new apartment です。

設問を先読みする際に does the man say の部分から「男性が正解のヒントを言う」ということを予想してから、音声を聞くようにしてみてください。

□ **want to** *do*：〜したい　□ **relative**：親戚　□ **arrange**：〜を手配する　□ **find**：〜を見つける
□ **take part in**：〜に参加する

---

7 What is the woman worried about?

(A) The traffic
(B) The size
(C) The cost
(D) The location

女性は何について心配していますか。

(A) 交通量
(B) 大きさ
(C) 費用
(D) 場所

正解C WH疑問詞問題で、女性が心配していることについて問われています。❸ で「この辺りのアパートは高い」と述べています。このことから、女性は（男性が借りようとしている）アパートの家賃のことを心配していることがわかるため、正解は (C) The cost になります。

本問は設問から「女性が心配事について述べる」ということがわかります。このように、設問を先読みする際に「男性と女性のどちらが正解のヒントを言うのか」がわかる場合は、ぜひ意識して音声を聞くようにしてみてください。

□ *be* **worry about**：〜について心配している

---

8 How does the man usually get to work?

(A) By taking a train
(B) By taking a bus
(C) By driving his car
(D) By riding a bicycle

男性は普段どのように通勤していますか。

(A) 電車で
(B) バスで
(C) 車を運転して
(D) 自転車に乗って

正解D WH疑問詞問題で、男性の通勤手段について問われています。男性は ❹ で「ここ数か月は自転車で通勤している」と述べています。このことから、正解は (D) By riding a bicycle になります。

by *do*ing「〜することによって」のように、前置詞や接続詞などの後ろに直接 *do*ing を続ける頻出の表現がいくつかあります。

before *do*ing「〜する前に」、after *do*ing「〜した後で」、when *do*ing「〜するときに」、while *do*ing「〜する間に」、since *do*ing「〜して以来」などをセットで覚えておくとよいでしょう。

□ **usually**：普段　□ **get to work**：通勤する　□ **by** *do*ing：〜することによって　□ **take**：〜に乗る

Questions 9 through 11 refer to the following conversation.

🇬🇧 W ❶We can't bring clients here until the air conditioner is fixed. ❷It's just too hot.

🇨🇦 M You're right. ❸I'm going to call the landlord now to ask to have it repaired. I hope he can send someone by the end of the day.

W I imagine this is the busiest time of year for air conditioner repair people. We might have to wait a few days. ❹I'm postponing my appointments until later in the week.

M Good call. You could offer to meet people in the café downstairs, though.

問題 9-11 は次の会話に関するものです。

❶エアコンが修理されるまで、ここに顧客を連れてくることはできないですね。❷暑すぎます。

そうですね。❸大家さんに今から電話して、エアコンを修理してもらうよう依頼します。今日中に誰か来てくれるといいのですが。

エアコン修理業者にとって、今が最も忙しい時期でしょうね。何日か待たなくてはいけないかもしれません。❹私は顧客との約束を週の後半に延期します。

よい判断ですね。でも下の階のカフェで会うことを提案してもよいかもしれません。

□ **bring**：～を連れてくる　□ **client**：顧客　□ **until**：～まで（ずっと）　□ **air conditioner**：エアコン
□ **fix**：～を修理する　□ **landlord**：大家　□ **ask to** *do*：～するよう依頼する　□ **have it repaired**：それを修理してもらう
□ **hope**：～を願う　□ **send**：～を送る　□ **someone**：誰か　□ **by the end of**：～の終わりまでに
□ **imagine**：～だと想像する　□ **air conditioner repair people**：エアコン修理業者　□ **might**：～かもしれない
□ **have to** *do*：～しなければならない　□ **wait**：待つ　□ **a few days**：数日　□ **postpone**：～を延期する
□ **appointment**：約束　□ **later in the week**：週の後半　□ **Good call.**：よい判断ですね。
□ **offer to** *do*：～することを申し出る　□ **downstairs**：階下の　□ **though**：でも

9 What are the speakers discussing?

(A) A health inspection
(B) An air conditioning problem
(C) A restaurant menu
(D) A television broadcast

話し手たちは何を話し合っていますか。

(A) 健康診断
(B) 空調の問題
(C) レストランのメニュー
(D) テレビ放送

正解 B WH疑問詞問題で、会話の主題が問われています。女性は ❶ と ❷ で「エアコンが修理されるまで、暑すぎるのでここに顧客を呼べない」と述べ、❸ で男性は「修理を依頼する」と述べています。これらのことから、話題はエアコンの問題であることがわかるため、正解は (B) An air conditioning problem になります。

(D)にある broadcast「放送」は「(番組)を放送する」という意味の他動詞としても使われます。原形・過去形・過去分詞が同じ形であるということも押さえておいてください。

□ **discuss**：～について話し合う　□ **inspection**：検査　□ **air conditioning**：空調設備　□ **broadcast**：放送

---

10 Who is the man going to call?

(A) A government employee
(B) The supervisor
(C) An advertising expert
(D) The landlord

男性は誰に電話するつもりですか。

(A) 政府職員
(B) 上司
(C) 広告の専門家
(D) 大家

正解 D WH疑問詞問題で、男性が電話をかける相手を問われています。男性は ❸ で「大家さんに今から電話して、エアコンを修理してもらうよう依頼します」と述べています。このことから、相手は大家であることがわかるため、正解は (D) The landlord になります。

Who is the man going to call? という設問の主語は the man です。文頭にある Who を主語と勘違いして「誰が男性に電話をするつもりですか」という意味に解釈することのないよう気を付けましょう。

□ *be* going to *do*：～するつもりだ　□ **government**：政府　□ **employee**：従業員　□ **advertising**：広告
□ **expert**：専門家

---

11 What will the woman most likely do next?

(A) Make a reservation
(B) Read some instructions
(C) Order a meal
(D) Reschedule some appointments

女性はおそらく次に何をすると考えられますか。

(A) 予約をする
(B) 指示書を読む
(C) 食事を注文する
(D) 約束を再調整する

正解 D WH疑問詞問題で、女性の次の行動について問われています。女性は ❹ で「私は顧客との約束を週の後半に延期します」と述べています。これを抽象的な表現を使って簡潔にまとめている (D) Reschedule some appointments が正解になります。

most likely「おそらく」が設問に含まれている場合は、どのようなことが行われるのかを文脈から「推測」して正解を導かなければならない場合があるということを押さえておいてください。

□ **most likely**：おそらく　□ **reservation**：予約　□ **instructions**：指示書　□ **order**：～を注文する　□ **meal**：食事
□ **reschedule**：(予定など) を再調整する　□ **appointment**：約束

🔊 **063**

Questions 12 through 14 refer to the following talk.

問題 12-14 は次の話に関するものです。

🏴󠁧󠁢󠁥󠁮󠁧󠁿 W

Before we start talking about any of the topics on the agenda, ❶ I'd like to introduce you all to Meg Teller. ❷ She has just joined the company this week. She's working in the marketing section, but she may help out in other sections during the orientation period. We'll be welcoming a lot of new people over the next couple of months. ❸ Many of them will end up working at our new office in Parkman. ❹ That will open early next year. ❺ If you know any qualified people looking for work, please encourage them to come in and interview for a position.

議題にあるトピックについて話し合いを始める前に、❶みなさんに Meg Teller を紹介させてください。❷彼女は今週わが社に入社しました。彼女は営業部に所属していますが、研修の期間中は他の部署の手伝いをするかもしれません。わが社はこれから2、3か月の間に多くの新入社員を迎え入れます。❸その多くは Parkman にできるわが社の新しいオフィスで働くことになるでしょう。❹それは来年早々に開設されます。❺もし仕事を探している適任者をご存知でしたら、ぜひわが社に採用面接を受けにくるよう勧めてみてください。

□ **start** *doing*：〜し始める　□ **talk about**：〜について話す　□ **any of**：〜のどれでも　□ **agenda**：議題
□ **I'd like to** *do*：私は〜したい　□ **introduce A to B**：A を B に紹介する　□ **join**：〜に加わる
□ **marketing section**：営業部　□ **help out in**：〜を手伝う　□ **other**：他の　□ **section**：部署　□ **during**：〜の間
□ **period**：期間　□ **welcome**：〜を迎え入れる　□ **a lot of**：たくさんの
□ **over the next couple of months**：これから 2、3 か月の間に　□ **many of**：〜の多く
□ **end up** *doing*：最後には〜することになる　□ **qualified**：適任の　□ **look for**：〜を探す
□ **encourage to** *do*：人に〜するよう勧める　□ **come in and interview for a position**：採用面接を受けにくる

12 What is the purpose of the talk?

(A) To congratulate a staff member for winning an award

(B) To thank employees for their hard work

(C) To explain a new company procedure

(D) To introduce a new employee

この話の目的は何ですか。

(A) スタッフの受賞を祝うこと

(B) 従業員の大変な努力に感謝すること

(C) 新しい社内手続きを説明すること

(D) 新入社員を紹介すること

正解 D WH疑問詞問題で、トークの目的が問われています。話し手は ❶ と ❷ で「みなさんに Meg Teller を紹介したいです。彼女は今週わが社に入社しました」と述べています。これを簡潔にまとめている (D) To introduce a new employee が正解になります。

　このようなトークの目的を問う設問では、特にトークの冒頭を注意して聞きましょう。

□ **purpose**：目的　□ **congratulate**：〜を祝う　□ **win an award**：受賞する　□ **thank A for B**：A の B に感謝する
□ **employee**：従業員　□ **hard work**：大変な努力　□ **explain**：〜を説明する　□ **procedure**：手続き
□ **introduce**：〜を紹介する

13 According to the speaker, what will happen next year?

(A) A new product will be launched.

(B) A new office will open.

(C) A department will be closed.

(D) A building will be extended.

話し手によると、来年には何が起こりますか。

(A) 新しい製品が発売される。

(B) 新しいオフィスが開設される。

(C) ある部署が閉鎖される。

(D) 建物が増設される。

正解 B WH疑問詞問題で、未来に起こる出来事について問われています。話し手は ❸ と ❹ で「新入社員の多くが Parkman にできるわが社の新しいオフィスで働くことになり、それは来年早々に開設される」と説明しています。これを簡潔にまとめている (B) A new office will open. が正解になります。

　Part 4は話し手が1人なので、設問にある According to the speaker の部分は読まなくても大丈夫です。設問を読む時間を短縮できます。

□ **according to**：〜によると　□ **happen**：起こる　□ **product**：商品　□ **launch**：〜を発売する
□ **department**：部署　□ **close**：〜を閉鎖する　□ **extend**：〜を拡張する

14 What does the speaker say the company is looking for?

(A) Qualified people

(B) Product improvements

(C) Stationery supplies

(D) Advertising ideas

話し手は、会社が何を求めていると言っていますか。

(A) 適任の人材

(B) 商品の改善

(C) 文房具の供給

(D) 広告のアイデア

正解 A WH疑問詞問題で、会社が求めていることについて問われています。話し手は ❺ で「仕事を探している適任の人に採用面接を受けにくるよう勧めてみて」とお願いしています。このことから、話し手の所属している会社は「適任の人」を探していることがわかるため、正解は (A) Qualified people になります。

　Part 4では設問にある does the speaker say の部分は読まなくても大丈夫です。それ以外の部分から「会社が何を求めているか」という内容だと理解してください。設問を読む時間を短縮できます。

□ **look for**：〜を探す　□ **qualified**：適任の　□ **product**：商品　□ **improvement**：改善　□ **stationery**：文房具
□ **supply**：供給　□ **advertising**：広告

Questions 15 through 17 refer to the following telephone message.

🇺🇸 W

Hi, Mr. Wilson. ❶This is Rhonda Day from Everfit Health Club. ❷The other day when you were at the gym, you mentioned to me that you'd lost your membership card. I was unable to make a card for you at the time because of some technical difficulties, but ❸I'm happy to say that we have a new membership card waiting for you now. You can come and pick it up whenever you have time. ❹As I mentioned, there's a replacement fee of five dollars. ❺Please be sure to bring that with you next time you come in.

問題 15-17 は次の留守電メッセージに関するものです。

もしもし、Wilson さん。❶Everfit スポーツクラブの Rhonda Day です。❷先日ジムにいらしたときに、会員証をなくしたとおっしゃっていましたよね。そのときは機械的な問題のためにカードをお作りできませんでしたが、❸現在、喜ばしいことに、新しい会員証が出来上がっております。お時間があるときにいつでも取りにお越しください。❹申し上げた通り、再発行には5ドルかかります。❺次にお越しになるときに忘れずに代金をお持ちください。

□ **the other day**：先日　□ **mention to** *somebody*：人に話す　□ **lose**：～をなくす　□ **membership card**：会員証
□ *be* **unable to** *do*：～することができない　□ **at the time**：そのとき　□ **because of**：～が理由で
□ **technical difficulty**：機械の不具合　□ **wait for**：～を待つ　□ **come and pick it up**：それを取りに来る
□ **whenever**：いつでも　□ **as I mentioned**：申し上げた通り　□ **replacement fee**：再発行手数料
□ *be* **sure to** *do*：確実に～する　□ **bring**：～を持ってくる

15 Where does the speaker work?

(A) At an appliance store
(B) At a café
(C) At a fitness center
(D) At a pharmacy

話し手はどこで働いていますか。

(A) 家電用品店で
(B) カフェで
(C) フィットネスセンターで
(D) 薬局で

正解 C WH疑問詞問題で、話し手の職場が問われています。話し手は **①** と **②** で「EverfitスポーツクラブのRhonda Dayです。先日ジムにいらしたときに、会員証をなくしたとおっしゃっていましたよね」と述べています。
　このことから、話し手が働いている場所は(C) At a fitness centerであることがわかります。留守電メッセージでは、冒頭で話し手が名乗る場合が多いので、集中して音声を聞きましょう。

□ **appliance store**：家電用品店　□ **pharmacy**：薬局

---

16 What does the speaker want Mr. Wilson to know?

(A) He has won a competition.
(B) His membership card is ready.
(C) His application was successful.
(D) He must update his contact details.

話し手はWilsonさんに何を知らせたいのですか。

(A) 彼は大会で優勝した。
(B) 彼の会員証の用意ができている。
(C) 彼の申請が受理された。
(D) 彼は連絡先を更新しなければならない。

正解 B WH疑問詞問題で、電話の目的について問われています。話し手は **③** で「現在、喜ばしいことに、新しい会員証が出来上がっております」と述べています。
　これを簡潔にまとめている(B) His membership card is ready.が正解になります。
　(C) His application was successful.の訳は、直訳である「彼の申請が成功した」を意訳したものだと考えてください。

□ **want** *somebody* **to do**：人に〜してほしい　□ **win**：〜に勝つ　□ **competition**：大会
□ **ready**：用意ができている　□ **application**：申請　□ **successful**：成功した　□ **update**：〜を更新する
□ **contact detail**：連絡先

---

17 What should Mr. Wilson do on his next visit?

(A) Attend an orientation session
(B) Fill out a form
(C) Return some documents
(D) Pay a fee

Wilsonさんは次の訪問時に何をすべきですか。

(A) 説明会に参加する
(B) 用紙に記入する
(C) 書類を返却する
(D) 料金を支払う

正解 D WH疑問詞問題で、聞き手の未来の行動について問われています。話し手は **④** と **⑤** で「申し上げた通り、再発行には5ドルかかります。次にお越しになるときに忘れずにお持ちください」と述べています。
　このことから、次の訪問時にWilsonさんが行うことは(D) Pay a feeになります。
　(B)にあるfill out「〜に記入する」は、fill inやcompleteなどに言い換えることが可能です。

□ **visit**：訪問　□ **attend**：〜に参加する　□ **orientation session**：説明会　□ **fill out**：〜に記入する　□ **form**：用紙
□ **return**：〜を返却する　□ **document**：書類　□ **pay**：〜を支払う　□ **fee**：料金

18 City planners held meetings to discuss ------- locations for new train stations.

(A) convenient

(B) continual

(C) active

(D) brief

都市計画担当者は、新しい駅として便利な場所について話し合うために会議を開きました。

(A) 都合のよい

(B) 継続的な

(C) 活動的な

(D) 簡潔な

正解 **A**　選択肢には形容詞が並んでいるので語彙問題です。空所の後ろには locations「場所」という名詞が続いています。空所に入れて文意が通るのは (A) convenient です。convenient locations で「都合のよい場所」という意味になります。

convenient の派生語である名詞 convenience「便利さ」もセットで押さえておいてください。

問題文中にある discuss は「〜について話し合う」という意味の他動詞です。「〜について」という訳がついていますが他動詞なので前置詞の about は不要です。

なお、location は「店舗」という意味でもよく使われます。

□ **city planner**：都市計画担当者　□ **hold**：〜を開催する　□ **discuss**：〜について話し合う　□ **location**：場所

---

19 McDowell's Burger Restaurant ------- over 1,000 people a day at its Algester location.

(A) stands

(B) serves

(C) delivers

(D) appeals

McDowell's バーガーレストランは Algester 支店で 1 日 1,000 人以上に食事を提供しています。

(A) 〜を我慢する

(B) 〜に食事を提供する

(C) 〜を配達する

(D) （人）を引き付ける

正解 **B**　選択肢には動詞が並んでいるので語彙問題です。空所の後ろには動詞の目的語となる over 1,000 people という名詞句が続いています。空所に入れて文意が通るのは (B) serves です。この serves は「（食べ物や飲み物）を出す」という意味で使われています。

問題文にある over は「（量・長さ・年齢などを）超えて」という意味の副詞で、これは more than に言い換えが可能です。over や more than は「〜以上」ではなく、後ろに続く数字を含まない表現ですが、本問のように数が大きい場合は「〜以上」を表すことがあります。

□ **over**：〜を超える　□ **a day**：1 日に　□ **location**：店舗

20 ------- he spent a lot of time in France, Mr. Jones failed to learn much of the language.

- (A) However
- (B) Until
- (C) Unless
- (D) Although

フランスで長い時間を過ごしたが、Jones さんはあまり言葉を覚えることができなかった。

- (A) しかしながら
- (B) ～するまで
- (C) ～でないかぎり
- (D) ～だけれども

選択肢には副詞と接続詞が並んでいます。空所の後ろには1つ目の節が続き、カンマを挟んで2つ目の節が続いています。節が2つあるので、空所には接続詞が入ります。

(A) However 以外の選択肢は接続詞ですが、2つの節の関係を考えると逆接を表す (D) Although が適切です。

(B) Until は前置詞としても使われるということを押さえておいてください。

正解 **D**

□ **spend**：～を過ごす　□ **a lot of**：多くの　□ **fail to** *do*：～することができない　□ **much of**：～のほとんど
□ **language**：言語

---

21 The company will ------- job applications between March 9 and March 23.

- (A) acceptance
- (B) acceptable
- (C) accept
- (D) accepting

その会社は3月9日から3月23日の間、求人の応募を受け付けます。

- (A) 受け入れ（名詞）
- (B) 受け入れられる（形容詞）
- (C) ～を受け入れる（動詞）
- (D) 受け入れている、受け入れること（現在分詞・動名詞）

選択肢には動詞 accept「～を受け入れる」の派生語が並んでいるので、文法問題です。空所の前には助動詞の will「～する予定だ」、後ろには名詞句の job applications「求人の応募」が続いています。問題文には述語動詞がないため、空所には動詞が入ることがわかります。よって、正解は (C) accept です。

(A)を使った複合名詞 acceptance letter「採用通知」を押さえておいてください。

正解 **C**

□ **job application**：求人の応募　□ **between A and B**：AとBの間

22 This week, managers will be conducting a ------- evaluation of each employee in their section.

(A) belief
(B) location
(C) production
(D) performance

今週、マネージャーは各部門の従業員の業績評価を行います。

(A) 信念
(B) 場所
(C) 生産
(D) 業績

□ **conduct**：～を行う　□ **evaluation**：評価　□ **each**：それぞれの　□ **employee**：従業員　□ **section**：部署

---

23 You can ask questions about the sales event ------- the afternoon meeting.

(A) while
(B) during
(C) although
(D) as

午後の会議中に、セールスイベントに関する質問をすることができます。

(A) ～する間に
(B) ～の間に
(C) ～だけれども
(D) ～として

□ **ask questions about**：～について質問する

24 It will be necessary to ------- Mr. Hammond as he is moving to Seattle at the end of next month.

(A) replace

(B) replacement

(C) replaced

(D) replaceable

来月末に Hammond さんがシアトルに異動するため、彼の後任を見つける必要があるでしょう。

(A) 〜の後任を見つける（動詞）

(B) 後継者（名詞）

(C) 〜の後を継いだ、交代した（動詞の過去形・過去分詞）

(D) 交代可能な（形容詞）

正解 A 選択肢には動詞replace「〜の後任を見つける」の派生語が並んでいるので、文法問題です。文頭からMr. Hammondまでは it ... to 〜 構文「〜することは…だ」であり、toの後ろには動詞の原形が続きます。よって、正解は (A) replaceになります。

　問題文にある接続詞のasは、becauseと同じく「〜なので」という理由を表す接続詞です。as、becauseそしてsinceはいずれも理由を表す接続詞として使えることを覚えておいてください。

　(B) replacementは「交代」、「交換品」という名詞でよく使われますが、「交代要員」や「後継者」という人を表す意味でも使われるので注意が必要です。

□ **necessary**：必要だ　□ **as**：〜なので　□ **move to**：〜に異動する　□ **at the end of**：〜の終わりに

Questions 25-28 refer to the following e-mail.

To: All salespeople
From: Megan Little
Date: September 1
Subject: Training session

Dear salespeople,

Hawkmark Electronics is releasing its newest drone camera next month. -------. A
25.
representative from Hawkmark Electronics ------- our main store in Chicago to
26.
demonstrate the new model and provide training on its use and sales techniques. I
would like at least one salesperson from each of the regional stores to ------- this
27.
special training session. It will be held from 2:00 P.M. on Friday next week. If you are
interested in attending, please speak with your store manager. -------, they will
28.
choose someone based on experience and sales performance.

Sincerely,

Megan Little
Sales and Marketing, Sunderland Appliances

問題 25-28 は次の E メールに関するものです。

宛先：販売員各位
差出人：Megan Little
日付：9月1日
件名：講習会について

販売員各位
Hawkmark電子機器は来月、最新のドローン・カメラを発売します。私たちはこれが人気の商品になると期待しています。Hawkmark電子機器の代表者がシカゴ本店に来て、新商品を実演し、その使用方法と営業テクニックについての講習を行ってくださいます。各地域の店舗より最低1名はこの特別講習会に出席してください。来週金曜日の午後2時からです。参加に興味がある場合は、各店長に申し出てください。申し出がなければ、店長が経験と販売実績に基づいて参加者を選出します。

敬具

Megan Little
営業マーケティング部　Sunderland家電用品

□ **salespeople**：販売員　□ **subject**：件名　□ **training session**：講習会　□ **release**：～を発売する
□ **drone camera**：ドローンカメラ　□ **representative**：代表者　□ **demonstrate**：～を実演する
□ **provide**：～を提供する　□ **use**：使用方法　□ **sales technique**：営業のテクニック　□ **I would like**：私は～が欲しい
□ **at least**：少なくとも　□ **each of**：～のそれぞれ　□ **regional**：地域の　□ **be held**：行われる
□ *be* **interested in**：～に興味がある　□ **attend**：～に参加する　□ **speak with**：～と話す　□ **store manager**：店長
□ **choose**：～を選ぶ　□ **someone**：誰か　□ **based on**：～に基づく　□ **experience**：経験
□ **sales performance**：販売実績　□ **Sincerely,**：敬具　□ **Sales and Marketing**：営業マーケティング部

25 (A) We will not carry them in our stores.
(B) You can only learn about it on their Web site.
(C) They will only be sold at our online store.
(D) We expect it to be a very popular product.

(A) 私たちの店舗ではそれらを扱いません。
(B) それについてはウェブサイトから情報を得るしかありません。
(C) それらは私たちのオンラインショップでしか売られません。
(D) 私たちはこれが非常に人気の商品になると期待しています。

正解 D 文挿入問題です。
空所の前には「Hawkmark電子機器が来月、最新のドローン・カメラを発売する」とあります。空所に(D) We expect it to be a very popular product.を入れると、「新発売のドローン・カメラ」の話題がスムーズに引き継がれます。(D)の選択肢にあるit「それ」は、its newest drone cameraを指しています。
文挿入問題では代名詞に注意を払い、空所の前後に同じものを表す語句があれば、それとリンクさせて文脈を理解するようにしてください。

□ **carry** : 〜を扱っている　□ **learn about** : 〜について知る　□ *be* **sold** : 売られる
□ **expect it to be** : これが〜になると期待する　□ **popular** : 人気の

26 (A) will visit
(B) has been visited
(C) visited
(D) visits

(A) 未来を表す形
(B) 受動態の現在完了形（三人称単数）
(C) 過去形・過去分詞
(D) 現在形（三人称単数）

正解 A 選択肢には動詞visit「〜を訪れる」のさまざまな形が並んでいるので文法問題です。
空所の前までの内容から、ドローン・カメラは「これから」発売されるものだということがわかります。また、問題文の後半には「（ドローンの使用方法と営業のテクニックに関する講習は）来週金曜日の午後2時から行われます」とあるため、Hawkmark電子機器の代表者がSunderland家電用品を訪れるのは「未来」に起こることだとわかります。よって、正解は(A) will visitです。

27 (A) respect
(B) apply
(C) attend
(D) consult

(A) 〜を尊重する
(B) 〜を適用する
(C) 〜に出席する
(D) 〜に相談する

正解 C 選択肢には動詞の原形が並んでいるので、語彙問題です。
空所の後ろには動詞の目的語となるthis special training sessionが続いており、空所に(C) attendを入れるとattend the special training session「特別な講習会に出席する」となって空所を含む文の意味が通ります。
(B)はapply for「〜に申し込む」とapply to「〜に適用する・塗布する」を、(D)はconsult with「〜に相談する」というフレーズを覚えておいてください。

28 (A) Therefore
(B) Otherwise
(C) Accordingly
(D) Similarly

(A) それゆえに
(B) そうでなければ
(C) したがって
(D) 同じように

正解 B 選択肢には副詞が並んでいるので語彙問題です。
空所の前には「参加に興味がある場合は、各店長に申し出なさい」、空所の後ろには「店長が経験と販売実績に基づき参加者を選出する」とあります。
空所の前の内容は「提案・命令」的な内容であり、空所の後ろの内容は「提案・命令に従わない場合に起こること」が述べられているため、空所に入れてふさわしい文脈になるのは仮定を表す(B) Otherwiseになります。

Questions 29-30 refer to the following text-message chain.

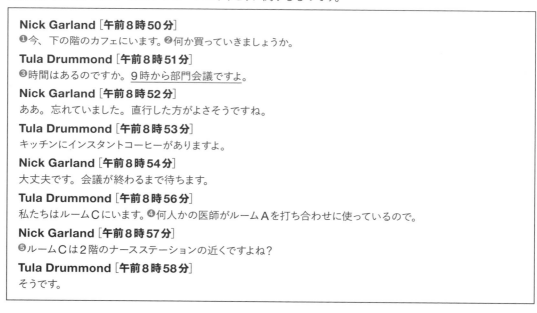

Nick Garland [8:50 A.M.] ❶ I'm at the café downstairs. ❷ Do you want me to get something for you?	
Tula Drummond [8:51 A.M.] ❸ Will you have time? <u>We have a department meeting from 9:00.</u>	
Nick Garland [8:52 A.M.] Oh, I forgot about that. I'd better come straight up.	
Tula Drummond [8:53 A.M.] There's instant coffee in the kitchen.	
Nick Garland [8:54 A.M.] That's fine. I'll wait until after the meeting.	
Tula Drummond [8:56 A.M.] We'll be in Room C. ❹ Some of the doctors are using Room A for their meeting.	
Nick Garland [8:57 A.M.] ❺ Room C is near the nurses' station on Level 2, isn't it?	
Tula Drummond [8:58 A.M.] That's right.	

問題 29-30 は、次のテキストメッセージのやりとりに関するものです。

Nick Garland［**午前 8 時 50 分**］
❶今、下の階のカフェにいます。❷何か買っていきましょうか。

Tula Drummond［**午前 8 時 51 分**］
❸時間はあるのですか。<u>9 時から部門会議ですよ。</u>

Nick Garland［**午前 8 時 52 分**］
ああ。忘れていました。直行した方がよさそうですね。

Tula Drummond［**午前 8 時 53 分**］
キッチンにインスタントコーヒーがありますよ。

Nick Garland［**午前 8 時 54 分**］
大丈夫です。会議が終わるまで待ちます。

Tula Drummond［**午前 8 時 56 分**］
私たちはルーム C にいます。❹何人かの医師がルーム A を打ち合わせに使っているので。

Nick Garland［**午前 8 時 57 分**］
❺ルーム C は 2 階のナースステーションの近くですよね？

Tula Drummond［**午前 8 時 58 分**］
そうです。

□ **text-message chain**：テキストメッセージのやりとり　□ **downstairs**：下の階の
□ **want** *somebody* **to** *do*：人に～してほしい　□ **get something**：何かを買う　□ **department meeting**：部門会議
□ **forget about**：～のことを忘れる　□ **I'd better** *do*：～した方がよい　□ **come straight**：直行する
□ **until**：～まで（ずっと）　□ **nurses' station**：ナースステーション　□ **Level 2**：2 階　□ **That's right.**：その通りです。

29 At 8:51 A.M., why does Ms. Drummond write, "We have a department meeting from 9:00"?

(A) She cannot meet Mr. Garland at the café.

(B) She does not want Mr. Garland to be late.

(C) She needs Mr. Garland to give a presentation.

(D) She will take some notes for Mr. Garland.

午前 8 時 51 分に、Drummond さんはなぜ "We have a department meeting from 9:00" と書いたのですか。

(A) 彼女は Garland さんとカフェで会うことができないから。

(B) 彼女は Garland さんに遅刻してほしくないから。

(C) 彼女は Garland さんにプレゼンテーションをしてもらう必要があるから。

(D) 彼女は Garland さんのためにメモを取るから。

正解 B 意図問題で、引用された文書中の短いセリフの意図が問われています。

単なる辞書的な意味ではなく、そのセリフが発話された「状況・背景」を理解し、それに合う「何が言いたかったがためにそのセリフを述べたのか」が書かれている選択肢を選びます。正解を得るためには、設問にあるセリフの前後 2 文ずつくらいの内容を「広く」理解する必要があります。

ここでの We have a department meeting from 9:00 は「9 時から部門会議ですよ」という意味です。

❶ と ❷ で Garland さんは「今、下の階のカフェにいます。何か買っていきましょうか」と、会議まで残り 10 分を切っているにもかかわらず、Drummond さんに対して余裕のある問いかけをしています。

これに対して Drummond さんは ❸ で「時間はあるのですか」と聞いていることから、Drummond さんは「Garland さんが会議の時間に間に合うのかを心配している」と判断することができます。

よって、正解は (B) She does not want Mr. Garland to be late. となります。

□ *be* late：遅刻する　□ need *somebody* to *do*：人に～してもらう必要がある
□ give a presentation：プレゼンテーションをする　□ take notes：メモを取る

30 Where do Mr. Garland and Ms. Drummond most likely work?

(A) At a pharmacy

(B) At a cleaning company

(C) At a hospital

(D) At a legal firm

Garland さんと Drummond さんはどこで働いていると考えられますか。

(A) 薬局

(B) 清掃会社

(C) 病院

(D) 法律事務所

正解 C WH 疑問文の問題で、2 人の職場が問われています。❹ と ❺ で「何人かの医師がルーム A をミーティングに使っている」、「ルーム C は 2 階のナースステーションの近く」といったやり取りをしています。これらのことから、正解は (C) At a hospital になります。

文書中には hospital という単語が出てきていないように、most likely「おそらく」が含まれている設問は、「状況証拠」となる表現から「推測」して正解を選ばなければならないことを押さえておいてください。文書全体からヒントを拾って解答しましょう。また、most likely が含まれる設問では、正解の根拠となる表現と選択肢の表現との間にやや乖離がある場合もあると覚えておきましょう。

31

32

---

31 🇬🇧 🔊 113

(A) Some people are pointing toward the whiteboard.
(B) A woman is typing on a laptop.
(C) Letters on the whiteboard are being erased.
(D) Some flowers are displayed by the window.

(A) 何人かの人々がホワイトボードの方を指差している。
(B) 女性がノートパソコンを打っている。
(C) ホワイトボードの字が消されているところである。
(D) 花が窓際に飾られている。

正解 A 人物が複数の写真です。全員に共通する「指をさす」という動作を描写している(A)が正解です。point toward は point to と表現することもできます。

女性の前にノートパソコンはあるものの、女性はそれを使用しているところではないので(B)は不正解です。

ホワイトボードに字が書かれた状態ではありますが、*be* being erased という動作は行われていないので(C)も不正解です。受け身の進行形である *be* being ＋過去分詞「〜されている最中だ」は頻出の重要表現です。

花が飾られているのは机の上なので、(D)も不正解です。「飾られている」は *be* displayed に加えて、*be* on display、have been displayed、そして *be* being displayed という表現を覚えておいてください。

□ **point toward**：〜の方を指差す　□ **whiteboard**：ホワイトボード　□ **type**：(キーボードを使ってパソコンなど) を打つ
□ **laptop**：ノートパソコン　□ **erase**：〜を消す　□ **display**：〜を飾る

---

32 🇦🇺 🔊 114

(A) Some lampposts are under repair.
(B) Fallen leaves are being cleaned up.
(C) A boat is passing under the bridge.
(D) Some benches are facing a river.

(A) いくつかの街灯が修理中である。
(B) 落ち葉が掃除されているところである。
(C) ボートが橋の下を通っている。
(D) いくつかのベンチが川の方を向いている。

正解 D 人が写っていない写真です。川に向かって設置されたベンチの状態を表している(D)が正解です。face は「〜の方を向く」という他動詞として使われています。

街灯はあるものの、修理をされている最中ではないので(A)は不正解。

落ち葉らしきものは写っていますが、それが掃除されている場面ではないので(B)も不正解です。(B)は受け身の進行形 (*be* being ＋過去分詞) を使った表現です。受け身の進行形が使われている文が正解になるには、ほとんどの場合「動作を行っている人物」が写っている必要があります。

橋はありますがボートは写っていないので(C)は正解になりえません。

□ **lamppost**：街灯　□ **under repair**：修理中で　□ **fallen leaf**：落ち葉　□ **clear up**：〜を掃除する
□ **pass**：〜を通過する　□ **bridge**：橋　□ **bench**：ベンチ　□ **face**：〜の方を向く

33 ◀)) 115

W How much did it cost to have the carpet cleaned?

M (A) Doesn't it look nice?
(B) It was about 500 dollars.
(C) About 30 meters.

そのカーペットを掃除してもらうのにいくらかかりましたか。
(A) それはすてきではないですか。
(B) およそ 500 ドルでした。
(C) およそ 30 メートルです。

正解 B WH疑問詞問題です。カーペットの掃除にかかった費用を尋ねる問いかけに対して、「500ドル」という金額を答えている(B)が正解です。この about「約」は approximately や around などに言い換えることが可能です。
　(A)は、問いかけの内容にある「カーペットを掃除する」ということに対する感想のような内容であり、値段を尋ねられたことに対する応答にはなっていないので不正解です。
　(C)は、How lomg …?「～の長さはどれくらいか」などを使った問いかけに対応する場合に使われます。

□ **how much**：(数量や金額について) どのくらい、いくら　□ **cost**：(お金) がかかる
□ **have＋目的語＋過去分詞**：～を…してもらう　□ **look**：～に見える　□ **about**：約　□ **hundred**：100
□ **dollar**：ドル　□ **meter**：メートル

34 ◀)) 116

M The clients called to reschedule their meeting.

W (A) Was it on schedule?
(B) Why did they call?
(C) When are they coming?

取引先から会議の日程変更の電話がありました。
(A) それは予定通りでしたか。
(B) なぜ彼らは電話してきたのですか。
(C) 彼らはいつ来ますか。

正解 C 問いかけが平叙文の問題です。取引先から日程変更の電話があったという報告に対して、「彼らはいつ来ますか」と、具体的な日程を確認している(C)が正解です。
　(A)は問いかけの中にある reschedule「～の日程を変更する」と発音が被っている schedule「予定」を使った引っ掛けです。
　(B)は問いかけの中にある call「電話をかける」を含む応答ですが、問いかけとはかみ合いません。

□ **client**：取引先　□ **call**：電話をかける　□ **reschedule**：～の日程を変更する　□ **on schedule**：予定通りに

35 ◀)) 117

W Where is the banquet being held this year?

M (A) It starts at 6:30.
(B) At the Balmian Hotel.
(C) I can't go to the bank today.

今年の祝宴会はどこで開かれますか。
(A) 6 時 30 分に始まります。
(B) Balmian ホテルでです。
(C) 私は今日銀行に行けません。

正解 B WH疑問詞問題です。今年の祝宴会の場所を尋ねる問いかけに対して、「Balmianホテル」という具体的な場所の名前を答えている(B)が正解です。be held「開催される」は take place に言い換えることができるので、こちらも押さえておいてください。
　(A)は、when「いつ」を使った問いかけに対する応答なので不正解です。
　(C)は、問いかけの中にある banquet「祝宴会」の一部と発音が似ている bank「銀行」を含む応答ですが、問いかけとはかみ合いません。I can't go to the banquet this year.「私は今年は祝宴会に行けません (なので開催場所も把握していません)」であれば、正解になりえます。

□ **banquet**：祝宴会　□ **be held**：開かれる

🔊 133

Questions 36 through 38 refer to the following conversation.

🇦🇺 M　Hi Maggie. ❶ My brother bought a couple of tickets for Joe Holland's new movie, *Hero's Journey*. ❷ He has to work on Saturday night, so he's given them to me. Would you like to come with me?

🇺🇸 W　I'd love to, but ❸ I'm visiting my parents in Florida this weekend.

　　M　That's too bad. I wonder if anyone else would be interested.

　　W　You should ask Jack. He told me he was looking forward to seeing it.

　　M　❹ I'll ask him. ❺ He's in the accounting department, right?

問題 36-38 は次の会話に関するものです。

こんにちは、Maggie。❶ 兄がJoe Hollandの新作映画である『Hero's Journey』のチケットを2枚買ったのですが、❷彼は土曜の夜に働かなくてはいけなくなり、それを私にくれました。一緒に行きませんか。

そうしたいのですが、❸今週末、私はフロリダにいる両親のところに行きます。

それは残念です。誰かほかに興味がありそうな人はいませんか。

Jackに聞くといいですよ。その映画を見るのを楽しみにしていると言っていましたから。

❹では彼に聞いてみます。❺今、彼は経理部の所属ですよね。

□ **a couple of**：2つの　□ **have to** *do*：〜しなければいけない　□ **give A to B**：AをBに与える
□ **would like to** *do*：〜したい　□ **I'd love to** *do*：私は〜したい　□ **parent**：親　□ **weekend**：週末
□ **That's too bad.**：それは残念です。　□ **I wonder if**：〜だろうか　□ **anyone else**：誰かほかの人
□ *be* **interested**：興味がある　□ **should**：〜するべきである　□ **ask**：〜に尋ねる
□ **look forward to** *doing*：〜するのを楽しみにする　□ **accounting department**：経理部　□ **〜, right?**：〜ですよね

36 What does the man have a ticket for?

(A) A film
(B) A sporting event
(C) A concert
(D) An art exhibition

男性は何のチケットを持っていますか。

(A) 映画
(B) スポーツイベント
(C) コンサート
(D) 美術展

| 正解 **A** | WH疑問詞問題で、男性が持っているチケットについて問われています。男性は ❶ と ❷ で「兄が Joe Holland の新しい映画のチケットを2枚買ったが、彼は土曜の夜に働かなくてはいけなくなり、それを私にくれた」と述べています。

これらのことから、男性が持っているのは映画のチケットであることがわかるため、正解は (A) A film になります。

□ **ticket for**：〜のチケット

---

37 What will the woman do on the weekend?

(A) Work on an important project
(B) Visit some family members
(C) Do some gardening
(D) Go on a business trip

女性は週末に何をするつもりですか。

(A) 重要なプロジェクトに取り組む
(B) 家族を訪ねる
(C) 庭仕事をする
(D) 出張に行く

| 正解 **B** | WH疑問詞問題で、女性の予定について問われています。女性は ❸ で「今週末はフロリダにいる両親のところに行く」と述べています。これを簡潔にまとめている (B) Visit some family members が正解になります。会話の中の my parents が選択肢では family members に言い換えられています。このような、より大きなカテゴリーの語句への言い換えに注意しましょう。他にも「table → furniture（家具）」、「bicycle → vehicle（車両）」などが頻出です。

□ **weekend**：週末　□ **work on**：〜に取り組む　□ **important**：重要な　□ **family member**：家族

---

38 What does the man say he will do?

(A) Send an e-mail
(B) Cancel his reservation
(C) Speak with a coworker
(D) Read a review

男性は何をすると言っていますか。

(A) E メールを送る
(B) 予約をキャンセルする
(C) 同僚と話をする
(D) 批評を読む

| 正解 **C** | WH疑問詞問題で、男性の未来の行動について問われています。男性は ❹ と ❺ で「彼に聞いてみます。今、彼は経理部にいますよね」と述べています。直前の女性の発言から「彼」は Jack のことだとわかるので、「経理部にいる Jack に映画に一緒に行けるか聞いてみる」ということになります。よって正解は (C) Speak with a coworker です。

設問を先読みする際に does the man say の部分から「男性が正解のヒントを言う」ということを予想してから音声を聞くようにしてください。

□ **reservation**：予約　□ **speak with**：〜と話をする　□ **coworker**：同僚　□ **review**：批評

Questions 39 through 41 refer to the following conversation and list.

🇬🇧	W	Hi. ❶We've reserved a guided tour of the exhibition of historic artifacts from China. We're a little early.
🇨🇦	M	Sure. I'm sorry, but ❷we're having a little trouble with our computer system this morning. Do you have a confirmation e-mail?
	W	Yes, I have it on my phone. Would you like to see it?
	M	Thank you. I see, good. Are you a member of the museum?
	W	Yes, ❸I have a gold membership.
	M	OK. With your discount, that comes to $36.

問題 39-41 は次の会話とリストに関するものです。

こんにちは。❶中国の歴史的な工芸品の展示会のガイドツアーを予約してあります。少し早いのですが。

承知しました。申し訳ございませんが、❷今朝私たちのコンピュータシステムにちょっとした不具合が起きています。確認メールをお持ちですか。

ええ、携帯電話に入っていますよ。ご覧になりますか。

ありがとうございます。確認しました。大丈夫です。あなたはこの美術館の会員ですか?

はい、❸ゴールド会員です。

わかりました。割引が適用されて、36ドルになります。

Member Discounts	
Diamond	30% off
Gold	20% off
Silver	10% off
Bronze	5% off

会員割引	
ダイアモンド	30% オフ
ゴールド	20% オフ
シルバー	10% オフ
ブロンズ	5% オフ

□ **reserve**：〜を予約する　□ **guided tour**：ガイドツアー　□ **exhibition**：展示会　□ **historic artifact**：歴史的な工芸品
□ **a little early**：少し早い　□ **Sure.**：承知しました。　□ **have trouble with**：〜に不具合がある
□ **confirmation e-mail**：確認メール　□ **would like to** *do*：〜したい　□ **museum**：美術館
□ **membership**：会員であること　□ **discount**：割引　□ **come to**：(合計) 〜になる

39 Where is the conversation taking place?

(A) At a car dealership
(B) At a conference center
(C) At a museum
(D) At a department store

この会話はどこで行われていますか。

(A) 自動車販売店で
(B) 会議場で
(C) 美術館で
(D) デパートで

| 正解 **C** | WH疑問詞問題で、会話が行われている場所が問われています。女性は ① で「中国の歴史的な工芸品の展示会のガイドツアーを予約している」と伝えています。このことから会話が行われている場所は (C) At a museum であることがわかります。後半にも a member of the museum「美術館の会員」という表現が登場し、正解につながるヒントとなっています。 |

会話の場所が問われる問題では、場所に関連するキーワードを集めて正解を選ぶような聞き方をしましょう。本問では guided tour「ガイドツアー」、exhibition「展示会」、historic artifact「歴史的な工芸品」などが museum に繋がるキーワードになります。

□ **conversation**：会話　□ **take place**：行われる

---

40 What problem does the man mention?

(A) A computer is malfunctioning.
(B) A coworker is late.
(C) Some parts have not arrived.
(D) Prices have increased.

男性はどんな問題について述べていますか。

(A) コンピュータが故障している。
(B) 同僚が遅刻している。
(C) いくつかの部品が届いていない。
(D) 値段が上がっている。

| 正解 **A** | WH疑問詞問題で、男性が言及している問題点が問われています。男性は ② で「今朝私たちのコンピュータシステムにちょっとした不具合が起きています」と述べています。これをまとめた (A) A computer is malfunctioning. が正解になります。 |

設問の does the man mention の部分から「男性が正解のヒントを言う」ということを意識して会話を聞くようにしてみてください。

□ **problem**：問題　□ **mention**：〜について述べる　□ **malfunction**：正常に機能しない　□ **coworker**：同僚
□ **late**：遅れた　□ **part**：部品　□ **arrive**：到着する　□ **price**：値段　□ **increase**：増える

---

41 Look at the graphic. What discount is the woman eligible for?

(A) 30 percent
(B) 20 percent
(C) 10 percent
(D) 5 percent

図を見てください。女性はどの程度の割引を受けることができますか。

(A) 30 パーセント
(B) 20 パーセント
(C) 10 パーセント
(D) 5 パーセント

| 正解 **B** | 図表問題です。設問にある Look at the graphic. の部分は読まなくても大丈夫です。 |

図表問題では図表上の「選択肢の内容と対になっている部分」を見ながら解答します。選択肢には割引率が並んでいるので、表で対になっている部分、つまり、Diamond 〜 Bronze のところに注目しながら会話を聞きましょう。

女性は ③ で「私はゴールド会員です」と述べていることから、正解は (B) 20 percent になります。

設問を「女性はどのランクの会員ですか」と変換し、そのうえで正解のヒントとなる発言を待つという聞き方ができるとなおよいでしょう。

Questions 42 through 44 refer to the following announcement.

🇦🇺 M

Can I please have everyone's attention for a moment? ❶I just want to let you know that the building's alarm system is being replaced. They'll start the work today, but ❷it won't be completed until the end of Wednesday. From time to time, you'll hear the alarm ring. Please don't worry about it. If there's a real emergency, we'll announce it over the public address system. Oh, and by the way, ❸I've noticed that a lot of people haven't been wearing their identification badges. ❹Please make sure you have them on whenever you are in the building.

問題 42-44 は次のお知らせに関するものです。

みなさん、ちょっと注目していただけますか。❶ビルの警報システムが交換されることをお知らせしたいと思います。今日から作業が始まりますが、❷終了するには水曜日いっぱいかかります。ときどき警報が鳴りますが、それは心配しないでください。本当の緊急事態が発生した場合は、館内放送でお知らせします。ところで、❸多くの人がIDバッジを着けていないことに気付きました。❹建物内にいるときは必ず着けてください。

□ **announcement**：お知らせ　□ **Can I please** *do* …?：〜してもよろしいですか。　□ **attention**：注目
□ **for a moment**：少しの間　□ **want to** *do*：〜したい　□ **let** *somebody do*：人に〜させる
□ **alarm system**：警報システム　□ **replace**：〜を交換する　□ **complete**：〜を終える　□ **until**：〜までずっと
□ **from time to time**：ときどき　□ **hear** *something do*：物が〜するのを聞く　□ **ring**：鳴る
□ **don't worry about**：〜について心配しない　□ **real emergency**：本当の緊急事態　□ **announce**：〜を知らせる
□ **public address system**：館内放送　□ **by the way**：ところで　□ **notice that**：〜ということに気付く
□ **a lot of**：たくさんの〜　□ **identification badge**：IDバッジ　□ **make sure**：必ず〜する
□ **whenever**：〜するときはいつでも

42 What is happening in the building?

(A) Its alarm system is being replaced.
(B) Some new flooring is being installed.
(C) An expert is leading a workshop.
(D) A safety inspection is being carried out.

このビルで何が起こりますか。

(A) 警報装置が取り替えられる。
(B) 新しい床材が設置される。
(C) 専門家がワークショップを開催する。
(D) 安全検査が行われる。

| 正解 A | WH疑問詞問題で、ビルで何が行われるかを問われています。話し手は ❶ で「ビルの警報システムが交換されることをお知らせしたいと思います」と述べています。これを簡潔にまとめている(A) Its alarm system is being replaced. が正解になります。 |

受け身の進行形は多くの場合「～されている最中だ」という意味で使われますが、ここでの現在進行形は「確定した近い未来の予定」を表しています。

□ **happen**：起こる　□ **flooring**：床材　□ **install**：～を設置する　□ **expert**：専門家　□ **lead**：～をリードする
□ **safety inspection**：安全検査　□ **carry out**：～を行う

---

43 When will the work be finished?

(A) On Tuesday
(B) On Wednesday
(C) On Thursday
(D) On Friday

作業はいつ終わりますか。

(A) 火曜日
(B) 水曜日
(C) 木曜日
(D) 金曜日

| 正解 B | WH疑問詞問題で、作業が終わる日が問われています。話し手は ❷ で「(ビルの警報システムの交換作業が)終了するのは水曜日です」と述べています。よって、正解は(B) On Wednesday です。 |

❷ で使われているuntilは「～までずっと」という意味の前置詞なので、作業は「水曜日まで終わらない」、つまり、「水曜日には終わった状態になる」と考えてください。

□ **work**：作業　□ **finish**：～を終える

---

44 What are listeners reminded to do?

(A) Wear their identification badges
(B) Attend a product demonstration
(C) Park in their assigned parking spaces
(D) Fill out an incident report form

聞き手は何をするように念を押されていますか。

(A) IDバッジを身に着ける
(B) 製品の実演販売に参加する
(C) 指定された駐車スペースに止める
(D) 事故報告書を記入する

| 正解 A | WH疑問詞問題で、話し手が聞き手に何をするように求めているのかを問われています。話し手は ❸ と ❹ で「多くの人がIDバッジを着けていないことに気付きました。建物内にいるときは必ず着けてくださいね」と述べています。これを簡潔にまとめている(A) Wear their identification badges が正解になります。 |

(C)の選択肢にあるassigned「指定された」はdesignatedに言い換えることができます。

また、(D)の選択肢にあるfill out「～に記入する」はfill inやcompleteなどに言い換えることが可能です。ぜひ、これらの表現も押さえておいてください。

□ **remind** *somebody* **to** *do*：人に～するよう思い出させる　□ **attend**：～に参加する　□ **product**：製品
□ **demonstration**：実演販売　□ **park**：駐車する　□ **assigned**：指定された　□ **parking space**：駐車スペース
□ **fill out**：～に記入する　□ **incident report form**：事故報告書

🔊 **136**

Questions 45 through 47 refer to the following recorded message.

🏴 W

Hi, this is Rebecca Love at Heartland Hotel. ❶ We have a standing order for flower arrangements for our lobby area. They're supposed to be delivered on Mondays and Thursdays by 7:00 P.M. ❷ We've had some late deliveries over the last few weeks, and I'd like to discuss the problem with someone there. Sometimes the deliveries are a day late. It means we have some very old flowers displayed in our guest areas. I'd appreciate it if you could call me back sometime today to discuss the matter. I'll be in a meeting from three. ❸ Please try to call me before that.

問題 45-47 は次の留守電メッセージに関するものです。

こんにちは、Heartlandホテルの Rebecca Love です。❶私たちはロビーに飾る花を継続注文しています。花は毎週月曜日と木曜日の午後7時までに配達されることになっています。❷ここ数週間で配達が遅れることが何度かあったので、その問題についてどなたかと話したいです。ときどき、配達が1日遅れることもあります。そうなるとかなり古い花を来客エリアに飾ることになります。今日中に電話をいただいて、この問題について話し合うことができたらありがたいです。私は3時から会議に出ています。❸なるべくその前にお電話ください。

□ **recorded message**：留守電メッセージ　□ **have a standing order for**：〜の継続注文をする
□ **flower arrangement**：生け花　□ *be* **supposed to** *do*：〜することになっている　□ **deliver**：〜を配達する
□ **by**：〜までに　□ **late delivery**：遅れた配達　□ **over the last few weeks**：過去数週間にわたって
□ **I'd like to** *do*：私は〜したい　□ **discuss**：〜について話し合う　□ **sometimes**：ときどき　□ **a day late**：1日遅れて
□ **mean**：〜を意味する　□ **have** *something*＋過去分詞：〜を…された状態にする　□ **display**：〜を飾る
□ **appreciate**：〜に感謝する　□ **call** *someone* **back**：人に電話をかけ直す　□ **sometime today**：今日中に
□ **matter**：問題　□ **try to** *do*：〜してみる

52

45 What has been ordered?

(A) A limousine service
(B) Some food items
(C) Some bed linen
(D) Flower arrangements

注文されたものは何ですか。

(A) リムジンサービス
(B) 食料品
(C) ベッドリネン
(D) フラワーアレンジメント

正解 D WH疑問詞問題で、何が注文されたかを問われています。話し手は ❶ で「私たちはロビーに飾る花を継続注文しています」と述べています。このことから、正解は(D) Flower arrangements です。

have a standing order for「～の継続注文をする」という表現を覚えておいてください。

□ **order**：～を注文する　□ **limousine**：リムジン（大型の高級乗用車）　□ **food item**：食料品
□ **bed linen**：ベッドリネン（シーツや布団カバーなどのこと）

46 What problem does the speaker mention?

(A) Some products were damaged.
(B) A delivery was not made on time.
(C) An address was wrong.
(D) A reservation was canceled.

話し手はどんな問題について述べていますか。

(A) 一部の商品が破損していた。
(B) 配達が時間通りに行われなかった。
(C) 住所が間違っていた。
(D) 予約がキャンセルされた。

正解 B WH疑問詞問題で、話し手が言及している問題点について問われています。話し手は ❷ で「ここ数週間で 配達が遅れることが何度かあったので、その問題についてどなたかと話したいです」と述べています。これを簡潔にまとめている(B) A delivery was not made on time. が正解になります。

□ **mention**：～について述べる　□ **product**：製品　□ **damaged**：破損した　□ **delivery**：配達
□ **on time**：時間通りに　□ **address**：住所　□ **wrong**：間違っている　□ **reservation**：予約

47 What does the speaker mean when she says, "I'll be in a meeting from three"?

(A) She has just checked her schedule.
(B) Her colleague will handle a problem.
(C) Her office will be available for cleaning.
(D) She cannot take a call after three o'clock.

話し手は "I'll be in a meeting from three" という発言で、何を意味していますか。

(A) 彼女はちょうどスケジュールを確認した。
(B) 彼女の同僚が問題に対処する。
(C) 彼女のオフィスの掃除ができるようになる。
(D) 彼女は 3 時以降の電話には出られない。

正解 D 意図問題です。意図問題の設問を読む際は「該当するセリフの文意をきちんと理解しておく」ことが大切です。Part 3 であれば男性と女性のどちらがそのセリフを言うのかも、事前に必ず確認するようにしてください。

話し手は「私は3時から会議に出ています」と述べた直後の ❸ で、「なるべくその前にお電話ください」と相手に伝えています。つまり、話し手には「3時以降は（会議中なので）電話に出ることができない」と伝えたいという意図があったことがうかがえるため、正解は(D) She cannot take a call after three o'clock. となります。

□ **mean**：～を意味する　□ **check**：～を確認する　□ **colleague**：同僚　□ **handle**：～に対処する
□ **available for**：～に使用可能である　□ **take a call**：電話に出る

48 The flowers ------- were delivered to the hotel yesterday have been stored in a cool room.

(A) that
(B) where
(C) who
(D) when

昨日ホテルに届けられた花は、涼しい部屋に保管されています。

(A) 関係代名詞（主格・目的格）
(B) 関係副詞
(C) 関係代名詞（主格）
(D) 関係副詞

正解 A 選択肢には関係詞が並んでいるので、関係詞の文法問題です。空所の前には先行詞となるThe flowersが、後ろにはwere delivered to the hotel yesterdayという主語が欠けた不完全な文が続いています。人以外の先行詞の後ろに続けることができ、なおかつ後ろの文の主語となる主格の関係代名詞(A) thatを空所に入れると正しい文が完成します。
　(B) whereは関係副詞で、先行詞は場所を表す語句、後ろには完全な文が続くので不正解。
　(C) whoは主格の関係代名詞ですが、先行詞が人の場合に使います。
　(D) whenも関係副詞で、先行詞は時を表す語句、こちらも後ろには完全な文が続くので不正解です。

□ **deliver** : 〜を届ける　□ **store** : 〜を保管する

49 A new coffee maker was ------- for the breakroom as the old one was too small.

(A) purchased
(B) reached
(C) nominated
(D) possessed

古いコーヒーメーカーが小さすぎたので、休憩室用に新しいコーヒーメーカーが購入されました。

(A) 購入された
(B) 到達された
(C) 推薦された
(D) 所有された

正解 A 選択肢には過去分詞が並んでいるので語彙問題です。後半の節の前にあるasは、becauseと同じく「〜なので」という意味の理由を表す接続詞です。as、because、そしてsinceはいずれも理由を表す接続詞として使えることを覚えておいてください。「古いコーヒーメーカーが小さすぎた」ことにより起こるアクションを考えると、(A) purchasedを空所に入れるのが適切であるとわかります。
　(B)はreach for「〜を取ろうと手を伸ばす」、(D)はpossession「所有物」という関連表現を覚えておくといいでしょう。

□ **breakroom** : 休憩室　□ **as** : 〜なので　□ **too** : 〜すぎる

50 As a result of ------- weather conditions, the Montgomery Fair will be postponed for two weeks.

(A) recentness
(B) recently
(C) recency
(D) recent

最近の気象状態を受けて、Montgomery 祝祭は 2 週間延期されることになりました。

(A) 最近であること（名詞）
(B) 最近に（副詞）
(C) 最近（名詞）
(D) 最近の（形容詞）

正解 D 選択肢には形容詞 recent「最近の」の派生語が並んでいるので、文法問題です。

空所の後ろの weather conditions という複合名詞を前から適切に修飾するのは形容詞です。よって、(D) recent が正解となります。名詞を前から修飾する語の第1候補は形容詞、第2候補は名詞だということを覚えておいてください。

(B) recently は過去形や現在完了形と一緒に使うということも押さえておいてください。

また、問題文にある postpone「〜を延期する」は put off に言い換えることができます。

☐ **as a result of**：〜の結果　☐ **weather condition**：気象状態　☐ **postpone**：〜を延期する
☐ **for two weeks**：2 週間

---

51 Trueman Auto has been Dolby's leading auto repair shop ------- almost two decades.

(A) for
(B) at
(C) on
(D) to

Trueman 自動車工場はほぼ 20 年の間、Dolby にある有数の自動車修理工場です。

(A) 〜の間
(B) 〜で
(C) 〜の上に
(D) 〜へ

正解 A 選択肢には前置詞が並んでいます。述語動詞は has been「ずっと〜である」という現在完了形で、空所の後ろには almost two decades「ほぼ20年」という期間を表す句が続いています。

継続期間を表す前置詞である (A) for を空所に入れると for almost two decades「ほぼ20年間」という表現が完成し文意も通ります。

(B) at は時点や地点などを表す際に使われる「点」というイメージを持つ前置詞、(C) on は「〜の上に」などを表す「接触」というイメージを持つ前置詞、(D) to は「〜の方向に向かって」などを表す「到達」というイメージを持つ前置詞です。

☐ **leading**：有数の　☐ **auto repair shop**：自動車修理工場　☐ **almost**：ほとんど　☐ **decade**：10 年間

52 The new microwave oven from DFT Appliances is ------- better in every way than the previous model.

(A) simplicity
(B) simplify
(C) simply
(D) simple

DFT 電器の新しい電子レンジは、前モデルと比べて、あらゆる面でとても優れています。

(A) 簡単であること（名詞）
(B) 〜を簡単にする（動詞）
(C) とても（副詞）
(D) 簡単な（形容詞）

正解 C 選択肢には形容詞simpleの派生語が並んでいるので、文法問題です。空所を隠しても文の要素がそろっているので、その後ろに続くbetter「よりよい」という形容詞を前から修飾する副詞が適切だと考えます。副詞であるsimplyを空所に入れると文意も通るため、正解は(C)です。このsimplyは「まったく、とても、本当に」という強調を表す副詞です。

空所が名詞を修飾する場合は形容詞、それ以外（動詞や形容詞、副詞）を修飾する場合は副詞が入ると覚えておきましょう。

□ **microwave oven**：電子レンジ　□ **appliance**：(家庭用) 電化製品　□ **better**：よりよい
□ **in every way**：あらゆる面で　□ **previous**：以前の

---

53 ------- member of staff is required to attend an employee-training session during the summer.

(A) Many
(B) Every
(C) Alone
(D) Most

スタッフ全員は、夏の間に社員研修に参加するよう義務づけられています。

(A) 多くの
(B) すべての
(C) 単独の
(D) ほとんどの

正解 B 選択肢には形容詞が並んでいます。空所の後ろにある単数形の名詞memberを前から適切に修飾できるのは、(B) Every です。everyの他に、each「それぞれの」やanother「もうひとつの」も単数形の名詞を前から修飾します。

(A) Manyは複数形の名詞を修飾するので不正解、(C) Aloneは叙述用法（文中で補語になる使い方）でしか使えない形容詞なので、名詞の前に置くことはできません。

(D) Mostは可算名詞を前から修飾する場合、その名詞は複数形になります。

問題文にあるstaffはmemberと一緒に使い、「3人のスタッフ」であればthree members of staffやthree staff membersのように使われるということを押さえておいてください。

□ *be* **required to** *do*：〜するよう義務づけられている　□ **attend**：〜に参加する
□ **employee-training session**：社員研修　□ **during**：〜の間に

54 The president ------- Ms. White to speak about her experiences in China at the monthly meeting.

(A) to ask

(B) is asked

(C) is being asked

(D) has asked

社長は White さんに、月例会議で中国での体験について話すよう頼みました。

(A) to 不定詞

(B) 受動態

(C) 受動態の現在進行形

(D) 現在完了形（三人称単数）

正解 D 選択肢には動詞ask「〜を頼む」のさまざまな形が並んでいるので、文法問題です。

問題文には述語動詞がないので、空所には動詞が入ります。また、空所の直後には動詞の目的語となる Ms. White があるため、能動態の動詞が入るとわかります。よって、正解は (D) has asked「〜に頼んだ」になります。

ask は ask *somebody* to *do*「（人）に〜するよう頼む」という使い方ができることを覚えておいてください。

(A)は不定詞で動詞ではないため不正解、(B)は受動態、(C)は受動態の進行形なので後ろに目的語は（基本的に）続きません。本来目的語として存在するはずのものが主語の位置に移動している文が受動態だからです。

問題文にある monthly「毎月の」は、語尾が -ly で終わっていますが、形容詞です。-ly で終わる語には副詞が多いですが、このように形容詞である場合もあるので注意が必要です。

□ **president**：社長　□ **speak about**：〜について話す　□ **experience**：経験　□ **China**：中国
□ **monthly meeting**：月例会議

Questions 55-58 refer to the following article.

NEWCASTLE (May 6) —— According to a press release from Salamanca Steel Works, the company will be ------- by Freeman Engineering next month. -------. For most of
55.   **56.**
that time, Freeman Engineering has been its most important customer. -------, the
57.
engineering company accounts for more than 70 percent of Salamanca's business.
Last month CEO Lalo Salamanca announced his retirement and put the business up
for sale. This purchase ------- that Freeman Engineering continues to have access to
58.
reasonably priced metal beams and girders.

問題 55-58 は、次の記事に関するものです。

ニューカッスル（5月6日）— Salamanca製鋼所のプレスリリースによると、同社は来月Freemanエンジニ
アリングに買収される予定だ。Salamanca製鋼所は創業70年以上の歴史を持つ。そのほとんどの期間、
Freemanエンジニアリング社は同社の最も重要な顧客だった。実際に、Salamanca製鋼所の事業の70％
以上を、このエンジニアリング企業が占めている。先月、CEOのLalo Salamancaは引退を発表し、事業を
売りに出した。今回の買収により、Freemanエンジニアリングは今後も手頃な価格で金属梁材を入手すること
ができるようになる。

55
(A) divided
(B) closed
(C) evaluated
(D) acquired

(A) 分割される
(B) 閉鎖される
(C) 評価される
(D) 買収される

正解 D 選択肢には過去分詞が並んでいるので、語彙問題です。空所のある文の主語であるthe company「その会社」は、空所の後ろに続くby Freeman Engineeringによってnext month「来月」何をされるのかを考えて解答します。
　文書の後半にput the business up for saleとThis purchaseというキーワードがあります。空所にacquired「買収される」を入れると事業の売買に関する自然な話の流れが成立するため、正解は(D)です。このように、空所を含む文だけでは正解が絞れず、前後の文脈の確認が必要な語彙問題もあります。

56
(A) Salamanca Steel Works has been in business for more than 70 years.
(B) Salamanca Steel Works has offices in many major cities.
(C) Salamanca Steel Works is likely to raise its prices.
(D) Salamanca Steel Works is strongly against the plan.

(A) Salamanca製鋼所は創業70年以上の歴史を持つ。
(B) Salamanca製鋼所は多くの主要都市にオフィスがある。
(C) Salamanca製鋼所は値上げをする可能性がある。
(D) Salamanca製鋼所はこの計画に強く反対している。

正解 A 文挿入問題です。空所の後ろにはFor most of that time「そのほとんどの期間」という表現があるため、正解となる文にはthat timeに相当する、期間を表す語句があるはずです。
　(A)にはfor more than 70 years「70年以上」という表現があり、これがthat timeのことだと考えると適切な文脈が成立します。

□ **more than**：〜より長い　□ **major**：主要な　□ **be likely to do**：〜する可能性がある　□ **raise**：〜を上げる
□ **price**：値段　□ **strongly**：強く　□ **against**：〜に反対して　□ **plan**：計画

57
(A) Similarly
(B) Therefore
(C) Indeed
(D) Nevertheless

(A) 同じように
(B) それゆえに
(C) 実際に
(D) それでも

正解 C 選択肢には副詞が並んでいるので、語彙問題です。空所の前には「Freemanエンジニアリング社は同社の最も重要な顧客だった」とあり、後ろには「Salamanca製鋼所の事業の70%以上を、このエンジニアリング企業が占めている」とあります。空所の前で述べられている情報に「いかに重要な顧客であったか」というより具体的で新しい情報を「追加」しているため、正解は(C) Indeedです。indeedには「本当に、まったく、確かに」という意味だけでなく、このような意味もあることを覚えておいてください。
　(A) Similarlyは同じようなことを続けて述べる際に使われる副詞、(B) Thereforeは原因と結果を繋ぐ副詞、(D) Neverthelessは逆接を表す副詞です。

58
(A) ensured
(B) will ensure
(C) has been ensured
(D) to ensure

(A) 過去形・過去分詞
(B) 未来を表す表現
(C) 受動態の現在完了形
(D) to 不定詞

正解 B 選択肢には動詞ensure「〜を確かにする」のさまざまな形が並んでいるので、文法問題です。空所を含む文には述語動詞がないため、空所には動詞が入ります。また、動詞の主語となるThis purchase「今回の買収」は、文書の冒頭にあるようにnext month「来月」に行われるものであることがわかります。よって、正解は未来を表す表現である(B) will ensure「〜を確かなものにする」になります。
　ensureはensure that＋主語＋動詞＋α「〜ということを確かにする・保証する」という形でよく使われます。

Questions 59-62 refer to the following e-mail.

To:	Tomoko Yasukura <tyasukura@flandersphotography.com>
From:	Niles Samberg <nsamberg@hamptonconventioncenter.com>
Date:	January 12
Subject:	Our new facility

Dear Ms. Yasukura,

❶You were recommended to me by our mutual acquaintance, Glenda Preston. She was extremely happy with the work you did at Pendergast Art Gallery. —[1]—. She was kind enough to show me some of your photographs, and I had to agree with her opinion.

You may have noticed on the news that Hampton Convention Center was recently reopened after a two-year closure. The main hall was torn down and completely reconstructed. —[2]—. We now have on-site catering capabilities and undercover parking for six hundred vehicles.

We had some photographs taken ahead of the reopening but were unhappy with the work. —[3]—. Our board of directors has requested some more exciting shots with people actually using the space.

❷We would like you to come and photograph the interior and exterior of the building at various times of day for our new brochure. ❸Please let me know when you have time for a meeting to discuss the size of the job and your fee. I will be available between 10:00 A.M. and 3:00 P.M. every day this week. —[4]—.

You can call me directly at 555 8934.

Sincerely,

Niles Samberg
General Manager, Hampton Convention Center

問題 59-62 は次の E メールに関するものです。

受信者：Tomoko Yasukura <tyasukura@flandersphotography.com>
送信者：Niles Samberg <nsamberg@hamptonconventioncenter.com>
日付：1月12日
件名：新しい施設について

Yasukura 様

❶私たちの共通の知人である Glenda Preston が、あなたを薦めてくれました。彼女はあなたが Pendergast 美術館で行った仕事に非常に満足していました。彼女は親切にも、あなたの写真を何枚か見せてくれて、私は彼女の意見に同意しました。

ニュースでご存じかもしれませんが、Hampton コンベンションセンターは2年間の休館を経て、最近再開しました。メインホールは取り壊され、完全に建て直されました。新しい建物は、元の建物の約3倍の床面積があります。また、現在はケータリングも可能で、600台分の屋根付きの駐車場を備えています。

私たちは、再開に先立って何枚か写真を撮ってもらいましたが、その出来には不満がありました。役員会は、実際にそこを利用している人たちが写った、もっと魅力的な写真を求めています。

❷あなたにお越しいただき、新しいパンフレットのために、さまざまな時間帯に建物の内部と外部を撮影していただきたいです。❸作業量や料金について打ち合わせをしたいので、お時間があるときをお知らせください。今週、私は毎日午前10時から午後3時の間、対応可能です。

555 8934 まで、私に直接お電話いただいても結構です。

敬具

Niles Samberg
Hampton コンベンションセンター総支配人

□ **facility**：施設　□ **recommend**：〜を推薦する　□ **mutual acquaintance**：共通の知人　□ **extremely**：非常に
□ **A enough to** *do*：とても A なので…する　□ **photograph**：写真　□ **have to agree with**：〜に賛成するしかない
□ **opinion**：意見　□ **may have + 過去分詞**：〜したかもしれない　□ **notice**：気付く　□ **recently**：最近
□ **reopen**：再開する　□ **closure**：閉鎖　□ *be* **torn down**：取り壊される　□ **completely**：完全に
□ **reconstruct**：〜を立て直す　□ **on-site**：現場での　□ **catering capability**：ケータリングの実施
□ **undercover parking**：屋根付きの駐車場　□ **vehicle**：乗り物　□ **have + 目的語 + 過去分詞**：〜を…してもらう
□ **ahead of**：〜の前に　□ **reopening**：再開　□ *be* **unhappy with**：〜に不満がある　□ **board of directors**：役員会
□ **request**：〜を要求する　□ **exciting**：魅力的な　□ **shot**：(写真の) 場面　□ **actually**：実際に
□ **would like** *somebody* **to** *do*：人に〜してほしい　□ **photograph**：〜の写真を撮る　□ **interior**：内部
□ **exterior**：外部　□ **various**：さまざまな　□ **brochure**：パンフレット　□ **let** *somebody do*：人に〜させる
□ **discuss**：〜について話し合う　□ **fee**：料金　□ **available**：都合がよい　□ **between A and B**：A と B の間
□ **directly**：直接　□ **Sincerely,**：敬具　□ **General Manager**：総支配人

59 What is implied about Ms. Preston?

(A) She knows both Mr. Samberg and Ms. Yasukura.
(B) She previously worked at Hampton Convention Center.
(C) She will attend a meeting with Mr. Samberg and Ms. Yasukura.
(D) She photographed the grand reopening of the Hampton Convention Center.

Preston さんについて、何が示唆されていますか。

(A) 彼女は Samberg さんと Yasukura さんの両名を知っている。
(B) 彼女は以前 Hampton コンベンションセンターで働いていた。
(C) 彼女は Samberg さんと Yasukura さんとの会議に出席するつもりである。
(D) 彼女は Hampton コンベンションセンターのリニューアルオープンを写真に収めた。

正解 A WH 疑問文の問題で、Preston さんについて推測できることが問われています。❶ に「共通の知人である Glenda Preston が、あなたを薦めてくれた」とあるため、このメールの書き手である Samberg さんと、メールの受信者である Yasukura さんは、いずれも Preston さんの知人であることがわかります。よって、正解は (A) She knows both Mr. Samberg and Ms. Yasukura. です。
　このように設問で What is implied と問われている場合は、正解の根拠が見つけづらく、書かれていることから推測して解答する必要があるため、難易度が高めである場合が多いです。

□ *be* implied about：〜について示唆される　□ both A and B：AとBの両方　□ previously：以前に
□ work at：〜で働く　□ attend：〜に出席する　□ photograph：〜を写真に収める
□ grand reopening：リニューアルオープン

---

60 What will Ms. Yasukura's work be used for?

(A) Displays in an exhibition
(B) The cover of a book
(C) Decoration of an office
(D) Promotional material

Yasukura さんの作品は何に使われるのでしょうか。

(A) 展覧会の展示
(B) 本の表紙
(C) オフィスの装飾
(D) 宣伝素材

正解 D WH 疑問文の問題で、Yasukura さんの作品の使用目的について問われています。❷ に「新しいパンフレットのために、さまざまな時間帯に建物の内部と外部を撮影してほしい」とあるため、Yasukura さんが撮る写真は Samberg さんが働いている「Hampton コンベンションセンター」を宣伝するためのパンフレットに掲載されることがわかります。よって、正解は (D) Promotional material です。

□ work：作品　□ display：展示　□ exhibition：展覧会　□ cover：表紙　□ decoration：装飾
□ promotional：宣伝するための　□ material：素材

61 According to the e-mail, what will be discussed at the meeting proposed by Mr. Samberg?

(A) The cost of catering
(B) Ms. Yasukura's rates
(C) The availability of parking
(D) Ms. Preston's recommendation

E メールによると、Samberg さんが提案した打ち合わせでは何が話し合われますか。

(A) ケータリングの費用
(B) Yasukura さんの料金
(C) 駐車場の利用可能状況
(D) Preston さんのお薦め

正解 B WH 疑問文の問題で、何について話し合われる予定なのかを問われています。❸ で「作業量や料金について打ち合わせをしたいから、時間があるときを教えてほしい」とお願いをしているため、話し合われるのは作業量と料金であることがわかります。よって、fee を rates と言い換えた (B) Ms. Yasukura's rates が正解になります。

(A) に The cost とありますが、話し合われるのは Yasukura さんの仕事の費用についてであり、ケータリングの費用についてではありません。

□ **according to**：〜によると　□ **discuss**：〜について話し合う　□ **propose**：〜を提案する　□ **cost**：費用
□ **catering**：ケータリング　□ **rate**：料金　□ **availability**：利用可能状況　□ **recommendation**：お薦め

---

62 In which of the positions marked [1], [2], [3], and [4] does the following sentence best belong?

"The new building has about three times the floor space of the original."

(A) [1]
(B) [2]
(C) [3]
(D) [4]

[1]、[2]、[3]、[4] と記載された箇所のうち、次の文が入るのに最もふさわしいのはどれですか。

「新しい建物は、元の建物の約 3 倍の床面積があります」

正解 B 文挿入位置問題です。挿入される文の主語は The new building なので、正しい位置の直前には新しいビルに関する話題が述べられているはずだと考えられます。

[2] の直前に「メインホールは取り壊され、完全に建て直された」とあるため、ここに新しいビルに関する話題が入るのが自然な流れであると考えられます。また、[2] の後ろには「現在はケータリングも可能で、600 台分の屋根付きの駐車場を備えている」とあり、これは挿入される文にある The new building の機能面の説明をする内容となっています。よって、正解は (B) になります。

□ **position**：箇所　□ **marked**：記載された　□ **following**：次の　□ **sentence**：文　□ **belong**：あるべき所にある
□ **three times**：3 倍　□ **floor space**：床面積　□ **original**：最初の、元の

練習問題 解答一覧

練習問題1

No.	A	B	C	D
1	Ⓐ	Ⓑ	●	Ⓓ
2	Ⓐ	●	Ⓒ	Ⓓ

練習問題2

No.	A	B	C
3	●	Ⓑ	Ⓒ
4	Ⓐ	●	Ⓒ
5	Ⓐ	Ⓑ	●

練習問題3

No.	A	B	C	D
6	Ⓐ	Ⓑ	●	Ⓓ
7	Ⓐ	●	Ⓒ	Ⓓ
8	Ⓐ	●	Ⓒ	Ⓓ
9	Ⓐ	Ⓑ	Ⓒ	●
10	Ⓐ	Ⓑ	●	Ⓓ
11	Ⓐ	Ⓑ	Ⓒ	●

練習問題4

No.	A	B	C	D
12	Ⓐ	Ⓑ	Ⓒ	●
13	●	Ⓑ	Ⓒ	Ⓓ
14	Ⓐ	●	Ⓒ	Ⓓ
15	Ⓐ	Ⓑ	●	Ⓓ
16	Ⓐ	●	Ⓒ	Ⓓ
17	Ⓐ	Ⓑ	Ⓒ	●

練習問題5

No.	A	B	C	D
18	●	Ⓑ	Ⓒ	Ⓓ
19	Ⓐ	Ⓑ	Ⓒ	●
20	●	Ⓑ	Ⓒ	Ⓓ
21	Ⓐ	●	Ⓒ	Ⓓ
22	Ⓐ	●	Ⓒ	Ⓓ
23	Ⓐ	Ⓑ	Ⓒ	●
24	●	Ⓑ	Ⓒ	Ⓓ

練習問題6

No.	A	B	C	D
25	Ⓐ	Ⓑ	Ⓒ	●
26	●	Ⓑ	Ⓒ	Ⓓ
27	Ⓐ	Ⓑ	●	Ⓓ
28	Ⓐ	●	Ⓒ	Ⓓ

練習問題7

No.	A	B	C	D
29	●	Ⓑ	Ⓒ	Ⓓ
30	Ⓐ	●	Ⓒ	Ⓓ
31	●	Ⓑ	Ⓒ	Ⓓ
32	Ⓐ	●	Ⓒ	Ⓓ
33	Ⓐ	●	Ⓒ	Ⓓ
34	Ⓐ	Ⓑ	●	Ⓓ
35	Ⓐ	●	Ⓒ	

練習問題8

No.	A	B	C
36	Ⓐ	●	Ⓒ
37	Ⓐ	Ⓑ	●
38	Ⓐ	●	Ⓒ
39	Ⓐ	Ⓑ	●
40	Ⓐ	●	Ⓒ
41	Ⓐ	●	Ⓒ

練習問題9

No.	A	B	C	D
42	●	Ⓑ	Ⓒ	Ⓓ
43	Ⓐ	●	Ⓒ	Ⓓ
44	●	Ⓑ	Ⓒ	Ⓓ
45	Ⓐ	Ⓑ	●	Ⓓ
46	Ⓐ	●	Ⓒ	Ⓓ
47	Ⓐ	●	Ⓒ	Ⓓ

練習問題10

No.	A	B	C	D
48	●	Ⓑ	Ⓒ	Ⓓ
49	●	Ⓑ	Ⓒ	Ⓓ
50	Ⓐ	Ⓑ	Ⓒ	●
51	●	Ⓑ	Ⓒ	Ⓓ
52	Ⓐ	Ⓑ	●	Ⓓ
53	●	Ⓑ	Ⓒ	Ⓓ

練習問題11

No.	A	B	C	D
54	Ⓐ	Ⓑ	Ⓒ	●
55	Ⓐ	Ⓑ	●	Ⓓ
56	●	Ⓑ	Ⓒ	Ⓓ
57	Ⓐ	Ⓑ	●	Ⓓ
58	Ⓐ	●	Ⓒ	Ⓓ
59	Ⓐ	●	Ⓒ	Ⓓ
60	●	Ⓑ	Ⓒ	Ⓓ
61	Ⓐ	●	Ⓒ	Ⓓ
62	Ⓐ	Ⓑ	Ⓒ	●

Quarter模試

解答解説

ここまでくればあと一息！
Quarter模試の復習までやりきれば、
自信を持ってTOEICを受験できるはずです。

1 🇨🇦 🔊 **156**

(A) She's paying for some food.
(B) She's talking to a store clerk.
(C) She's reaching for the merchandise.
(D) She's taking her purse out of her bag.

(A) 彼女は食べ物のお金を払っている。
(B) 彼女は店員に話しかけている。
(C) 彼女は商品に手を伸ばしている。
(D) 彼女はバッグから財布を取り出している。

正解C 人物が1人の写真です。女性が棚にある商品に手を伸ばしている動作を描写している(C)が正解です。

女性はこれから食べ物を購入するのかもしれませんが、お金を払っている最中ではないので(A)は不正解。

写真に店員は写っておらず、女性も話しかけるという動作をしていませんので(B)は不正解。

女性はバッグ(リュック)を背負ってはいますが、財布を取り出しているところではないので、(D)も不正解です。

☐ **pay for**：〜のお金を払う　☐ **talk to**：〜に話しかける　☐ **reach for**：〜に手を伸ばす　☐ **merchandise**：商品
☐ **take A out of B**：AをBから取り出す　☐ **purse**：財布

2 🇬🇧 🔊 **157**

(A) Documents are spread out on the desk.
(B) Books are lined up on the shelf.
(C) A man is looking for a librarian.
(D) A woman is removing a ladder.

(A) 書類が机の上に広がっている。
(B) 本が棚にずらりと並んでいる。
(C) 男性が司書を探している。
(D) 女性がはしごを外している。

正解B 人物が複数の写真です。本棚に本がずらりと並んでいる状態を描写している(B)が正解です。人物が写っていますが、背景にある物の描写が正解になるパターンです。

書類が写真には写っていないので(A)は不正解、男性は写ってはいますが、司書を探すという動作をしていないので(C)も不正解です。

(D)は、女性ははしごを上っている最中なので、A woman is climbing up a ladder.「女性がはしごを上っている」という表現であれば正解になりえます。

☐ **document**：書類　☐ *be* **spread out**：広がっている　☐ *be* **lined up on**：〜の上にずらりと並んでいる
☐ **shelf**：棚　☐ **look for**：〜を探す　☐ **librarian**：司書　☐ **remove**：〜を取り去る　☐ **ladder**：はしご

Part 2 解答と解説

3 🔊 158

🇦🇺 M Whose glasses are these on the table?

🇺🇸 W (A) They're mine.
(B) In the cupboard.
(C) Are they?

机の上にある眼鏡は誰のですか。

(A) それは私のものです。
(B) 食器棚の中です。
(C) それらがですか?

> **正解 A** WH疑問詞問題です。「机の上にある眼鏡は誰のか」という問いかけに対して、「私のもの」という所有者を明確に述べている(A)が正解です。
> (B)は、Where …?「どこで〜/どこに〜」などを使った、場所を尋ねる問いかけに対する応答です。
> (C)は、「それらがですか?」、もしくは「彼らがですか?」という意味なので、問いかけとはかみ合いません。

□ **glasses**：眼鏡　□ **mine**：私のもの　□ **cupboard**：食器棚

---

4 🔊 159

🇬🇧 W Haven't you finished your report yet?

🇨🇦 M (A) At the port.
(B) I have one.
(C) No, I've been busy.

あなたはまだレポートが終わっていないのですか。

(A) 港でです。
(B) ひとつ持っています。
(C) まだです、最近忙しいです。

> **正解 C** Yes/Noで応答できる否定疑問文の問題です。「まだレポートが終わっていないのか」という問いかけに対して、「まだです、最近忙しいです」と答えと理由を述べている(C)が正解です。
> 問いかけは否定疑問文ですが、肯定する内容であればYesを、否定する内容であればNoを使って応答します。本問ではNoを使って応答しているので、女性は「レポートが終わっていない」ということを述べています。
> (A)は、Where …?「どこで〜」などを使った、場所を尋ねる問いかけに対する応答です。
> (B)は、何かをひとつ持っていると応答していますが、問いかけとはかみ合いません。

□ **finish**：〜を終える　□ **yet**：まだ　□ **port**：港

5 🔊 **160**

🇨🇦 M　Why is the light on in the break room?

🇺🇸 W　(A) Don't break it.
　　　(B) Very light.
　　　(C) I forgot to turn it off.

なぜ休憩室の照明が点いているのですか。

(A) それを壊さないで。
(B) とても明るいです。
(C) 私が消し忘れました。

| 正解 **C** | WH疑問詞問題です。「なぜ休憩室の照明が点いているのか」という問いかけに対して、「私が消し忘れた」と述べて、照明が点けっぱなしになっている原因を伝えている(C)が正解です。 |

　(A)は、問いかけの中にあるbreak「休憩」という単語を含む応答ですが、話がかみ合いません。ここでのbreakは動詞で「〜を壊す」という意味で使われています。

　(B)も、問いかけの中にあるlightという単語を含む応答ですが、話がかみ合いません。ここでのlightは形容詞で、「明るい、軽い」という意味で使われています。

□ **break room**：休憩室　□ **break**：〜を壊す　□ **light**：明るい、軽い　□ **forget to** *do*：〜し忘れる
□ **turn off**：〜を消す

---

6 🔊 **161**

🇺🇸 W　Do you have time to meet me tomorrow afternoon?

🇬🇧 W　(A) I'm free from two o'clock.
　　　(B) I don't eat meat.
　　　(C) That's good to hear.

あなたは明日の午後、私に会う時間はありますか。

(A) 私は2時から空いています。
(B) 私は肉を食べません。
(C) それはよかったです。

| 正解 **A** | Yes/Noで応答できる問題です。「あなたは明日の午後、私に会う時間はありますか」という問いかけに対して、「私は2時から空いています」と述べて、会える具体的な時間を伝えている(A)が正解です。 |

　(B)は、問いかけの中にあるmeet「〜に会う」と発音が同じmeat「肉」を使った引っ掛けの選択肢です。

　(C)は、「それはよかったです」という意味の表現なので、問いかけとはかみ合いません。

□ **have time to** *do*：〜する時間がある　□ **free**：暇な、用がない

7 🔊 **162**

🇬🇧 W Should we make a reservation before we leave?

🇦🇺 M (A) I live in Victoria.
(B) Yes, I'm on vacation.
(C) No, we won't need one.

私たちは出発する前に予約をするべきですか。

(A) 私はビクトリアに住んでいます。
(B) はい、私は休暇中です。
(C) いいえ、それは必要ありません。

正解 C	Yes/Noで応答できる問題です。「私たちは出発する前に予約をするべきか」という問いかけに対して、「それは必要ない」と応答している (C) が正解です。one は reservation「予約」のことを表しています。

　(A)は、問いかけの中にある leave「出発する」と発音が似ている live「住む」を使った引っ掛けの選択肢です。
　(B)も、問いかけの中にある reservation「予約」と発音が似ている vacation「休暇」を使った引っ掛けの選択肢です。

□ **should**：〜するべきだ　□ **make a reservation**：予約をする　□ **before**：〜する前に　□ **leave**：出発する
□ **be on vacation**：休暇中だ　□ **won't**：〜しないだろう

---

8 🔊 **163**

🇨🇦 M I'm sure the film will be exciting.

🇦🇺 M (A) We're having a good time.
(B) I hear it's excellent.
(C) At the theater.

その映画はおもしろいと私は確信しています。

(A) 私たちはよい時間を過ごしています。
(B) それはすばらしいと私は聞きました。
(C) 映画館でです。

正解 B	発言が平叙文の問題です。「その映画はおもしろいと確信している」という発言に対して「それ（映画）はすばらしいと聞いた」と応答し、発言を肯定している (B) が正解です。

　(A)は、発言の中の the film will be exciting と関連がありそうな「よい時間を過ごしている」という表現が含まれてはいますが、問いかけとはかみ合いません。
　(C)も、発言の中にある film と関連がある theater が含まれてはいますが、こちらも話がかみ合いません。

□ **I'm sure**：私は〜を確信している　□ **film**：映画　□ **exciting**：おもしろい　□ **excellent**：すばらしい
□ **theater**：映画館

🔊 164

Questions 9 through 11 refer to the following conversation.

🇦🇺 M ❶We still haven't received payment from Harper Construction Company.

🇬🇧 W ❷That's strange. ❸Payment was due last week.

M ❹We delivered a huge shipment of tiles to them on Monday. I talked with them about the invoice then.

W ❺I'll send them a reminder this afternoon. They always pay on time, so I'm sure it won't be a problem.

M I know. They're one of our biggest customers. We just got another order from them this morning.

問題9-11は次の会話に関するものです。

❶Harper建設会社からまだ支払いを受け取っていません。

❷それは変ですね。❸支払い期日は先週だったのに。

❹月曜日にそこに大量のタイルを納品しました。そのときに請求書のことを話したのですが。

❺今日の午後に確認の連絡を送りますね。いつも期限どおりに支払ってくれますから、きっと問題ないでしょう。

そうですね。彼らはうちの最大の顧客の1社です。今朝もそこから別の注文があったばかりです。

□ still：まだ　□ receive：～を受け取る　□ payment：支払い　□ construction company：建設会社
□ strange：変な　□ due：期限が来て　□ deliver A to B：AをBに配達する　□ huge：大量の　□ shipment：荷物
□ tile：タイル　□ talk with：～と話をする　□ invoice：請求書　□ then：そのとき　□ send A B：AにBを送る
□ reminder：念のためのお知らせ　□ always：いつも　□ on time：時間通りに　□ I'm sure：～だと確信している
□ won't：～ではないだろう　□ problem：問題　□ one of：～のうちのひとつ　□ order：注文

9 What are the speakers waiting for?

(A) A payment from a customer
(B) A building to be completed
(C) A software update
(D) An invoice from a supplier

話し手たちは何を待っていますか。

(A) 顧客からの支払い
(B) 建物の完成
(C) ソフトウェアの更新
(D) 仕入先からの請求書

| 正解 A | WH疑問詞問題で、話し手たちが待っていることが問われています。男性は❶で「Harper建設会社からまだ支払いを受け取っていない」と述べています。 |

また、女性は❷と❸で「それは変ですね。支払い期日は先週だったのに」と応答しています。

これらのことから、話題は「支払いをまだ受け取っていないこと」であることがわかるため、正解は(A) A payment from a customer です。

□ **wait for**：〜を待つ　□ **payment**：支払い　□ **customer**：顧客　□ **building**：建物　□ **complete**：〜を完成させる
□ **update**：更新　□ **invoice**：請求書　□ **supplier**：仕入先

---

10 When does the man say a delivery took place?

(A) On Sunday
(B) On Monday
(C) On Tuesday
(D) On Wednesday

男性は、いつ配達が行われたと言っていますか。

(A) 日曜日
(B) 月曜日
(C) 火曜日
(D) 水曜日

| 正解 B | WH疑問詞問題で、配達が行われた日が問われています。設問にdoes the man sayとあるため、この問題は男性が正解のヒントを言うとわかります。 |

男性は❹で「月曜日にそこ（Harper建設会社）に大量のタイルを納品した」と述べています。よって、正解は(B) On Monday になります。

□ **delivery**：配達　□ **take place**：〜が行われる

---

11 What does the woman say she will do?

(A) Change the schedule
(B) Test an alternative product
(C) Send a reminder
(D) Negotiate with a supplier

女性は、何をするつもりだと言っていますか。

(A) スケジュールを変更する
(B) 別の製品をテストする
(C) 確認の連絡を送る
(D) 仕入先と交渉する

| 正解 C | WH疑問詞問題で、女性の未来の行動について問われています。設問にdoes the woman sayとあるため、この問題は女性が正解のヒントを言うとわかります。 |

女性は❺で「今日の午後に確認の連絡を送る」と述べています。これを簡潔にまとめている(C) Send a reminder が正解です。

□ **change**：〜を変更する　□ **schedule**：スケジュール　□ **test**：〜をテストする　□ **alternative**：別の
□ **product**：製品　□ **reminder**：念のためのお知らせ　□ **negotiate with**：〜と交渉する　□ **supplier**：仕入先

Questions 12 through 14 refer to the following conversation.

問題12-14は次の会話に関するものです。

🇺🇸 W　Hi. It's Danni Wright from Spargo's Seafood Restaurant. ❶I'd like to order some dining tables from your latest catalog.

こんにちは、SpargoシーフードレストランのDanni Wrightです。❶御社の最新のカタログからダイニングテーブルをいくつか注文したいのですが。

🇨🇦 M　Sure. Thanks for calling Shepheard Furniture. What model are you interested in?

はい。Shepheard家具店にお電話いただきありがとうございます。どのモデルにご興味がおありですか。

W　Um... ❷The GR700. ❸It's a round table with space for four chairs. ❹We need five of them.

えーと、❷GR700です。❸丸テーブルで、いすが4脚置けるものです。❹それが5台必要です。

M　❺OK, we can do that. It'll be a couple of weeks, though. ❻We're waiting on a shipment from our supplier in Mexico.

❺わかりました、問題ございません。でも、2週間ほどかかります。❻メキシコの仕入先からの配送を待っているところです。

□ **I'd like to** *do*：私は〜したい　□ **order**：〜を注文する　□ **latest**：最新の　□ **catalog**：カタログ
□ **Sure.**：承知しました。　□ **thanks for** *doing*：〜してくれてありがとう　□ **be interested in**：〜に興味がある
□ **round table**：丸テーブル　□ **with space for**：〜のためのスペースがある　□ **a couple of weeks**：2週間（くらい）
□ **though**：〜だけれども　□ **wait on**：(出来事が起きるの)を待つ　□ **shipment**：配送　□ **supplier**：仕入先
□ **Mexico**：メキシコ

12 What is the woman ordering?

(A) Ingredients
(B) Computers
(C) Furniture
(D) Stationery

女性は何を注文していますか。

(A) 食材
(B) コンピュータ
(C) 家具
(D) 文房具

正解 C WH疑問詞問題で、女性の注文品について問われています。女性は ❶ で「御社の最新のカタログからダイニングテーブルをいくつか注文したい」と述べています。よって、正解は (C) Furniture になります。
　会話の「テーブル」が選択肢で「家具」と表現されているように、より大きなカテゴリーでの言い換えが頻出です。他にも「coworkers（同僚）→ employees（従業員）」や、「copy paper（コピー用紙）→ office supplies（事務用品）」などがあります。

□ **ingredient**：食材　□ **furniture**：家具　□ **stationery**：文房具

---

13 How many items does the woman order?

(A) Five
(B) Six
(C) Seven
(D) Eight

女性は商品を何点注文していますか。

(A) 5
(B) 6
(C) 7
(D) 8

正解 A WH疑問詞問題で、注文数を問われています。女性は ❷ ～ ❹ で「GR700 です。丸テーブルで、いすが4脚置けるものです。それが5台必要です」と述べてます。これらのことから丸テーブルを5台注文していることがわかるため、正解は (A) Five です。
　選択肢に数字が並んでいる場合は、会話の中に複数の数字が出る場合が多いです。設問を先読みする際に「何の数字」を問われているのかを意識して、他の数字と混同しないようにしましょう。

□ **how many**：いくつの　□ **item**：商品

---

14 What does the man mean when he says, "It'll be a couple of weeks"?

(A) The price reduction will not be immediate.
(B) The delivery system will change soon.
(C) The items cannot be customized in-store.
(D) The store cannot send the goods immediately.

"It'll be a couple of weeks" と言う際、男性は何を意図していますか。

(A) 値下げはすぐには行われない。
(B) 配送システムがもうすぐ変わる。
(C) 店頭で商品をカスタマイズすることはできない。
(D) 店はすぐに商品を送ることはできない。

正解 D 意図問題です。男性は女性の注文に対し ❺ で「わかりました、問題ありません」と応答し、さらに「でも、2週間ほどかかります」と女性に伝え、❻ で「メキシコの仕入先からの配送を待っている」という「商品の発送に2週間かかる具体的な理由」を続けています。
　よって、It'll be a couple of weeks というセリフを男性が述べた理由は、(D) The store cannot send the goods immediately. ということを女性に伝えたかったからだと考えられます。

□ **price reduction**：値下げ　□ **immediate**：即時の　□ **delivery system**：配送システム　□ **soon**：もうすぐ

□ **item**：商品　□ **customize**：～をカスタマイズする　□ **in-store**：店頭で　□ **goods**：商品　□ **immediately**：すぐに

Questions 15 through 17 refer to the following conversation and graph.

問題 15-17 は次の会話とグラフに関するものです。

🏴 W　Jeff, I'm eager to hear about the sales results for our new product line.

Jeff、新しい製品ラインの販売結果についてぜひ聞きたいです。

🏴 M　❶ Well, I'm happy to tell you that the sales are higher than we expected. We've had to increase production.

❶はい、うれしいことに、売上は予想以上です。増産する必要があります。

W　That's fantastic news.

それはすばらしいニュースですね。

M　It is. ❷ Of course, whenever a new product is launched there are some initial problems. ❸ Some small product defects have been reported.

そうですね。❷もちろん、新しい製品が発売されると、どうしても初期トラブルが見つかります。❸製品の小さな不具合がいくつか報告されています。

W　That's understandable. ❹ Look at the graph. ❺ It shows the number of vehicles sold at each location. ❻ I can see that one of our locations is selling more than the others.

それは無理もないですね。❹このグラフを見てください。❺各拠点での販売台数を示しています。❻ある拠点がその他の拠点より多く売れているのがわかりますね。

M　That's right. ❼ I'll be visiting that one this week to see why it's been so successful.

そうですね。❼今週、その店舗を訪問して、なぜその店舗がうまくいっているのかを確認するつもりです。

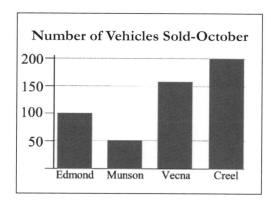

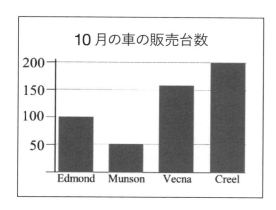

□ *be* eager to *do*：ぜひ〜したい　□ sales results：販売結果　□ product line：製品ライン
□ expect：〜を期待する　□ have to *do*：〜しなければならない　□ increase：〜を増やす　□ production：生産
□ fantastic：すばらしい　□ of course：もちろん　□ whenever：〜するときはいつでも　□ launch：〜を発売する
□ there *be*：〜がある　□ initial problem：初期トラブル　□ defect：不具合　□ report：〜を報告する
□ understandable：理解できる　□ look at：〜を見る　□ graph：グラフ　□ show：〜を示す
□ the number of：〜の数　□ vehicle：乗り物　□ each：それぞれの　□ location：場所
□ more than：〜よりも多く　□ others：他の（場所）　□ That's right.：そうですね。　□ successful：うまくいった

15 What does the man say about the new product line?

(A) It is being advertised online.
(B) It has been selling better than expected.
(C) It is very expensive to manufacture.
(D) It was designed by a popular artist.

男性は新しい製品ラインについて何と言っていますか。

(A) オンラインで宣伝されている。
(B) 予想以上に売れている。
(C) 製造するのに非常にお金がかかる。
(D) 人気アーティストによってデザインされた。

| 正解B | WH疑問詞問題で、新しい製品ラインの販売結果について問われています。男性は、❶ で「うれしいことに、売上は予想以上である」と述べています。 |

このこととほぼ同じ内容である(B) It has been selling better than expected. が正解です。

□ **advertise**：〜を宣伝する　□ **online**：オンラインで　□ **expected**：予想される　□ **expensive**：費用のかかる
□ **manufacture**：〜を製造する　□ **design**：〜をデザインする　□ **popular**：人気のある

---

16 What problem does the man mention?

(A) Shipping delays
(B) Staffing shortages
(C) Limited color options
(D) Product defects

男性はどんな問題点について述べていますか。

(A) 出荷の遅れ
(B) 人員不足
(C) 限られた色の選択肢
(D) 製品の不具合

| 正解D | WH疑問詞問題で、男性が述べている問題点について問われています。❷ と ❸ で「もちろん、新しい製品が発売されると、どうしても初期トラブルが見つかる。製品の小さな不具合がいくつか報告されている」と述べています。 |

このことから、男性が述べているのは製品の不具合についてだとわかるため、正解は(D) Product defects です。

□ **problem**：問題点　□ **mention**：〜について述べる　□ **shipping**：出荷　□ **delay**：遅れ　□ **staffing**：人材の配置
□ **shortage**：不足　□ **limited**：限られた　□ **option**：選択肢　□ **product**：製品　□ **defect**：不具合

---

17 Look at the graphic. Which store will the man visit this week?

(A) Edmond
(B) Munson
(C) Vecna
(D) Creel

図を見てください。男性は今週、どの店舗を訪問しますか。

(A) Edmond
(B) Munson
(C) Vecna
(D) Creel

| 正解D | 図表問題です。女性は ❹ 〜 ❻ で「各拠点での販売台数を示すこのグラフを見ると、ある拠点でその他の拠点より多く売れているのがわかる」と述べています。 |

これに対して男性は ❼ で、「今週、その (多く売れている) 店舗を訪問して、なぜうまくいっているのかを確認する」と応答しています。男性が今週訪問するのは、一番売り上げがよい店舗であることがわかり、図を見るとそれはCreelです。よって、正解は(D)です。

選択肢には店舗名が並んでいますから、対になる「売上」に注意しながら聞きましょう。

🔊 **167**

Questions 18 through 20 refer to the following news report.

🇨🇦 M

Good morning, listeners. You're listening to the morning news on 4KG Radio. This is Pete with the morning traffic updates. All this week there have been traffic jams on and around the Litman Bridge leading into town. ❶Construction work on the bridge will continue for the next few days. ❷Listeners are urged to leave home earlier so they have a little extra time to travel into the city center. ❸According to the city council, the work should be finished in time for the music festival on Saturday and Sunday. Now let's go to Sandra Day in the 4KG helicopter.

問題 18-20 は次のニュース報道に関するものです。

リスナーのみなさん、おはようございます。4KGラジオの朝のニュースです。朝の交通最新情報をPeteがお伝えします。今週はずっと、中心街につながるLitman橋とその周辺で交通渋滞が発生しています。❶橋の建設工事はあと数日間続きます。❷市内中心部へ行くのに時間の余裕を持てるよう、早めに家を出ることをお勧めします。❸市議会によると、土日の音楽祭に間に合うように工事は終了するとのことです。では、4KGラジオのヘリコプターにいるSandra Dayにおつなぎします。

□ **listener**：リスナー □ **listen to**：〜を聞く □ **traffic update**：交通最新情報 □ **there have been**：〜がずっとある
□ **traffic jam**：交通渋滞 □ **on and around**：〜とその周辺で □ **leading into**：〜につながる
□ **construction work**：建設工事 □ **bridge**：橋 □ **continue**：続く □ **for the next few days**：あと数日間
□ **be urged to** *do*：〜することを勧められる □ **leave**：〜を出発する □ **earlier**：より早く □ **extra**：余分な、追加の
□ **travel into**：〜に入っていく □ **city center**：市内中心部 □ **according to**：〜によると □ **city council**：市議会
□ **in time for**：〜に間に合う □ **helicopter**：ヘリコプター

18 What is the report mainly about?

(A) A local celebration
(B) Employment opportunities
(C) The weather forecast
(D) Construction work

この報道は主に何についてですか。

(A) 地元の祭典
(B) 雇用の機会
(C) 天気予報
(D) 建設工事

正解 D WH疑問詞問題で、トークの主題について問われています。話し手は ❶ で「橋の建設工事はあと数日間続く」と述べています。また、❸ でも「市議会によると、土日の音楽祭に間に合うように工事は終了する」と述べられているため、話題の中心は橋の建設工事であることがわかります。よって、正解は(D) Construction work です。

□ **report**：報道　□ **mainly**：主に　□ **local**：地元の　□ **celebration**：祭典　□ **employment**：雇用
□ **opportunity**：機会　□ **weather forecast**：天気予報

---

19 What are listeners advised to do?

(A) Take a different route to work
(B) Leave home earlier than usual
(C) Use public transportation
(D) Watch a television program

聞き手は何をするように勧められていますか。

(A) いつもと違うルートで通勤する
(B) いつもより早く家を出る
(C) 公共交通機関を利用する
(D) テレビ番組を見る

正解 B WH疑問詞問題で、聞き手がするように勧められていることが問われています。話し手は ❷ で「市内中心部へ行くのに時間の余裕を持てるよう、早めに家を出ることをお勧めします」と述べています。これを簡潔にまとめている(B) Leave home earlier than usual が正解になります。

□ **be advised to do**：～するように勧められる　□ **take**：～を利用する　□ **different**：異なる　□ **usual**：いつもの
□ **public transportation**：公共交通機関

---

20 According to the speaker, what will be held on the weekend?

(A) A grand opening
(B) A sporting event
(C) An anniversary celebration
(D) A music festival

話し手によると、週末には何が行われますか。

(A) グランドオープン
(B) スポーツイベント
(C) 記念式典
(D) 音楽祭

正解 D WH疑問詞問題で、週末に開催されることについて問われています。話し手は ❸ で「市議会によると、土日の音楽祭に間に合うように工事は終了する」と述べているため、週末には音楽祭が行われることがわかります。よって、正解は(D) A music festival です。
　トーク中のSaturday and Sunday が設問ではweekendに言い換えられています。また、Part 4は1人の話し手によるトークなので、設問にあるAccording to the speaker の部分は読む必要はありません。

□ **be held**：行われる　□ **on the weekend**：週末に

Questions 21 through 23 refer to the following announcement.

🇺🇸 W

Good afternoon, everyone. I just have a brief reminder before you go home that ❶ tomorrow's workshop will be held in Room 104 rather than the main conference room. The projector there isn't working at the moment. ❷ We'll be starting first thing in the morning, so please go straight there as soon as you get to work. ❸ The topic is safety in the workplace. It's a mandatory workshop, so if you're late or absent, you'll have to take part on another day. There's no avoiding it, I'm afraid.

問題 21-23 は次のお知らせに関するものです。

こんにちは、みなさん。みなさんがお帰りになる前に手短にお知らせしたいのですが、❶明日のワークショップは、大会議室ではなく104号室で行われます。現在、大会議室のプロジェクターが故障しています。❷朝一番に始めますので、出勤したらすぐに104号室に行ってください。❸テーマは職場の安全です。参加必須のワークショップですから、遅刻や欠席をすると、別の日に参加することになります。残念ながら避けて通ることはできません。

□ **brief**：手短な　□ **reminder**：念のためのお知らせ　□ **workshop**：ワークショップ　□ *be* **held**：行われる
□ **rather than**：〜ではなく　□ **main conference room**：大会議室　□ **work**：作動する　□ **at the moment**：現在
□ **first thing in the morning**：朝一番に　□ **go straight**：〜にすぐに行く　□ **as soon as**：〜するとすぐに
□ **get to work**：出勤する　□ **topic**：テーマ　□ **safety**：安全　□ **workplace**：職場　□ **mandatory**：必須の
□ *be* **absent**：欠席する　□ **have to** *do*：〜しなければならない　□ **take part**：参加する　□ **on another day**：別の日に
□ **avoid**：〜を避ける　□ **I'm afraid**：残念ながら

21 What is the purpose of the announcement?

(A) To explain a change of location
(B) To introduce a workshop facilitator
(C) To recommend a lunch option
(D) To thank participants for coming

お知らせの目的は何ですか。

(A) 場所の変更を説明すること
(B) ワークショップの進行役を紹介すること
(C) ランチのお勧めをすること
(D) 参加者に来てくれたことを感謝すること

正解 A WH疑問詞問題で、トークの目的が問われています。話し手は ❶ で「明日のワークショップは、大会議室ではなく104号室で行われる」と知らせています。

このことから、お知らせの目的はワークショップの場所の変更を伝えることだとわかるため、正解は (A) To explain a change of location です。

☐ **purpose**：目的　☐ **announcement**：お知らせ　☐ **explain**：～を説明する　☐ **location**：場所
☐ **introduce**：～を紹介する　☐ **facilitator**：進行役　☐ **recommend**：～を勧める　☐ **lunch option**：ランチのお薦め
☐ **participant**：参加者

22 When will the workshop be held?

(A) This morning
(B) This afternoon
(C) Tomorrow morning
(D) Tomorrow afternoon

ワークショップはいつ開催されますか。

(A) 今日の午前
(B) 今日の午後
(C) 明日の午前
(D) 明日の午後

正解 C WH疑問詞問題で、いつワークショップが行われるかが問われています。話し手は ❶ で「明日のワークショップは104号室で行われる」と伝え、❷ で「（ワークショップは）朝一番に始める」と述べています。これらの2点から、ワークショップは「明日の朝一番」に開催されるとわかるので、正解は (C) Tomorrow morning です。

23 What is the topic of the workshop?

(A) Customer service
(B) Quality control
(C) Reporting procedures
(D) Workplace safety

ワークショップのテーマは何ですか。

(A) 顧客サービス
(B) 品質管理
(C) 報告の手順
(D) 職場の安全

正解 D WH疑問詞問題で、ワークショップの内容が問われています。話し手は ❸ で「テーマは職場の安全です」と述べています。よって、正解は (D) Workplace safety です。

このような、トークと設問の間での語句の言い換えが少ない問題は、確実に正解できるようにしましょう。

☐ **customer**：顧客　☐ **quality**：品質　☐ **reporting**：報告　☐ **procedure**：手順

Questions 24 through 26 refer to the following recorded message and catalog.

🇦🇺 M

Hi Heidi. It's Jeff. ❶ I'm calling to discuss the waiting room. It's the first thing visitors see when they come, and ❷ the rug in there is really worn out. I've gotten permission from Ms. Truman to purchase a new one. She asked me to consult with you before I made the purchase, though. ❸ I've decided on the two-meter by three-meter modern rug from the GTY catalog. I've measured the room, and it will be perfect for the space. Can you let me know if you have any objections by the end of the day?

問題 24-26 は次の留守電メッセージとカタログに関するものです。

もしもし、Heidi。Jeff です。❶待合室について相談したくて電話しています。待合室は来客が入ってきて最初に目にする場所ですが、❷そこのラグマットがとても使い古されています。Truman さんから新しいものを購入する許可をもらいました。でも、購入する前にあなたに相談するようにと言われました。❸GTY 社のカタログに載っている2メートル×3メートルのモダンラグに決めました。部屋の寸法を測ったところ、そのスペースにぴったりのようです。もし異論があれば今日中に教えていただけますか。

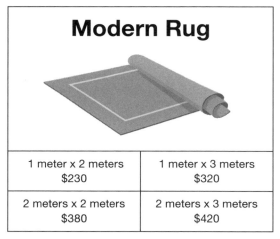

Modern Rug

1 meter x 2 meters $230	1 meter x 3 meters $320
2 meters x 2 meters $380	2 meters x 3 meters $420

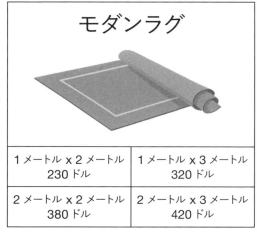

モダンラグ

1 メートル x 2 メートル 230 ドル	1 メートル x 3 メートル 320 ドル
2 メートル x 2 メートル 380 ドル	2 メートル x 3 メートル 420 ドル

24 Which room does the speaker mention?

(A) The conference room
(B) The waiting room
(C) The breakroom
(D) The bathroom

話し手はどの部屋について述べていますか。

(A) 会議室
(B) 待合室
(C) 休憩室
(D) トイレ

正解 B WH疑問詞問題で、トークの主題となっている部屋が問われています。話し手は ① で「待合室について相談したくて電話しています」と述べています。このことから、話し手が話題にしている部屋は (B) The waiting room であることがわかります。

□ **mention**：～について述べる　□ **conference**：会議　□ **breakroom**：休憩室　□ **bathroom**：トイレ

25 What does the speaker say about the room's rug?

(A) It is too small.
(B) It is the wrong color.
(C) It is worn out.
(D) It is out of fashion.

話し手はこの部屋のラグマットについて、何と言っていますか。

(A) 小さすぎる。
(B) 色が合っていない。
(C) 使い古されている。
(D) 流行遅れである。

正解 C WH疑問詞問題で、ラグマットの問題点が問われています。話し手は ② で「そこのラグマットがとても使い古されています」と述べています。よって、正解は (C) It is worn out. になります。
　wear out「～を使い古す」や out of fashion「流行遅れの」というフレーズを押さえておきましょう。

□ **too**：～すぎる　□ **wrong**：間違った　□ **out of fashion**：流行遅れの

26 Look at the graphic. How much does the speaker plan to spend on a new rug?

(A) $230
(B) $320
(C) $380
(D) $420

図を見てください。話し手は新しいラグマットにいくら使うつもりですか。

(A) 230ドル
(B) 320ドル
(C) 380ドル
(D) 420ドル

正解 D 図表問題です。図表上の「選択肢の内容と対になっている部分」を見ながら音声を聞くようにします。選択肢には値段が並んでいますので、ラグマットの大きさに注目します。
　設問は「話し手は新しいラグマットにいくら使うか」というものです。話し手は ③ で「GTY社のカタログに載っている2メートル×3メートルのモダンラグに決めました」と述べています。そのサイズを図で確認すると$420なので、正解は(D)です。

□ **graphic**：図　□ **how much**：いくら　□ **plan to** *do*：～するつもりだ　□ **spend on**：(お金を) ～に費やす

27 VGT's latest computer has been praised for its ------- and low price.

(A) lightly

(B) light

(C) lighten

(D) lightness

VGT 社の最新コンピュータは、その軽さと低価格が評価されています。

(A) 軽く（副詞）

(B) 軽い（形容詞）

(C) ～を軽くする（動詞）

(D) 軽さ（名詞）

正解 D 選択肢には形容詞lightの派生語が並んでいるので文法問題です。

空所の後ろにはand low priceが続いています。等位接続詞のandの前後には、同質のものが並びます。andの後ろに続いているlow priceは名詞（句）なので、andの前にも名詞を置けばよいということがわかります。よって、正解は名詞である(D) lightnessになります。

lightness「軽さ」とlow priceがandを挟んで並列されることになります。

□ **latest**：最新の　□ *be* **praised for**：～が評価される

---

28 The receptionist was ------- to offer visitors a drink when they arrived.

(A) attempted

(B) directed

(C) affected

(D) opposed

受付係は来客が着いたら飲み物を提供するように指示されました。

(A) 企てられた

(B) 指示された

(C) 影響された

(D) 反対された

正解 B 選択肢には過去分詞が並んでいるので、語彙問題です。

空所に(B) directedを入れると、*be* directed to *do*「～するように指示される」という表現が完成し、文意が通ります。

(A)は attempt to *do*「～しようと試みる」、(D)は *be* opposed to「～に反対する」という表現を覚えておくといいでしょう。opposeは「～に反対する」という他動詞としてもよく使われます。

□ **receptionist**：受付係　□ **offer**：～を提供する　□ **visitor**：来客　□ **arrive**：到着する

---

29 Fireproof gloves are more ------- than any other disposable gloves on the market.

(A) durable

(B) durability

(C) duration

(D) durableness

防火手袋は、他のどんな市販の使い捨て手袋よりも耐久性があります。

(A) 耐久性のある（形容詞）

(B) 耐久性（名詞）

(C) 持続期間（名詞）

(D) 耐久性があること（名詞）

正解 A 選択肢には形容詞durableの派生語が並んでいるので、文法問題です。

空所の前にはFireproof gloves are more「防火手袋はより～だ」という表現があり、このmoreは比較級を作る副詞です。

be動詞を挟んで主語のFireproof glovesとイコールになり、副詞のmoreの修飾を受ける形容詞を空所に入れればよいことがわかります。よって、正解は(A) durableになります。

□ **fireproof glove**：防火手袋　□ **than any other**：他のどんな～よりも　□ **disposable glove**：使い捨て手袋
□ **on the market**：市販の、市場にある

30 Ms. Hopper has been in charge of the marketing department ------- it was created ten years ago.

(A) once
(B) since
(C) until
(D) while

Hopper さんは、10 年前にマーケティング部門ができたときから、その部門の責任者です。

(A) 〜するとすぐに
(B) 〜して以来
(C) 〜するまで
(D) 〜する間に

正解 **B**　選択肢には接続詞が並んでいるので、語彙問題です。

　最初の節では現在完了形が使われているため、現在完了形のキーワードである (B) since を空所に入れると、文意が通ります。since は接続詞としても前置詞としても使われますが、いずれの場合も後ろには過去のある時点を表す語句が続きます。

　(A) once は「ひとたび〜すると」という意味でも使われます。

　(C) until は前置詞としても使われるということを押さえておいてください。

　(D) while は「〜である一方で」という意味でも使われます。その場合は、while を whereas に置き換えることも可能です。

□ *be* in charge of：〜の責任者である　□ department：部門　□ create：〜を作る

---

31 Some reservations were canceled ------- when the hotel switched over to the new software.

(A) accident
(B) accidents
(C) accidentally
(D) accidental

そのホテルが新しいソフトウェアに切り替えたとき、いくつかの予約が誤ってキャンセルされました。

(A) 事故 (名詞)
(B) 事故 (名詞の複数形)
(C) 誤って (副詞)
(D) 偶然の (形容詞)

正解 **C**　選択肢には名詞 accident の派生語が並んでいるので、文法問題です。

　空所の前には受動態の were canceled「キャンセルされた」があり、後ろには次の節が始まることを表す接続詞の when「〜するとき」が続いています。

　空所を隠しても文の要素がそろっているので、修飾語である副詞 accidentally を入れると、直前の動詞を適切に修飾し、文意が通ります。

　受動態の後ろに目的語となる名詞は続かないので、(A) と (B) は不正解。

　形容詞である (D) accidental を空所に入れようとしても、被修飾語となる名詞が見当たりません。

□ reservation：予約　□ cancel：〜をキャンセルする　□ switch over to：〜に切り替える

32 Moreton Chocolates are more expensive because they are wrapped -------.

(A) individual

(B) individualism

(C) individualistic

(D) individually

Moreton チョコレートは個包装なので割高です。

(A) 個体（名詞）

(B) 個人主義（名詞）

(C) 個人主義の（形容詞）

(D) 個別に（副詞）

正解 D 選択肢には名詞individualの派生語が並んでいるので、文法問題です。

空所の前には受動態のare wrapped「包まれている」があり、後ろはピリオドで終わっています。空所に副詞individuallyを入れると、直前にある動詞を適切に修飾し、文意が通ります。

基本的に受動態の後ろに目的語となる名詞は続かないので、(A)と(B)は不正解。

名詞を修飾する形容詞の(C) individualisticを空所に入れようとしても、被修飾語が見当たりません。

□ **expensive**：値段が高い　□ **because**：〜なので　□ **wrap**：〜を包む

---

33 Pete Hammond ------- to speak at the Annual Farming Conference in Miami.

(A) invited

(B) is inviting

(C) has invited

(D) was invited

Pete Hammond さんはマイアミでの年次農業会議で講演をするために招待されました。

(A) 過去形（能動態）

(B) 現在進行形（三人称単数）

(C) 現在完了形（三人称単数）

(D) 過去形（受動態）

正解 D 選択肢には動詞invite（他動詞）のさまざまな形が並んでいるので、文法問題です。

問題文には述語動詞がないので、空所には動詞が入ります。また、空所の後ろには動詞の目的語となる語句がないため、受動態の動詞が必要です。よって、正解は(D) was invitedになります。

(A) 〜 (C)はいずれも能動態なので、後ろには目的語が必要となります。

□ **annual**：年に１回の　□ **conference**：会議

---

34 Customers are asked to wait ------- while the shipping problems are resolved.

(A) patiently

(B) technically

(C) slowly

(D) clearly

お客さまには、発送の問題が解決するまで、しばらくお待ちいただくことになります。

(A) 根気よく

(B) 技術的に

(C) ゆっくりと

(D) 明らかに

正解 A 選択肢には副詞が並んでいるので、語彙問題です。

空所の前にはwaitという動詞があり、空所に入る副詞はこのwaitを修飾すると考えます。

空所に入れて文意が通るのは(A) patientlyです。are asked to wait patientlyは、直訳すると「根気よく待つことを求められる」という意味ですが、これを意訳すると「しばらくお待ちください」のような意味になります。

□ **customer**：顧客　□ *be asked to do*：〜することを求められる　□ **while**：〜する間　□ **shipping**：発送
□ **problem**：問題　□ **resolve**：〜を解決する

35 Because her assistant was on vacation, Ms. Wilde had to arrange the party -------.

(A) she
(B) hers
(C) herself
(D) her

アシスタントが休暇中だったので、Wilde さんは自分でパーティーの準備をしなければなりませんでした。

(A) 彼女は
(B) 彼女のもの
(C) 彼女自身で
(D) 彼女の／彼女を、彼女に

正解C 選択肢には代名詞が並んでいます。
　空所を含む節は、空所がなくても完全な文として成り立っています。この節の主語はMs. Wildeですが、主語を同じ節の中に再度登場させ、「〜自身で」という強調の意味で使うことのできる再帰代名詞herself「彼女自身で」を空所に入れると文意が通ります。
　(A)は人称代名詞の主格、(B)は所有代名詞、(D)は人称代名詞の所有格／目的格なので、文意が通りません。

□ **because**：〜なので　□ **assistant**：アシスタント、助手　□ *be* **on vacation**：休暇中で
□ **have to** *do*：〜しなければならない

---

36 All employees are required to wear some eye ------- when in the factory.

(A) protect
(B) protection
(C) protective
(D) protectively

すべての従業員は、工場内では何らかの目の保護具を着用することが義務付けられています。

(A) 〜を保護する（動詞）
(B) 保護（名詞）
(C) 保護用の（形容詞）
(D) 保護するように（副詞）

正解B 選択肢には動詞protectの派生語が並んでいるので、文法問題です。
　空所の前には、wearがありますが、some eye「何らかの目」だけだとwearの目的語として意味が通りません。空所に(B) protectionを入れるとsome eye protection「何らかの目の保護具」という名詞句となり、wearの目的語として適切になります。
　when in the factoryはwhen all employees are in the factory「すべての従業員は、工場内にいるときは」から、主語と動詞が省略されたものだと考えてください。

□ **employee**：従業員　□ *be* **required to** *do*：〜することを義務付けられる　□ **wear**：〜を着用する　□ **factory**：工場

Questions 37-40 refer to the following e-mail.

To: Steve Carter <scarter@clarksonprojects.com>
From: Helena Barkworth <hbarkworth@clarksonprojects.com>
Date: August 10
Subject: Your vacation

Dear Steve,

Ralph Dunhill just ------- me that you have asked to take a week off at the end of
          37.
October. I am hoping to convince you to ------- your vacation. -------. We will
                                     38.   **39.**
commence the work at precisely that time. The first week of a project is always

critical, and I need someone with your experience on site. I ------- one of our other
                                                          40.
project leaders to replace you for a week in mid-November. Of course, if it is

impossible for you to change your plans, I understand.

Sincerely,

Helena Barkworth

問題 37-40 は、次の E メールに関するものです。

受信者：Steve Carter <scarter@clarksonprojects.com>
送信者：Helena Barkworth <hbarkworth@clarksonprojects.com>
日付：8月10日
件名：あなたの休暇

Steve さん

Ralph Dunhill から、あなたが10月末に1週間の休暇を希望していると聞きました。休暇を遅らせることに合意していただけませんか。私たちはWilde Brothers倉庫の建設契約を獲得しました。私たちはその仕事をまさにその時に開始する予定です。プロジェクトの最初の週はいつも重要で、あなたのような経験者が現場に必要なのです。11月中旬の1週間、他のプロジェクトリーダーにあなたの代役をお願いしてみます。もちろん、予定を変更できないのであれば、承知します。

敬具
Helena Barkworth

37
(A) found
(B) helped
(C) revealed
(D) informed

(A) 〜を見つけた
(B) 〜を助けた
(C) 〜を明らかにした
(D) 〜に知らせた

正解 D 選択肢には動詞の過去形が並んでいるので、語彙問題です。
　空所の後ろには動詞の目的語となるme「私に」があり、その後ろにはthat節が続いています。(D) informedは、後ろに〈人＋that節〉を続けることができ、空所に入れると文意が通ります。
　(A)はfind A B「AがBだとわかる」、(B)はhelp *somebody* to *do*「人が〜するのを手伝う」、(C)はreveal that「〜ということを明らかにする」という使い方を押さえておいてください。

38
(A) delay
(B) deny
(C) schedule
(D) assemble

(A) 〜を遅らせる
(B) 〜を拒否する
(C) 〜を予定に入れる
(D) 〜を組み立てる

正解 A 選択肢には動詞の原形が並んでいるので、語彙問題です。
　空所の後ろには動詞の目的語となるyour vacation「あなたの休暇」が続いています。(A) delayを空所に入れると、convince you to delay your vacation「あなたを説得して休暇を遅らせることを受け入れさせる」という表現が成立します。これを意訳すると「休暇を遅らせることに合意してもらう」となります。また、読み進めると「11月中旬に休暇を取れるよう計らう」という内容があるので、delayが適切だと確認できます。
　(B)はdeny *doing*「〜することを否定する」、(D)は派生語のassembly「組み立て」を押さえておいてください。

39
(A) We will be closing the office for the whole week for renovations.
(B) We have won the construction contract for the Wilde Brothers' Warehouse.
(C) You must submit requests for time off at least two weeks in advance.
(D) You will learn a lot by observing Ms. Wang on the project.

(A) 改装のため、丸1週間事務所を閉鎖する予定です。
(B) 私たちはWilde Brothers倉庫の建設契約を獲得しました。
(C) 休暇の申請は、少なくとも2週間前までに提出しなければなりません。
(D) このプロジェクトでWangさんをよく見ることで、あなたは多くのことを学ぶことができます。

正解 B 文挿入問題です。空所の後ろには「私たちはその仕事をまさにその時に開始する予定です」という文が続いています。この文にあるthe work「その仕事」にあたる語句がまだ出てきていないので、正解となる文に含まれているべきだと考えます。(B)にはthe workを表すthe construction contract「建設契約」があり、この文を空所に入れると自然な文脈が成立します。

40
(A) asked
(B) have asked
(C) will ask
(D) was asking

(A) 過去形・過去分詞
(B) 現在完了形
(C) 未来を表す表現
(D) 過去進行形

正解 C 選択肢には動詞ask「〜を頼む」のさまざまな形が並んでいるので文法問題です。
　文書では、BarkworthさんがCarterさんに休暇の時期を遅らせることをお願いしており、最後の一文では「予定が変更できないのであれば、（休暇の時期を変えないことを）承知します」と述べています。このことから、BarkworthさんはCarterさんがお願いを承諾してくれた場合に、11月中旬の代役を誰かに頼むつもりだと判断することができます。よって、正解は未来を表す (C) will askです。
　他の選択肢は過去形と現在完了形なので、Carterさんの意向を聞く前に代わりになる人を探していることになり、不適切です。

Questions 41-42 refer to the following advertisement.

SpecTal

Video Editing Software for EVERYONE!

SpecTal puts professional video production within the reach of almost anyone. ❶Our software has the simplest user interface of any video editing software, and it is backed up by a free online course led by friendly and expert instructors. ❷The software has all of the most popular features and no needless complexity. ❸If you think SpecTal might be right for you, why not download a free trial version? You can practice using the software for two full weeks, creating as many videos as you like. If you decide to keep using the software, ❹you can purchase it for just $50 at our online store.

問題 41-42 は次の広告に関するものです。

SpecTal
誰でも使えるビデオ編集ソフト

SpecTal は、プロフェッショナルなビデオ制作をほとんどすべての人の手の届くものにします。❶私たちのソフトウェアは、あらゆるビデオ編集ソフトウェアの中で最もシンプルなユーザーインターフェースを持ち、親切な専門講師による無料のオンライン講座によってサポートされています。❷このソフトウェアは、最も人気のある機能をすべて備えており、不必要な複雑さはありません。❸もし、SpecTal があなたに合っているかもしれないと思われるなら、無料体験版をダウンロードされてはいかがでしょうか。2 週間、お好きなだけビデオを作成し、ソフトウェアの使い方を練習することができます。このソフトウェアを使い続けることに決めたら、❹私たちのオンラインストアにてわずか 50 ドルで購入することができます。

□ **advertisement**：広告　□ **video editing software**：ビデオ編集ソフト　□ **put A within the reach of B**：A を B の手の届くところに置く　□ **video production**：ビデオ制作　□ **almost anyone**：ほとんどの人　□ **simple**：シンプルな　□ **user interface**：ユーザーインターフェース　□ *be* **backed up by**：〜によってサポートされる　□ **free**：無料の　□ **online course**：オンライン講座　□ **led by**：〜に導かれる　□ **friendly**：親切な　□ **expert**：専門知識のある　□ **popular**：人気のある　□ **feature**：機能　□ **needless**：不必要な　□ **complexity**：複雑さ　□ *be* **right for**：〜にとって合っている　□ **why not** *do*：〜するのはいかがでしょうか　□ **download**：〜をダウンロードする　□ **trial version**：体験版　□ **practice** *doing*：〜することを練習する　□ **two full weeks**：2 週間きっちり　□ **create**：〜を作成する　□ **as many videos as you like**：あなたが好きなだけたくさんのビデオ　□ **decide to** *do*：〜することに決める　□ **keep** *doing*：〜し続ける　□ **purchase**：〜を購入する　□ **just**：たった〜だけ　□ **online store**：オンラインストア

41 According to the advertisement, how is SpecTal different from competing products?

(A) It is easier to use.

(B) It is designed for experts.

(C) It is low cost.

(D) It has more features.

広告によると、SpecTal は競合製品とどのように違うのですか。

(A) より使いやすい。

(B) 専門家向けに設計されている。

(C) 低価格である。

(D) より多くの機能がある。

正解 A WH疑問文の問題で、製品の特徴が問われています。❶ に「最もシンプルなユーザーインターフェースがある」とあり、❷ に「このソフトウェアは、最も人気のある機能をすべて備えていて、不必要な複雑さはない」とあります。これらの使い勝手について簡潔に表している(A) It is easier to use. が正解です。❹ で「（価格は）わずか50ドル」とありますが、競合製品とは比較されていないので(C)は不正解です。

□ **according to**：〜によると　□ *be* **different from**：〜と違っている　□ **competing product**：競合製品

□ *be* **easier to** *do*：より〜しやすい　□ *be* **designed for**：〜向けに設計されている　□ **expert**：専門家

□ **low cost**：低価格

---

42 What is mentioned as an option for readers?

(A) Choosing which parts of the software to install

(B) Purchasing the software using a gift card

(C) Uploading videos to the company's server

(D) Trying out the software before they buy

読み手ができる選択として挙げられているのは何ですか。

(A) ソフトウェアのどの部分をインストールするかの選択

(B) ギフトカードを使ってのソフトウェア購入

(C) この会社のサーバーへの動画アップロード

(D) 購入前のソフトウェアの試用

正解 D WH疑問文の問題で、読み手ができることが問われています。❸ に「もし、SpecTalがあなたに合っているかもしれないと思われるなら、無料体験版をダウンロードされてはいかがでしょうか」とあるため、広告の読み手はソフトウェアを購入する前に無料で試すことができるとわかります。よって、正解は(D) Trying out the software before they buy になります。

□ **mention**：〜について述べる　□ **option**：選択　□ **reader**：読み手　□ **choose**：〜を選ぶ

□ **install**：〜をインストールする　□ **purchase**：〜を購入する　□ **upload**：〜をアップロードする　□ **video**：動画

□ **server**：サーバー　□ **try out**：〜を試す

Questions 43-45 refer to the following article.

DURANT (June 2) ——This weekend, the Annual Durant Music Festival will be held at Freeman Park. The festival takes place over both days and attracts professional and amateur musicians from all around the state. ❶The main event, The Battle of the Bands can be enjoyed on both two days. ❷This is a contest in which amateur bands compete to win $10,000 worth of time in a recording studio with a professional music producer. ❸Last year's winner went on to sign a contract with one of Australia's largest music labels.

On the main stage, entertainment will be provided by bands such as Sister Sister, The Dan Vale Trio, and Nevershock. Admission is free, but seating is limited, so it may be necessary to arrive early to secure a good seat. ❹Vendors will be at the park selling food and drink. There is always a wide variety available, and there should be something for everyone. While free parking is plentiful in the area, ❺many people are expected to take advantage of the new train service. You can learn more about the festival on the following Web site: www.durantmf.org.

問題 43-45 は次の記事に関するものです。

DURANT（6月2日）—今週末、Freeman公園で年次Durant音楽祭が開催されます。この音楽祭は2日間にわたって開催され、州内各地からプロやアマチュアのミュージシャンが集まります。❶メインイベントであるThe Battle of the Bandsは2日とも楽しめます。❷このコンテストでは、プロの音楽プロデューサーが同席する、録音スタジオでの1万ドル相当の時間獲得に向けて、アマチュアバンドが競い合います。❸昨年の優勝者は、オーストラリア最大の音楽レーベルのうちの一社と契約を結ぶことになりました。

メインステージでは、Sister Sister、The Dan Vale Trio、Nevershockなどのバンドによる催しが行われます。入場は無料ですが、座席に限りがありますので、よい席を確保するためには、早めに到着する必要があるかもしれません。❹公園では、業者が食べ物や飲み物を販売します。いつも種類が豊富で、誰もが楽しめるはずです。無料駐車場は周辺にたくさんありますが、❺多くの人が新しい鉄道サービスを利用することが予想されます。この音楽祭の詳細は、次のWebサイトで確認できます。www.durantmf.org

43 What is NOT implied about The Battle of the Bands?

(A) It is a contest for amateurs only.
(B) The winners will receive $10,000 in cash.
(C) Previous winners have had career success.
(D) It is a multi-day event.

The Battle of the Bands について、示唆されていないことは何ですか。

(A) それはアマチュアだけのコンテストである。
(B) 優勝者は現金で1万ドルを受け取る。
(C) 以前の優勝者はキャリアで成功を収めている。
(D) それは数日間にわたるイベントである。

正解 B NOT問題です。選択肢と本文を照らし合わせ、正しい内容をひとつずつ消去していきましょう。❷ に「このコンテストでは、プロの音楽プロデューサーが同席する、録音スタジオでの1万ドル相当の時間獲得に向けて、アマチュアバンドが競い合う」とあり、これが(A) It is a contest for amateurs only と一致します。

そして、❸ に「昨年の優勝者は、オーストラリア最大の音楽レーベルのうちの一社と契約を結ぶことになった」とあり、これが(C) Previous winners have had career success. と一致します。また、❶ に「メインイベントは2日とも楽しめる」とあり、これが(D) It is a multi-day event. と一致します。

残った(B) The winners will receive $10,000 in cash. が正解となります。優勝者は現金ではなく、$10,000 worth of time「1万ドル相当の時間」を受け取ることになります。

□ **imply**：〜をほのめかす　□ **amateur**：アマチュア　□ **winner**：勝者　□ **receive**：〜を受け取る　□ **in cash**：現金で
□ **previous**：以前の　□ **have career success**：キャリアで成功を収める　□ **multi-day**：複数日にわたる

---

44 According to the article, what will people be charged for at the festival?

(A) Beverages
(B) Admission
(C) Clothing
(D) Parking

記事によると、音楽祭では何にお金が請求されますか。

(A) 飲み物
(B) 入場料
(C) 衣類
(D) 駐車場

正解 A WH疑問文の問題で、有料のものがどれなのかが問われています。❹ に「公園では、業者が食べ物や飲み物を販売する」とあるため、drink「飲み物」は有料であることがわかります。よって、drink を beverages と言い換えた(A) が正解です。

□ **according to**：〜によると　□ **article**：記事　□ *be* **charged for**：〜に対してお金が請求される

---

45 What has recently been provided in Durant?

(A) A recording facility
(B) A public park
(C) A train service
(D) A free Internet connection

最近 Durant にできたものは何ですか。

(A) 録音施設
(B) 公立公園
(C) 鉄道サービス
(D) 無料のインターネット接続

正解 C WH疑問文の問題で、Durant に最近できたものが問われています。❺ に「多くの人が新しい鉄道サービスを利用することが予想される」とあるため、最近この町（Durant）にできたのは鉄道サービスであることがわかります。よって、正解は(C) A train service になります。

□ **recently**：最近　□ **provide**：〜を提供する　□ **facility**：施設　□ **public**：公立の
□ **Internet connection**：インターネット接続

Questions 46-50 refer to the following memo and schedule.

MEMO

To: Annual Banquet Organizing Committee
From: Kate Winehouse
Date: April 8
Subject: This year's event

Dear committee members,

❶ This year, the annual banquet will be held on August 16. The venue is the main ballroom at the Halpert Hotel on William Street. ❷ According to my records, we held the event there five years ago. ❸ Mr. Salinger was the only member of the committee on the staff at that time. Therefore, all communication with the hotel should be conducted through him. He has already reserved the room. ❹ I have asked Jay Tully to take care of the entertainment. Linda Wang, I'd like you to be in charge of the guest list, and Tim Adachi will arrange the awards ceremony. Please coordinate with each other to ensure that things go smoothly.

❺ Your budget will be slightly reduced this year. However, ❻ due to the location, a shuttle bus from the office will not be necessary so you should be able to cut costs there.

When putting together the schedule, ❼ please make mine the final speech of the night. If you have any questions, you should call Mona Brown. Her team did an excellent job organizing last year's event.

Sincerely,

Kate Winehouse
Artemis Business Machines

Artemis Business Machines	
Annual Employee Appreciation Banquet	
Description	**Time**
Staff reception desk at the hotel	5:40 P.M.
Speech from the CEO	6:00 P.M.
Meals are served	6:10 P.M.
❽ Musical Entertainment from Baartz Musica	6:20 P.M. – 7:00 P.M.
Employee Awards Ceremony	7:00 P.M. – 7:30 P.M.
Dessert is served	7:30 P.M.
❾ Closing Message from the vice president	7:45 P.M.

（連絡メモ）

□ **annual**：年に１度の　□ **banquet**：祝宴会　□ **organizing committee**：組織委員会　□ *be* **held**：開催される
□ **venue**：会場　□ **main ballroom**：大宴会場　□ **according to**：～によると　□ **record**：記録　□ **hold**：～を開催する
□ **at that time**：当時の　□ **therefore**：したがって　□ **communication with**：～との連絡　□ **conduct**：～を行う
□ **through**：～を通して　□ **already**：すでに　□ **reserve**：～を予約する　□ **ask** *somebody* **to** *do*：人に～するよう
求める　□ **take care of**：～を手配する　□ **entertainment**：余興　□ **I'd like** *somebody* **to** *do*：私は人に～してほしい
□ *be* **in charge of**：～を担当する　□ **arrange**：～の手配をする　□ **awards ceremony**：授賞式
□ **coordinate with each other to** *do*：～するようにお互いに調整する　□ **ensure that**：～ということを確実にする
□ **smoothly**：スムーズに　□ **budget**：予算　□ **slightly**：わずかに　□ **reduce**：～を削減する　□ **however**：しかし
□ **due to**：～が原因で　□ **location**：場所　□ **necessary**：必要な　□ *be* **able to** *do*：～することができる
□ **cut cost**：経費を削減する　□ **when** *doing*：～するとき　□ **put together**：～をまとめる　□ **excellent**：すばらしい
□ **organize**：～をまとめる　□ **Sincerely,**：敬具

問題 46-50 は次の連絡メモとスケジュールに関するものです。

連絡メモ

宛先：年次祝宴会組織委員会
差出人：Kate Winehouse
日付：4月8日
件名：今年のイベント

委員会のみなさまへ

❶本年度は、8月16日に年次の祝宴会を開催する予定です。会場は、William 通りにある Halpert ホテルの大宴会場です。❷記録によると、5年前にもそこで開催しています。❸スタッフの中で当時の委員会のメンバーは Salinger さんだけです。したがって、ホテルとの連絡はすべて彼を通して行う必要があります。彼はすでに部屋を予約しています。❹余興の手配は Jay Tully さんにお願いしてあります。Linda Wang さんにはゲストリストの担当をしてほしいです。Tim Adachi さんは授賞式の準備をお願いします。スムーズに事が運ぶように、お互いに連係してください。

❺今年は予算が少し減ります。しかし、❻場所の関係でオフィスからのシャトルバスが不要になるので、その経費を削減できるはずです。

スケジュールを組むときは、❼私のスピーチをその晩の最後にしてください。何か質問があれば、Mona Brown さんに電話してください。彼女のチームは昨年のイベントを見事に企画してくれました。

敬具

Kate Winehouse
Artemis オフィス機器

Artemis オフィス機器 年次社員感謝祝宴会	
説明	**時間**
ホテルでのスタッフ受付	午後5時40分
CEO のスピーチ	午後6時
食事の提供	午後6時10分
❽ Baartz Musica による音楽の催し	午後6時20分～7時00分
社員表彰式	午後7時00分～7時30分
デザートの提供	午後7時30分
❾副社長による閉会の辞	午後7時45分

46 What is suggested about Mr. Salinger?

(A) He has been at the company more than five years.

(B) He has been asked to give a speech at the annual company banquet.

(C) He was one of the company's founders.

(D) He chose the members of the organizing committee.

Salinger さんについて何が示されていますか。

(A) 彼は5年以上その会社に勤めている。

(B) 彼は会社の年次祝宴会でスピーチをするように頼まれている。

(C) 彼は会社の創立者の1人だった。

(D) 彼が組織委員会のメンバーを選んだ。

正解 A WH疑問文の問題で、Salingerさんについて推測されることが問われています。❷ と ❸ に「記録によると5年前にもそこで開催していて、スタッフの中で当時の委員会のメンバーはSalingerさんだけ」とあるため、Salingerさんはこの会社（Artemis Business Machines）に少なくとも5年間は在籍していることがわかります。よって、正解は (A) He has been at the company more than five years. になります。

□ *be* suggested about：〜について示される　□ **more than**：〜より多く　□ *be* asked to *do*：〜するように頼まれる
□ **founder**：創立者　□ **choose**：〜を選ぶ

---

47 What is NOT implied about the banquet?

(A) Organizers will have less money than in previous years.

(B) It will be within walking distance of the office.

(C) Guests will be instructed on what to wear.

(D) It is held once every year.

祝宴会について示唆されていないことは何ですか。

(A) 主催者の資金が例年より少ない予定である。

(B) オフィスから歩いていける距離で行われる予定である。

(C) 参加者は何を着るか指示される予定である。

(D) 毎年1回開催される。

正解 C NOT問題です。選択肢を順番に見ていきましょう。❺ に「今年は予算が少し減る」とあり、これが (A) Organizers will have less money than in previous years. と一致します。

そして、❻ に「場所の関係でシャトルバスが不要になるので、その経費を削減できるはず」とあり、これが (B) It will be within walking distance of the office. と一致します。

また、❶ に「本年度は、8月16日に年次の祝宴会を開催する予定だ」とあり、これが (D) It is held once every year. と一致するため、残った (C) Guests will be instructed on what to wear. が正解となります。祝宴会で着る服に関しては、文書では一切述べられていません。

□ *be* implied about：〜について示唆されている　□ **organizer**：主催者　□ **previous**：以前の
□ **within walking distance of**：〜から歩いて行ける距離に　□ **instruct**：〜するよう指示する
□ **what to** *do*：何を〜するか　□ **once**：1回

48 In the memo, the word "charge" in paragraph 1, line 6 is closest in meaning to

(A) explanation
(B) cost
(C) control
(D) place

連絡メモの中で、第 1 段落・6 行目にある "charge" に最も意味が近いのは

(A) 説明
(B) 費用
(C) 管理
(D) 場所

正解 C 類義語問題です。設問にあるchargeが含まれている文はI'd like you to be in charge of the guest list「私はあなたにゲストリストの担当をしてほしい」というものです。この文の中で、chargeは「担当」という意味で使われているため、選択肢の中で最もこれと意味が近いのは(C) control「管理」になります。be in charge ofで「～を担当して」という意味、be in control ofで「～を管理して」という意味の表現になるため、chargeをcontrolに置き換えても「私はあなたにゲストリストを管理してほしいです」という、元の文意とほぼ同じものになります。

☐ **paragraph**：段落　☐ **line**：～行目　☐ *be* closest in meaning to：～に最も意味が近い

49 Who probably booked Baartz Musica?

(A) Ms. Winehouse
(B) Mr. Tully
(C) Ms. Wang
(D) Mr. Adachi

Baartz Musicaを予約したのはおそらく誰ですか。

(A) Winehouse さん
(B) Tully さん
(C) Wang さん
(D) Adachi さん

正解 B 複数の文書に関する問題です。WH疑問文の問題で、誰がBaartz Musicaを手配したかが問われています。まず、スケジュールの ❽ に「Baartz Musicaによる音楽の催し」とあり、これが祝宴会の余興だと考えられます。次に、連絡メモの ❹ に「余興の手配はJay Tullyさんにお願いしてある」と書かれています。これらのことから、Baartz Musicaの予約をした人はJay Tullyさんであろうとがわかります。よって、正解は(B) Mr. Tullyです。

☐ **probably**：おそらく　☐ **book**：～を予約する

50 What is probably true about Ms. Winehouse?

(A) She will not be able to attend the banquet.
(B) She was on last year's organizing committee.
(C) She is vice president of Artemis Business Machines.
(D) She will present an award at the ceremony.

Winehouse さんについて、おそらく正しいものは何ですか。

(A) 彼女は祝宴会に参加できない予定である。
(B) 彼女は昨年の組織委員会にいた。
(C) 彼女は Artemis オフィス機器の副社長である。
(D) 彼女は授賞式で賞を贈呈する予定である。

正解 C 複数の文書に関する問題です。WH疑問文の問題で、Winehouseさんについて推測されることが問われています。Kate Winehouseさんは、連絡メモを書いた人物です。Winehouseさんは ❼ で「私のスピーチをその晩の最後にしてください」と述べており、スケジュールの最後にある ❾ には「副社長による閉会の辞」とあります。これらのことから、Winehouseさんはこの会社（Artemisオフィス機器）の副社長であることがわかります。よって、正解は(C) She is vice president of Artemis Business Machines.になります。

☐ **true**：正しい　☐ *be* able to *do*：～することができる　☐ **attend**：～に参加する　☐ **vice president**：副社長
☐ **present**：～を贈呈する　☐ **award**：賞　☐ **ceremony**：授賞式

Quarter模試 解答一覧

LISTENING SECTION

Part 1

No.	ANSWER
	A B C D
1	Ⓐ Ⓑ Ⓒ Ⓓ
2	Ⓐ Ⓑ Ⓒ Ⓓ

Part 2

No.	ANSWER
	A B C
3	Ⓐ Ⓑ Ⓒ
4	Ⓐ Ⓑ Ⓒ
5	Ⓐ Ⓑ Ⓒ
6	Ⓐ Ⓑ Ⓒ
7	Ⓐ Ⓑ Ⓒ
8	Ⓐ Ⓑ Ⓒ

Part 3

No.	ANSWER
	A B C D
9	Ⓐ Ⓑ Ⓒ Ⓓ
10	Ⓐ Ⓑ Ⓒ Ⓓ
11	Ⓐ Ⓑ Ⓒ Ⓓ
12	Ⓐ Ⓑ Ⓒ Ⓓ
13	Ⓐ Ⓑ Ⓒ Ⓓ
14	Ⓐ Ⓑ Ⓒ Ⓓ
15	Ⓐ Ⓑ Ⓒ Ⓓ
16	Ⓐ Ⓑ Ⓒ Ⓓ
17	Ⓐ Ⓑ Ⓒ Ⓓ

Part 4

No.	ANSWER
	A B C D
18	Ⓐ Ⓑ Ⓒ Ⓓ
19	Ⓐ Ⓑ Ⓒ Ⓓ
20	Ⓐ Ⓑ Ⓒ Ⓓ
21	Ⓐ Ⓑ Ⓒ Ⓓ
22	Ⓐ Ⓑ Ⓒ Ⓓ
23	Ⓐ Ⓑ Ⓒ Ⓓ
24	Ⓐ Ⓑ Ⓒ Ⓓ
25	Ⓐ Ⓑ Ⓒ Ⓓ
26	Ⓐ Ⓑ Ⓒ Ⓓ

READING SECTION

Part 5

No.	ANSWER
	A B C D
27	Ⓐ Ⓑ Ⓒ Ⓓ
28	Ⓐ Ⓑ Ⓒ Ⓓ
29	Ⓐ Ⓑ Ⓒ Ⓓ
30	Ⓐ Ⓑ Ⓒ Ⓓ
31	Ⓐ Ⓑ Ⓒ Ⓓ

Part 6

No.	ANSWER
	A B C D
32	Ⓐ Ⓑ Ⓒ Ⓓ
33	Ⓐ Ⓑ Ⓒ Ⓓ
34	Ⓐ Ⓑ Ⓒ Ⓓ
35	Ⓐ Ⓑ Ⓒ Ⓓ
36	Ⓐ Ⓑ Ⓒ Ⓓ
37	Ⓐ Ⓑ Ⓒ Ⓓ
38	Ⓐ Ⓑ Ⓒ Ⓓ
39	Ⓐ Ⓑ Ⓒ Ⓓ
40	Ⓐ Ⓑ Ⓒ Ⓓ

Part 7

No.	ANSWER
	A B C D
41	Ⓐ Ⓑ Ⓒ Ⓓ
42	Ⓐ Ⓑ Ⓒ Ⓓ
43	Ⓐ Ⓑ Ⓒ Ⓓ
44	Ⓐ Ⓑ Ⓒ Ⓓ
45	Ⓐ Ⓑ Ⓒ Ⓓ
46	Ⓐ Ⓑ Ⓒ Ⓓ
47	Ⓐ Ⓑ Ⓒ Ⓓ
48	Ⓐ Ⓑ Ⓒ Ⓓ
49	Ⓐ Ⓑ Ⓒ Ⓓ
50	Ⓐ Ⓑ Ⓒ Ⓓ